Über dieses Buch Ein Stück Aufklärungsarbeit: anspruchslos, da ohne einschüchternden Wissenschaftsapparat, und doch anspruchsvoll, da gerade in dieser leicht zugänglichen Form ein Beitrag zur Klärung der immer noch kaum ›bewältigten‹ deutschen Vergangenheit – so umreißt Alfred Grosser, der bekannte französische Politologe, Deutschlandkenner (und -freund und -kritiker), den Stellenwert dieses von ihm herausgegebenen Sammelbandes. In neun Beiträgen französischer Deutschlandexperten – Historiker, Germanisten und Journalisten – werden Her- und Heraufkunft des Nationalsozialismus unter verschiedenen Aspekten dargestellt: von Hitlers erstem – gescheiterten – Putschversuch über den ersten Wahlerfolg seiner Partei zur nationalsozialistischen Machtergreifung und Abschaffung aller Demokratie, vom Aufbau der Hitlerjugend über die Haltung und das Verhalten des Vatikans bis zur totalen und organisierten Judenvernichtung, vom Münchner Abkommen mit den Westmächten bis zum Weltkrieg. Stets geht es dabei den Autoren sowohl um Vermittlung von Kenntnissen wie um Erklärung. Eingerahmt wird der Band durch zwei politisch-historische Reflexionen von Alfred Grosser: eine Einleitung über »die Frage nach der deutschen Vergangenheit« und einen abschließenden Ausblick auf »die Bedeutung einer Katastrophe«. In der heute neu-alten Faschismusdebatte, die weitgehend immer noch an einem Mangel an leicht zugänglichen und verläßlichen Basisinformationen leidet, ist dieses Buch ein brauchbares Instrument und zugleich ein nützlicher Beitrag aus der Sicht von Betroffenen, aber nicht unmittelbar Befangenen.

Der Herausgeber und Mitautor Alfred Grosser wurde 1925 in Frankfurt am Main geboren, lebt heute in Paris; an der dortigen Universität lehrt er Politologie. Er ist Kommentator der großen französischen Tageszeitung *Le Monde*. In Deutschland wurde er durch Vorträge in Fernsehen und Rundfunk und Artikel in der Wochenzeitschrift *Die Zeit* bekannt. 1975 erhielt er den »Friedenspreis des Börsenvereins des Deutschen Buchhandels« und hielt bei dessen Entgegennahme in der Paulskirche eine vielbeachtete und -diskutierte Rede.
In deutscher Sprache liegen u. a. folgende Bücher vor: *Deutschlandbilanz. Geschichte Deutschlands seit 1945* (1972, 5. erweit. Aufl. 1975); *In wessen Namen?* Werte und Wirklichkeit in der Politik (1973); *Politik erklären* (1973); *Gegen den Strom.* Aufklärung als Friedenspolitik (1975); *Frankreich und seine Außenpolitik 1944 bis heute* (1986); *Mit Deutschen streiten. Aufforderungen zur Wachsamkeit* (1987).

Wie war es möglich?

Die Wirklichkeit des Nationalsozialismus

Neun Studien von
Henri Burgelin, Max Gallo,
Alfred Grosser, Jacques Nobécourt,
Joseph Rovan, Paul Stehlin
und Rita Thalmann

Herausgegeben von
Alfred Grosser

Fischer
Taschenbuch
Verlag

21.–23. Tausend: November 1988

Ungekürzte Ausgabe
Veröffentlicht im Fischer Taschenbuch Verlag GmbH,
Frankfurt am Main, März 1980

Die französische Originalausgabe erschien unter dem Titel
›Dix leçons sur le nazisme‹

Aus dem Französischen übertragen von Felix Mager

Lizenzausgabe mit freundlicher Genehmigung des
Carl Hanser Verlages, München und Wien

Umschlagentwurf: Jan Buchholz / Reni Hinsch
(Foto: Deutschland erwacht, Hamburg 1933)
Druck und Bindung: Clausen & Bosse, Leck
Printed in Germany
ISBN 3-596-23426-3

Inhalt

Alfred Grosser
Vorwort an den deutschen Leser

Ein anspruchsloses Buch: kein wissenschaftlicher Apparat, keine Bibliographie, keine neuen Archivfunde und keine umwälzenden Neudeutungen. Ist es überhaupt ein Buch oder nur der Rumpf eines ehrgeizigeren Unternehmens? Ursprünglich war nämlich ein größerer Band mit zahlreichen Bildern und einer genauen Chronologie von 1919 bis 1945 geplant; verschiedene Daten sollten gleichsam horizontal mit Untersuchungen zu bestimmten Einzelfragen verbunden werden. Der dafür vorgesehene Verlag ging ein, als diese Untersuchungen gerade geschrieben waren. Ein anderer Verlag übernahm sie *en bloc* und machte daraus dieses Buch.

Ein Buch, das gleichwohl einen Anspruch erhebt, einen Sinn haben soll, und zwar gerade durch den Verzicht auf die beiden konträren Laster, die das Verstehen erschweren: das Haschen nach Sensationen und die Flucht vor der Klarheit in die übertriebene Wissenschaftlichkeit der Fußnotenhäufung oder (und) des theoretisierenden Jargons. Es will ein Stück Aufklärungsarbeit sein.

Für wen? Geschrieben wurde es für ein französisches Publikum. Aber der deutsche Leser sollte es deshalb nicht gleich beiseitelegen. Aus mehreren Gründen: zunächst weil es ihn interessieren sollte, was man ihm draußen über die deutsche Vergangenheit sagt – wie ja auch die Franzosen gleich zu Beginn dieses Buches und dann am Ende erneut ins Verhör genommen und über die Schwächen Frankreichs (und der französischen Deutschland-Sicht) befragt werden; sodann weil diese Darstellung durchaus auch nützlich sein dürfte für Leser, die den Sachverhalt eigentlich besser als alle Ausländer kennen sollten. Es war für mich eine zugleich erfreuliche und ein wenig bestürzende Überraschung, als ich feststellte, daß mein 1970 veröffentlichtes Buch *L'Allemagne de notre temps* zwei Jahre später in der Bundesrepublik als *Deutschlandbilanz* erfolgreich war, obwohl doch der größte Teil der darin enthaltenen Informationen dem deutschen Leser hätte vertraut sein sollen.

Auch ist diesem Leser hier eine gewisse Unbefangenheit vergönnt, da die Autoren ihm nicht befangen entgegentreten – weder befangen durch den Willen, nichts Verschönerndes zuzulassen, um keine unerfreulichen Nebenwirkungen zu erzielen oder um nicht der geistigen Mittäterschaft beschuldigt zu werden, noch befangen im kämpferischen Bemühen, die kollektive Anklage abzuschütteln.

Ganz unbefangen sind freilich die sieben französischen Autoren auch nicht, aber sie gehören alle zu einer bestimmten Sorte von Menschen: Sie haben alle den Nationalsozialismus bekämpft; sie haben verstehen wollen und haben die nötige Selbstüberwindung als eine notwendige Läuterung durchgemacht, ohne die man eigentlich gar nicht nach Erklärungen suchen sollte.

Es lohnt sich vielleicht, sie kurz vorzustellen. Der inzwischen verstorbene General Paul Stehlin ist der einzige, der als Augenzeuge berichtet. Zwei sind Historiker: Henri Burgelin hat sich erst kürzlich wieder mit Deutschland befaßt und eine Geschichte der deutschen Gesellschaft seit 1971 veröffentlicht; Max Gallo – er könnte als ein Verräter an seiner Zunft gelten – schrieb zunächst Werke über den Faschismus und den spanischen Bürgerkrieg, war dann lange als Journalist tätig und ist heute ein sehr erfolgreicher Romancier – dessen Romane die politisch-gesellschaftliche Entwicklung unseres Jahrhunderts behandeln.

Ein weiterer Autor, Jacques Nobécourt, ist ein »echter« Berufsjournalist, der heute das Europa-Ressort bei *Le Monde* innehat, zuvor aber gleichfalls historische Studien trieb und vor allem zwei europäische Länder in ihrer Gegenwart und Vergangenheit bestens kennt: zunächst Deutschland, wo er nach dem Kriege lange gelebt und gewirkt hat (was er schildert in einem schönen Roman aus der Zeit, in der er Walter Jens als dessen Übersetzer in Frankreich einführte), und danach Italien, wo er lange als Korrespondent tätig war, was zu einem der besten Bücher über die italienische Politik geführt hat. Als kritischer Katholik bewies er seine vielfachen Qualitäten 1964 mit dem allseits mutigen Buch *›Le Vicaire‹ et l'Histoire* (»›Der Stellvertreter‹ und die Geschichte«), das wohl den wertvollsten Beitrag zur Hochhuth-Debatte erbrachte.

Schließlich noch drei Germanisten, allerdings selbst für französische Begriffe seltsame Germanisten, die sich nicht auf die deutsche Sprach- und Literaturgeschichte beschränken: Rita Thalmann hat das entscheidende Buch über die sogenannte »Kristallnacht« 1938 geschrieben und vor kurzem ihre Habilitationsschrift, einen umfangreichen Band über Protestantismus und Nationalismus in Deutschland, veröffentlicht; Joseph Rovan, ein ehemaliger Dachau-Häftling, war mit seinem im Herbst 1954 erschienenen Artikel *L'Allemagne de nos mérites* (»Das Deutschland, das wir uns

verdienen werden«) sowie als Leiter der Abteilung »Volkserziehung« in der französischen Besatzungsarmee der wohl verdienstvollste Initiator der deutsch-französischen Aufklärungsarbeit. Er hat viel über deutsche Geschichte und Gegenwart geschrieben und ist heute Professor an der Universität von Paris-Vincennes, ohne je aufgehört zu haben, sich einerseits mit der französischen »culture populaire« zu beschäftigen und andererseits für die *Frankfurter Hefte* und den *Mannheimer Morgen* zu schreiben. Erwähnt sei schließlich, daß der dritte Germanist zur Politologie übergegangen ist, sich ebenfalls viel mit Deutschland beschäftigt und am Wirken der Massenmedien in der Bundesrepublik teilnimmt.
Warum diese Vorstellung der Autoren? Weil ich davon überzeugt bin, was allerdings als Provokation aufgefaßt werden kann, daß sie als elfenbeinturmfeindliche Wissenschaftler, als zwar gut informierte, aber nicht spezialisierte Kenner des Nationalsozialismus vielleicht in besonderem Maße geeignet waren, zu verstehen und zu spüren, wie und wo Aufklärung und Erklärung vonnöten ist.
Aufklärung in Frankreich: Es ging ihnen keineswegs nur um Information, sondern vielmehr um Vergangenheitsbewältigung. Das heißt um Bewältigung der durch die Vergangenheit entstandenen Haltung Frankreichs zu Deutschland und zu den Deutschen, um Bewältigung der französischen Vergangenheit einerseits durch Vergleich und andererseits durch Bezugnahmen auf die französische Wirklichkeit der Jahre 1940–44, die zugleich weniger heroisch und weniger demütigend war, als zwei einander entgegengesetzte Strömungen es heute wahrhaben wollen.
Aufklärung in der Bundesrepublik: Auch hier kann das Buch vielleicht einen kleinen Beitrag zur Vergangenheits- und Gegenwartsbewältigung leisten. Manche Seiten mögen dem Leser zeigen, wie recht der einstige Bundespräsident Scheel hatte, als er in seiner Ansprache auf dem Deutschen Historikertag 1976 in Mannheim unter anderem sagte: »Hat man noch nicht begriffen, daß man die DDR nicht verstehen kann, wenn man vom Widerstand der Kommunisten gegen Hitler keine Ahnung hat?« Eigentlich müßte die ganze Rede, vor allem der Teil über die Schulbücher, hier in voller Länge wiedergegeben werden. Aber einen Satz darf ich vielleicht noch zitieren, da er die gemeinsame Überzeugung der Autoren dieses Buches hervorragend ausdrückt. Auf die selbstgestellte Frage, was ein »falsches Geschichtsbewußtsein« sei, antwortete der Bundespräsident: »Ein falsches Geschichtsbewußtsein ist eines, das das Recht des eigenen Volkes, der eigenen Partei, der eigenen Klasse, der eigenen Rasse, der eigenen Kultur, der eigenen

Weltanschauung, der eigenen Religion absolut setzt, das heißt das Recht der anderen Völker, der anderen Parteien, der anderen Klassen, der anderen Rassen, der anderen Kulturen, der anderen Weltanschauungen und Religionen nicht beachtet, verneint, ihnen das Lebensrecht abspricht.«

Es sei hier vorausgesetzt, daß Leser und Autoren dieses falsche Geschichtsbewußtsein überwunden haben. Dennoch bleiben die Schwierigkeiten, auf die wir in diesem Buch hinweisen und die den Begriff des Erklärens betreffen. Denn wenn man fragt: »Wie war es möglich?« dann tut man ja meistens so, als sei das wichtigste Wort das *Wie*, als gäbe es ein allgemeines Einverständnis über das *Es*. Aber *was* gilt es zu erklären? Wie Hitler am 30. Januar 1933 Reichskanzler werden konnte? Oder wie ein totalitäres Regime in Deutschland zustande kam? Oder wie die Welt in Brand gesteckt wurde? Oder warum der Antisemitismus in Deutschland zur »Endlösung der Judenfrage« geführt hat?

Diese Fragen zusammenzuwerfen, so zu tun, als gäbe es eine Art notwendige Ganzheit des zu erklärenden Phänomens, deren Teile durch eine faktische und logische Notwendigkeit verknüpft wären – das hieße, der nüchternen, wissenschaftlichen, unvoreingenommenen Erklärung (die freilich stets unvollkommen und unbefriedigend bleiben muß) auszuweichen, um sie durch ideologisch gefärbte Globaldeutungen zu ersetzen.

Letzteres gilt in der Bundesrepublik besonders für zwei konträre geistige Lager, die jedoch beide eine methodologische Erzsünde begehen, nämlich die Überbewertung der ökonomischen Phänomene: zum einen für jene Faschismustheoretiker, die den Begriff *Kapitalismus* wie eine Zauberkugel gebrauchen, mit der man gleichsam automatisch den Kern einer jeden historischen und politischen Wirklichkeit trifft, zum anderen – und diesmal weniger in Universität und Forschung als vielmehr in breiten Gesellschaftsschichten – für jene Leute, die an eine Art Betriebsunfall der freien Marktwirtschaft glauben, an ein fatales Unglück, das alles Weitere determiniert hätte – was ihnen dann erspart, über die Ursachen anderer Fakten als der ökonomischen Krise nachzudenken, insonderheit über die gesellschaftlichen und geistigen Strukturen der deutschen Geschichte, die nicht zwangsläufig alle durch den großen Einschnitt von 1945 beseitigt worden sind.

Die Diskussion um die Erklärungen und um die Vielfalt des zu Erklärenden ist in der Bundesrepublik noch immer höchst aktuell, da sie eng mit der allgemeinen politisch-geistigen Auseinandersetzung zusammenhängt, was in Frankreich nicht der Fall ist. Bei uns

in Frankreich gibt es ja kaum eine Problematik des »Wehret den Anfängen!« (denen eines aufkommenden Totalitarismus von innen oder einer Beschneidung von Grundfreiheiten durch die Staatsmacht), die vergangenheitsbezogen wäre. Und auch die doppelte Verketzerung (»Ihr seid so, wie jene waren, auch wenn ihr behauptet, auf der Gegenseite zu stehen!« *contra:* »Ihr könnt wieder werden wie jene, weil ihr dieselben Ängste verwerten wollt!«) ist in dieser Form bei uns unbekannt.
Mithin könnte dieses von Franzosen für Franzosen geschriebene Buch letzten Endes vielleicht doch auch in der Bundesrepublik einen Beitrag zur Ernüchterung und Entkrampfung der gegenwartsbezogenen Vergangenheitsdebatte leisten.

Alfred Grosser
Die Frage nach der deutschen Vergangenheit

Schon wieder Hitler! Wozu nach so vielen Büchern, Filmen, Rundfunksendungen diese Studien? Ist der Bedarf nicht längst gedeckt? Und wenn nicht, ist dieses Interesse nicht etwas anrüchig?

Die letzte Frage darf man nicht leichtnehmen. Sie berührt in der Tat unerfreuliche Seiten des kollektiven Verhaltens der französischen Öffentlichkeit. Zunächst eine durchaus üble: das Gefallen am schönen Grusel, die Lust am sadistischen Kitzel beim Lesen oder Betrachten von Greueln, die gegenüber den Erzählungen des »göttlichen Marquis« oder den Horrorgeschichten vom Grafen Dracula den doppelten Vorzug genießen, wahre Begebenheiten zu sein und dem Leser das gute Gewissen zu geben, er komplettiere nur seine Geschichtskenntnisse. Leider hat sich auch manch ein Verleger gefunden, der diese Tendenz voll ausschlachtete mit einem Angebot an Druckerzeugnissen, die durch gefälliges Zurschaustellen von Torturen, Verstümmelungen und Massakern Auflagen in Hunderttausenden erreichten.

Sodann gibt es minder üble, doch ebenso anfechtbare Seiten: die Vorliebe für eine Präsentation der Geschichte als Abfolge großer Momente und Namen, für eine Historienmalerei, der ein Schlachtenbericht, ein Charakterbild, die Darstellung einer Begegnung von Staatsmännern es erlaubt, die schwierigen Fragen nach den treibenden Kräften, den komplexen Faktoren, den tiefen Konstanten oder Veränderungen hinter den spektakulären Ereignissen und Personen auszuklammern; die Faszination gerade dessen, was man doch abzulehnen behauptet: der Mythen und Riten, der Aufmärsche uniformierter Massen, sei's auf Parteitagen oder bei Militärparaden.

Schließlich, subtiler, die doppelt schöne Genugtuung, sich als Franzose von alledem frei zu fühlen. Denn einerseits hatte das Phänomen Hitler derartige Ausmaße angenommen, daß kein Mitläufertum, kein kollektives Einverständnis – bewußt oder blind – mit erlittener oder im eigenen Namen verübter Unterdrükkung anderer Völker heranreicht an das Mitläufertum, an den breiten Konsens der Deutschen. Daher das angenehme Gefühl französischer Unschuld. Doch so angenehm dieses Gefühl ist, sowenig Berechtigung hat es: In der jüngeren und älteren Vergangenheit Frankreichs gab es gewiß nicht nur Akte luziden Großmuts und uneigennützigen Beistands für die Schwachen! So fürchterlich der Nazismus war, aus dem Entsetzen vor ihm ergibt sich durchaus nicht, daß Frankreich für die Völker in Indochina oder Algerien stets nur der Repräsentant von Freiheit, Gleichheit und Brüderlichkeit gewesen wäre.

Andererseits kann das Interesse am Zweiten Weltkrieg auch auf einer Nostalgie beruhen, auf einer Sehnsucht nach jener heroischen Zeit, in der Frankreich geschlossen und einheitlich, von wenigen Kollaborateuren abgesehen, der deutschen Besatzungsmacht Widerstand leistete. Ein weithin fiktives Bild der Vergangenheit, denn die Mehrheit verhielt sich durchaus nicht heroisch. Ein Bild aber, das der heutige allgemeine Abscheu vor den siegreichen Nazis im nachhinein glaubwürdig macht.

Zum Glück werden diese unrühmlichen Seiten mehr als wettgemacht durch den legitimen und leidenschaftlichen Drang nach Erkenntnis. Die uneingeschränkte Macht eines Mannes über sein Volk, die entschlossene Durchführung einer reinen Eroberungs- und Ausrottungspolitik und, nachdem sie Tod und Zerstörung in unerhörtem Ausmaß herbeigeführt hatte, ihr ungewolltes Ergebnis einer weltweiten Neuaufteilung der Macht- und Einflußsphären, einer erstaunlichen Umgestaltung der europäischen und vor allem der deutschen Landkarte, kurzum, die tiefe Zäsur, die das Jahr 1945 für fast alle Bereiche der Geschichte unseres Jahrhunderts markiert – das alles sind Gründe genug für den tiefen Wunsch nach Erkenntnis, für das unerbittliche Fragen nach dem Wie und Warum der Heraufkunft eines »tausendjährigen Reiches«, das nur zwölf Jahre lang währte.

Und gerade im Hinblick auf diese Erkenntnis, auf die Beantwortung dieser Fragen ist noch bei weitem – um es gelinde zu sagen – kein Sättigungsgrad erreicht. Die Forschung über das »Dritte Reich« steckt allem Anschein zum Trotz noch ganz in den Anfängen. Gewiß, die Studien häufen sich, und manche sind ausgezeichnet. Gewiß sind viele auch überflüssig: Wozu die vielen genauen Beschreibungen einzelner Schlachten, an denen doch nur von Interesse sein kann – und das ist keineswegs ungeklärt –, wie sie ausgingen? Dabei weiß man über die deutsche Gesellschaft der Jahre 1925, 1930, 1938, über die Struktur und Funktionsweise der Wirtschaft, über die nationalsozialistische Partei in ihren soziologischen Dimensionen und ihrer alltäglichen Praxis immer noch viel zu wenig.

Das gilt sogar für die internationale Forschung im engen Kreise von Spezialisten, deren Arbeiten sich in kompakten, oft schwierigen Werken niederschlagen. Um wieviel mehr also für die durchschnittlich informierte Öffentlichkeit, zumal in Frankreich, wo trotz ausgezeichneter Publikationen, französischer und übersetzter, die Unkenntnis der deutschen Wirklichkeit des 20. Jahrhunderts immer noch recht beträchtlich ist. Der vorliegende Band soll dazu beitragen, diese Unkenntnis jedenfalls für einen wichtigen Abschnitt zu überwinden.
Die Autoren unterscheiden sich nach Ausbildung und Interessen. Gleichwohl ist ihnen zumindest eine Haltung gemeinsam: die Ablehnung eines gewissen antideutschen Rassismus, der in vielen französischen Publikationen der Nachkriegszeit gang und gäbe war. Zitieren wir ohne Namen zu nennen, da es sinnlos wäre, sich einen einzelnen Autor herauszugreifen: Es habe unter den KZ-Aufsehern nur wenige Kölner gegeben, weil »die Kölner durch ihr keltisches Erbe gegen eine solche Schmach gefeit waren«. Es sei »leerer Wahn, in jenen Gegenden, die sich ungefähr mit dem früheren herzynischen Wald decken, den Rassismus und Antisemitismus mit den bisher geplanten Methoden auszurotten, d. h. durch Entfernung der Nazi-Funktionäre, durch angemessene Erziehung der Jugend und durch . . . das Verbot, Wagners Nibelungenring aufzuführen. Solche Maßnahmen sind illusorisch, denn Charakterprägungen, die bis in die Vorgeschichte zurückreichen, verändert man nicht in wenigen Jahren«. Und man verstieg sich sogar bis zu der Behauptung: »Der Fehler heute wie gestern – und wir sprechen hier von politischem Fehler – ist eben der, die Deutschen unbedingt so behandeln zu wollen, als ob sie in jeder Hinsicht Menschen wie andere wären.«
Derartige Sätze sind Karikaturen seriöserer Interpretationsmodelle der deutschen Vergangenheit. Solcher, die eine festgefügte, zum Glück aber im Verschwinden begriffene Tradition begründeten, nämlich jene, die zahlreiche Analytiker in England, in den USA, in Frankreich und selbst in Deutschland dazu verführte, die deutsche Entwicklung als Sonderfall und Deutschland als ein besonderes Land zu behandeln, dessen Geschichte, geprägt von einem fatalen Geschick, unausweichlich zu Hitler führen *mußte:* zu Hitler als einer besonders üblen, aber durchaus nicht einmaligen Verkörperung jener verhaßten Führergestalten, die die deutsche Gesellschaft hervorbringen und die deutsche Ideologie erlauben würde.
Keiner der Autoren des vorliegenden Bandes glaubt an eine solche

Unausweichlichkeit. Aber jeder hat sich natürlich die Frage gestellt: Wie und warum kam es damals in Deutschland zu diesem Mann, zu diesem Regime und später zu diesen auf ganz Europa ausgreifenden Greueln? Eine Frage, die sich die Deutschen seit 1945 in der vereinfachten Formel stellen: *Wie war es möglich?* Eine Frage, die zwei andere von unterschiedlicher Schwierigkeit und Bedeutung voraussetzt: Was heißt *erklären?* Und was sind dabei die *deutschen Besonderheiten?*

Die erste Frage können wir hier nicht direkt behandeln*. Es mag genügen, einige Reflexionselemente hervorzuheben, die sich der Leser ständig vergegenwärtigen sollte. Zunächst muß man wissen, *was* man erklären will. Den Zerfall des Weimarer Regimes? Oder den Umstand, daß es gerade Hitler war, dem die Macht zufiel? Oder den Hitlerschen Krieg? Manche Faktoren, z. B. die Unterstützung des Nazi-Regimes durch bestimmte Industrielle, erklären zwar die Machtergreifung, nicht aber die planvolle Aggression. Zweitens ist es unmöglich, eine determinante, allesbestimmende Grundursache zu finden, zumal die unterschiedlichsten Faktoren – ökonomische Strukturen, politische Institutionen, Ideologien – einander beeinflussen und wechselseitig verändern. Schließlich ist es notwendig, die Bedeutung der jeweils entdeckten Faktoren für die fragliche Zeit zu bestimmen. So ist z. B. das ältere antisemitische Schrifttum deutscher Zunge wichtiger als Goethe, um die Vernichtung von mehreren Millionen Juden zu erklären. Dagegen sind die obskuren österreichischen Autoren, die den künftigen Judenvernichter beeinflußt haben, weniger wichtig, um den Geisteszustand Deutschlands und Österreichs in den ersten zwanzig Jahren unseres Jahrhunderts einzuschätzen, als die damals und heute noch immer berühmten Autoren.

Ein solches Beispiel führt uns zur Frage nach dem *Besonderen,* die sich in zweifacher Form stellt: Wie kam es, daß die deutsche Geschichte trotz gleicher Rahmenbedingungen anders verlief? Daß z. B. die Wirtschaftskrise von 1930 in den USA zu Roosevelt und zum *New Deal* führte, in Deutschland dagegen zu Hitler und zum Triumph des Faschismus? Und ist ein bestimmtes, in Deutschland erkennbares Phänomen hinreichend spezifisch und »typisch«, um diese Entwicklung erklären zu können? Einfache Antworten gibt es hier nicht. Drei Beispiele machen das deutlich. Der französische Antisemitismus war gegen Ende des 19. Jahrhunderts genauso real wie der deutsche. Die Segregationsmaßnah-

* Der interessierte Leser sei hier verwiesen auf unser Buch *Politik erklären, München 1973.*

men, die Edouard Drumont und seine Anhänger damals forderten, glichen in hohem Maße denen der Nürnberger Rassengesetze von 1935. Nicht der Antisemitismus als solcher ist die deutsche Besonderheit, sondern seine Erhebung zur offiziellen Doktrin, seine Institutionalisierung.
Man hat oft gesagt, der Zusammenbruch der Weimarer Republik und ihre Ablösung durch eine Diktatur hätten ihren Ursprung bereits in der Berliner »Roten Woche« vom November 1918, in der blutigen Unterdrückung der Spartakus-Revolution. Vergißt man dabei aber nicht, daß die dritte französische Republik, bevor sie jahrzehntelang in der am wenigsten autoritären parlamentarischen Demokratie fortlebte, durch ein Blutbad zustande gekommen war: durch die brutale Vernichtung und massenhafte Deportation der Pariser Kommunarden? Wohl kann der November 1918 die späteren Verhältnisse zwischen politischer Macht und Armee, Sozialdemokraten und Kommunisten zum Teil erklären. Aber der Umstand, daß Repression kein spezifisches Merkmal allein der deutschen Geschichte ist, verringert beträchtlich ihre erklärende Kraft.
Ja, die Deutschen haben ab 1930 ein erschreckendes Mitläufertum an den Tag gelegt. Aber ehe man sich zu Recht nach den spezifisch deutschen Ursachen einer solchen Herdenbewegung fragt, muß man sich auch die Frage stellen, ob massenpsychologische Phänomene solcher Art nur für Deutschland charakteristisch sind. Ob zum Beispiel die große dramatische Bewegung im letzten Akt von Jonescos »Nashörnern« lediglich auf den Sieg des Faschismus anspielt.
Gab es Umschwünge und faschistische Sammlungsbewegungen nur in Deutschland, sind sie nur dort vorstellbar? Sicherlich nicht, und der emotionale Wankelmut der Massen ist keineswegs an eine besondere Tradition, an eine spezifische politische Kultur gebunden. Gleichwohl geschah es in Deutschland und nur in Deutschland, daß ein Hitler beinahe die Hälfte der Wähler (allerdings auch nicht mehr!) um sich versammeln konnte, solange diese noch wählen durften. Es ist also unumgänglich, die Her- und Heraufkunft des deutschen Faschismus in einen Zusammenhang mit der deutschen Geschichte zu bringen.

Am Anfang stand wohl der Gedanke der *deutschen Einheit*. Nicht in dem Sinne, wie die französische Außenpolitik ihn lange verstand, nämlich daß Deutschland gefährlich sein würde, sobald es zur Einheit gelangt ist, und daß man es deshalb so weit wie möglich zerstückeln müsse. Ganz im Gegenteil: Hitlers lauthals verkündete Forderung, die deutsche Nation müsse in einem einzigen Staat vereint werden, fand ihre Nahrung in einer langen Geschichte der Ungewißheit über Inhalt und Grenzen dessen, was man unter »Deutschland« verstand.

»Was ist des Deutschen Vaterland?« fragt ein berühmtes Lied aus der Zeit, die als das Jahrhundert der deutschen Einheit gilt. Die Antwort war und ist niemals einfach. Gewiß, 1871 schien sie einfacher als hundert Jahre zuvor oder hundert Jahre danach. Aber selbst nach der in ihrem Symbolgehalt großen, in Wirklichkeit aber steifen und kalten Zeremonie, in welcher der König von Preußen sich im Schloß von Versailles, dem Sinnbild der alten zentralistischen Einheit des monarchischen Frankreich, zum Kaiser von Deutschland krönen läßt, bleibt es fraglich, was denn dieses Deutschland eigentlich ist.

1815 allerdings war es nicht einmal fraglich: die Unbestimmtheit war total und beabsichtigt. Der Deutsche Bund, der mit dem Staatsakt vom 8. Juli entsteht, ist zwar nicht mehr das unlösbare, weil allzu zerstückelte Puzzle des 18. Jahrhunderts: Die napoleonische Simplifizierung – letztlich zum Vorteil der Großen – hatte sich ausgewirkt. Aber die 38 Staaten, aus denen der Bund sich zusammensetzt, bieten nicht eben viel für die gemeinsame Sache auf. Der »Bundestag« gleicht in nichts der Legislative, die seit 1949 in Bonn denselben Namen trägt. Er ist vielmehr eine unregelmäßige Versammlung von siebzig Regierungsabgeordneten, die wie Botschafter beschließen und deren für die Mitgliedsstaaten kaum verbindliche Beschlüsse überdies, um Gestalt anzunehmen, den Wünschen Preußens und Österreichs, der beiden Großmächte in einem Staatenbund, dem beide jeweils nur zum Teil angehören, entsprechen müssen.

Das Reich, das Bismarck schuf, ist da weit solider. Die Wirtschaftsbarrieren, diese Sperrzäune zwischen den deutschen Ländern von 1815, sind nach und nach gefallen. Der 1834 nicht ohne Mühe zwischen Preußen, Bayern, Württemberg und den drei Hessen errichtete Zollverein wurde zunehmend erweitert und deckt sich 1867, nach der Niederlage Österreichs, ungefähr mit den Grenzen des Reichs (ohne die von Frankreich abgetrennten Gebiete). Mit Grenzen freilich, die unterm Aspekt des Deutschtums in zweifacher Hinsicht paradox sind, denn einerseits schließen sie Österreich endgültig aus (abgesehen von der kurzen Periode zwischen 1938 und 1945) und andererseits umfaßt das Kaiserreich Millionen von Polen und Dänen, während die Mehrzahl der deutschsprachi-

gen Einwohner des »Reichslandes« Elsaß-Lothringen es ablehnen, sich als Deutsche zu betrachten.
Die Organisation dieses Reichs ist bei weitem nicht einheitlich. Die Verfassung vom 16. April 1871 läßt bis 1918 fünfundzwanzig Staaten mit jeweils eigenem politischen System bestehen, vom großen Königreich Preußen bis zu den drei Freien Städten im Norden und zu den Zwergfürstentümern alten Stils. Die Staaten als solche sind in einer Versammlung vertreten, in jenem »Bundesrat«, in dem Preußen 17 von 58 Stimmen hat und der nur eine sehr begrenzte Rolle spielt. Aber es gibt nun eine nach allgemeinem Wahlrecht gewählte Nationalversammlung, den *Reichstag*, der allerdings ziemlich wehrlos ist gegenüber dem Kaiser als der mächtigsten Institution. Der nämlich – zwangsläufig der König von Preußen – hat das Recht, den Reichstag aufzulösen und den Reichskanzler zu ernennen und abzuberufen. Eine Verantwortlichkeit der Regierung gegenüber dem Reichstag gewährt der Kaiser erst im Oktober 1918 – um die Verantwortung für die bevorstehende Niederlage besser auf die Parteien abwälzen zu können. Die Volksvertreter durften nur in den Vordergrund treten, um das Desaster zu ratifizieren. Nie sollte die erste deutsche Republik sich von dieser schlimmen Verquickung von nationaler Niederlage und parlamentarischer Legitimität erholen.
Versailles 1919: Die Abgeordneten der Weimarer Verfassunggebenden Versammlung, frei und in vollkommener Rechtsgleichheit von den Männern und Frauen Deutschlands gewählt, unterzeichnen das Friedensdiktat. Versailles 1871: Nur Generäle, Botschafter und hohe Beamte umgeben den König, dem zwei blutige Siege – zuerst über den Rivalen Österreich, dann über den französischen Feind, gegen den die noch zögernden Fürsten vereint werden konnten – die Kaiserkrone eingebracht haben. Die Krönungsfeier gewinnt Symbolwert: Deutschland wird geeint unterm Zeichen der *Obrigkeit*, der Autorität einer kleinen, gleichsam von Natur zur Machtausübung berufenen Herrenschicht. Die Nation verkörpert sich in ihren Herrschern. Zwar wurde auch in Frankreich die Idee der Nation durch einen Sieg aus der Taufe gehoben. Aber der Ruf von Valmy *Vive la nation!* bezeichnete auf dem Höhepunkt eines längst schon konstituierten Staates den Sieg der Volkssouveränität über das Königtum von Gottes Gnaden.
Dieser Gegensatz bestand nicht immer. Oder genauer, er muß als Unterschied zwischen zwei parallelen Entwicklungen aufgefaßt werden. In Frankreich beriefen sich während des ganzen 19. und im 20. Jahrhundert zwei verschiedene, fast immer antagonistische

Strömungen auf die Idee der Nation: einerseits der jakobinische Patriotismus, Michelets Nation-als-Volk, ein Frankreich, das nur als Republik wirklich Frankreich ist; auf der anderen Seite ein Frankreich, das sich allen Regimen überlegen fühlt und, um Frankreich zu sein, keiner Rechtfertigung durch Volk und freiheitliche Verfassung bedarf. In Deutschland dagegen waren Nation, Demokratie und Freiheit bis 1848 Begriffe, die unmittelbar zusammengehörten. Seither jedoch steht der Deutsche, der sich als »national« bezeichnet, im Lager der Obrigkeitsgläubigen, die das traditionelle Ordnungsgefüge gegen egalitäre Tendenzen verteidigen.

In Metternichs Europa der König- und Fürstentümer von Gottes Gnaden stärken das Verlangen nach Einheit und das nach Freiheit einander gegenseitig. Höhepunkt dieser Bewegung ist die große Studentendemonstration in Hambach am 25. Mai 1832. Die studentischen »Burschenschaften« sind der klarste Ausdruck dieses zweifachen Verlangens. Die Farben einer von ihnen werden Symbol des republikanischen Deutschland. Im Kaiserreich verschwindet die schwarz-rot-goldene Fahne und taucht 1918 wieder auf, verschwindet 1933 abermals und wird schließlich 1949 von den zwei deutschen Staaten übernommen, die sich beide auf die nationalen Bewegungen vor der 48er Revolution berufen.

Doch kein Bruch ist jemals total, und so war auch die Niederlage von 1848–1849 kein völliger Kurswechsel auf dem Weg zur Einheit. Selbst die antiautoritärsten Revolutionäre bleiben dem Einheitsgedanken treu, da eine nationale Vereinigung, auch wenn sie durch den König von Preußen und Bismarck verwirklicht wird, der Arbeiterklasse mehr Zusammenhalt gibt und eine konzentrierte Macht erfolgreicher zu bekämpfen erlaubt. Was den Liberalismus angeht, so war er nie mit dem Republikanertum deckungsgleich. Für das 20. Jahrhundert spricht man zu Recht von einem Gegensatz zwischen Deutschland, das nie eine siegreiche Revolution erlebt hat, und Frankreich, wo die kleinen Franzosen sogar aus katholischen Schulbüchern lernen, daß die Bilanz von 1789 positiv war. Aber man muß auch hinzufügen, daß die Tyrannei, von der in der Marseillaise die Rede ist, in Frankreich weit stärker ausgeprägt war als in Deutschland. Eine Willkürherrschaft wie unter Ludwig XIV. und Ludwig XV. und später unter Napoleon haben die zahlreichen deutschen Kleinstaaten unter ihren nicht selten auf Recht und Freiheit bedachten Fürsten und Königen nie erlebt. Von aufgeklärter Monarchie, die gewährt, was ihr anderswo abgepreßt werden muß, zeugt noch die Sozialgesetzgebung Bismarcks und ebenfalls, quer durch das ganze 19. und einen Großteil des 20. Jahrhunderts, die Autoritätsauffassung der meisten Unternehmer.

Deren Machtzuwachs geht Hand in Hand mit dem ungeheuren demographischen und industriellen Aufschwung Deutschlands: 1871 hat es 41 Millionen Einwohner, 1913 bereits 67 Millionen, obwohl Hunderttausende emigriert sind; 1871 werden 26 Millionen Tonnen Steinkohle und weniger als eine Million Tonnen Stahl produziert, 1913 sind es bereits 190 bzw. 17 Millionen. Die wirtschaftliche Expansion beschleunigt die Einigung mehr noch als die Bismarcksche Politik und bewirkt zugleich einen enormen Machtzuwachs in den Händen weniger. Denn die Integration verläuft nicht nur überregional durch Bevölkerungsverschiebung, vermehrten Austausch und stärkere Interdependenzen, sondern findet auch innerhalb der einzelnen Wirtschaftszweige statt. Banken werden gegründet, die ihre wichtigste Aufgabe darin sehen, den verschiedenen Industrien zentrale Anlagen zu verschaffen. So vollzieht sich die Konzentration der Stahlindustrie, des Kohlebergbaus, der chemischen Industrie zumeist durch den Aufbau großer Konzerne, die oft einen ganzen Wirtschaftskreislauf vom Abbau des Rohstoffs bis zum Fertigprodukt kontrollieren. Und der Unternehmergeist vereint sich mit dem Erfindergeist, der seinerseits mit dem Geist kreativer Wissenschaft Hand in Hand geht. Also auch Integration oder jedenfalls wechselseitige Durchdringung zwischen Großindustrie und Hochschulforschung.

Doch aus alledem folgt noch keine soziale Integration, die das Herrschaftsgefälle abbaut und Konflikten vorbeugt. Gewiß sehen die adligen Großgrundbesitzer, die *Junker,* ihre Einnahmen schwinden und suchen den Zugang zu Industrie und Hochfinanz, dem Paradies des raschen Reichtums, während andererseits die Nobilitierung führender Industrieller dazu beiträgt, die sozialen Schranken abzubauen. Doch aus dem Zusammenspiel von Wirtschaftsentwicklung und nicht-egalitären Traditionen vor allem in Preußen, dem beherrschenden Staat, entsteht eine neue Gesellschaft, die mindestens ebenso tiefe Risse aufweist wie die vorindustrielle. Die Proletarisierung der Bauern in den Agrargebieten zeigt sich nicht nur in der Landflucht, sondern auch in der wachsenden Zahl der Saisonarbeiter, die auf Gedeih und Verderb ihren wechselnden Arbeitgebern ausgeliefert sind. In den städtischen Ballungsräumen bildet die Masse der Arbeiter ein dichtes Proletariat mit schwach ausgeprägter sozialer Macht und inexistenter oder machtloser politischer Repräsentanz. In Preußen vor

allem wird immer noch indirekt gewählt. Die Wähler sind nach der Höhe ihrer Steuern in drei Klassen eingeteilt. Ihre »Gleichheit« besteht nur insofern, als die Gesamtsumme der von jeder Klasse gezahlten Steuern und die Zahl der von jeder Klasse gewählten Vertreter gleich sind. Die Masse der Bürger befindet sich demnach in der dritten Klasse und stellt nur ein Drittel der Parlamentarier. Und wenn auch – auf Reichsebene – die SPD mit 4,85 Millionen Stimmen die größte Zahl der Wähler auf sich vereinigen kann und mit 110 von 387 Abgeordneten vertreten ist, so begrenzt doch die Ohnmacht des Reichstags ihren Einfluß beträchtlich, wodurch sich ihr starrer Dogmatismus nur noch verstärkt.
Angesichts der ersten Erfolge dieser Partei (9% der Stimmen im Jahr 1877) hat Bismarck 1878 ein Anti-Sozialisten-Gesetz eingebracht, das die Unterdrückung aller »subversiven« Parteien, Gruppierungen und Zeitungen ermöglicht. Die Partei überlebt in verschiedenen Formen bis zur Aufhebung des Gesetzes 1890 und gewinnt danach rasch an Einfluß. Ihre Macht ist inzwischen so groß, daß sie die Internationale beherrscht. So war es der deutsche Parteichef Karl Kautsky, der 1904 auf dem Amsterdamer Kongreß die Vereinigung der französischen Sozialisten auf der Basis des Marxismus erreichte, was dann im folgenden Jahr zur Gründung der Sozialistischen Partei Frankreichs *(Section Française de l'Internationale ouvrière-SFIO)* führen sollte. Durch ihre Partei steht die deutsche Arbeiterklasse zugleich am Rand und im Zentrum des politischen Lebens, denn einerseits ist ihre Opposition gegen das politische, ökonomische und soziale System im Prinzip absolut, und andererseits gleicht ihre massenhafte Präsenz in den Wahlen, im Reichstag und in der Presse schon fast einer Partizipation. Dieser Widerspruch löst sich erst 1914 durch das sozialdemokratische Ja zum Krieg und durch die Spaltung Ende 1918, aus der die kommunistische Partei hervorgeht.
Für Wilhelm II. indes ist der organisierte Sozialismus mit seinem geringen Respekt vor der Majestät des Herrschers gleichbedeutend mit dem »inneren Feind«, mit einem Haufen von »vaterlandslosen Gesellen«. In der Tat steht die Bewegung völlig außerhalb der Kreise, die die preußische und die nationale Politik bestimmen. Nach Bismarck spielen der Kaiser und sein Hof eine große Rolle, wenn sie auch häufig eher äußeren Einflüssen gehorchen als direkt Macht ausüben. Die von den Generälen bei Bismarck durchgesetzte Annexion von Metz mag symbolisieren, welches Gewicht seit der Gründung des Kaiserreichs eine vom Kastengeist beherrschte Armee hatte, deren ständig zunehmende Vorrechte im

Ersten Weltkrieg zu einer wahren Entmachtung des Kaisers führen sollten. Nicht von der Armee bestimmt wird jedoch die Orientierung der Wirtschaft und des Alltagslebens in Deutschland. Beherrschend sind hier die Großgrundbesitzer, die Industrie- und Finanzbourgeoisie und stets auch das Korps der hohen preußischen Staatsbeamten, denen die einen Dünkel und autoritäres Gehabe vorwerfen, während die anderen ihr Pflichtbewußtsein und ihren Sinn für gute Verwaltung rühmen. Erleichtert wird ihre Aufgabe durch den weithin herrschenden Untertanengeist, den Heinrich Mann gegen Ende des Kaiserreichs in seinem bösen Roman *Der Untertan* anprangert. Zwei nicht zu unterschätzende moralische Kräfte tragen dazu bei, diesen Geist zu verbreiten: die Volksschullehrer, deren Einfluß die Kriegsbereitschaft der Arbeiter 1914 besser erklärt als der »Verrat ihrer Führer«, und die Kirchen, deren eine, die evangelische, die Einstellung der Lehrer zu Macht und Nation wesentlich mitbestimmt hat.

1871 wie auch noch ein Jahrhundert später ist die Zugehörigkeit zu einer Kirche in Deutschland mindestens ebensosehr ein juristischer und steuerrechtlicher Sachverhalt wie eine religiöse oder soziologische Bindung an einen in und durch eine Institution ausgedrückten Glauben. Bei der Gründung des Kaiserreichs sind etwas weniger als zwei Drittel der Bevölkerung protestantisch. Der Katholizismus umfaßt etwas mehr als ein Drittel. Selbst wenn die katholische Kirche sich in bestimmten Gegenden, vor allem in Bayern, als führende Kraft betrachten kann, ist sie auf nationaler Ebene in der Minderheit, zumal der Kaiser und die Fürsten sich einem Protestantismus verbunden fühlen, der seinen Huldigungseid auf den göttlichen Ursprung ihrer Autorität gründet.

Das *Zentrum*, die Partei des politischen Katholizismus, 1861 zur Verteidigung des Heiligen Stuhls gegründet, konstituiert sich 1870 mit einem deutlich konfessionell inspirierten Programm, dessen Föderalismus vor allem ein Mittel zum Widerstand gegen das protestantische Preußen ist: Unabhängigkeit der Kirche, Verteidigung der heiligen Rechte der christlichen Familie, Aufrechterhaltung des christlichen Charakters der Ehe, Förderung der Arbeiter durch »eine gesunde christliche Erziehung«. Der *Kulturkampf*, den Bismarck seit 1872 gegen die Kirche führt, ist recht ambivalent. Das Kongregationsverbot oder die gesetzliche Regelung der Priesterausbildung sollen den Katholizismus »nationaler« machen – das heißt de facto abhängiger von der Staatsgewalt. Aber der so bekämpfte Katholizismus ist zugleich der eines Pius IX., das heißt ein im Wortsinn reaktionärer, der sich der modernen Welt und ihrer Kultur entgegenstemmt, was in gewisser Weise den Namen Kulturkampf rechtfertigt. Bismarcks Versuch scheitert schließlich am Widerstand der Katholiken, und seine Beendigung 1878 wird durch die Wahl Leos XIII. noch erleichtert. Das Ergebnis ist zwar nicht – wie damals in Frankreich – eine Versöhnung zwischen Kirche und Staat, aber doch eine Normalisierung der Lage der Katholiken in Deutschland. Die Zentrumspartei befindet sich seither in einem ähnlichen Zwiespalt wie die SPD. Sie ist eine zunehmend starke politische Opposition, aber ihr wahres Ziel liegt außerhalb des institutionellen Systems, und die Kirche, die sie verteidigt, predigt ihrerseits den Respekt vor der etablierten Autorität. Ihr Hauptanliegen bleibt die Verteidigung der religiösen Interessen. So ist es kaum überraschend, daß nach dem Zusammenbruch des Kaiserreichs die zwei von Bismarck verfolgten Parteien, gestärkt im Konflikt mit der herrschenden Macht und ihren tragenden Kräften, gemeinsam die erste deutsche Republik erschaffen.

Unter den tragenden Kräften des Kaiserreichs nehmen die protestantischen und besonders die lutherischen Kirchen einen wichtigen Platz ein. Die Pfarrhäuser bleiben zwar, wenngleich weniger als im 18. Jahrhundert, privilegierte Stätten der Kulturförderung, aber vor allem erfüllen die Pfarrer eine Funktion der Erhaltung des sozialen und politischen status quo. Die Religion soll kein Schwärmertum und keine extravaganten Unternehmungen propagieren. Sie soll das Pflichtgefühl fördern. Und die soziale Pflicht betrifft die Familie und den Beruf. Nicht die Politik, da das Metier des Staatslenkers selbst ein Beruf, ja eine Berufung ist. Auch das Metier des Verwaltungsbeamten: Der Protestantismus bewundert und stärkt eine Bürokratie, die, weil im Besitz eines bestimmten Wissens, von anderen ebensowenig kritisiert werden darf wie etwa das Werk eines Schuhmachers von einem Maurer. Selbstverständlich erschöpft sich der Protestantismus des 19. Jahrhunderts nicht in dieser Haltung, aber gerade von ihr ist das wilhelminische Deutschland zutiefst geprägt.

Die deutsche Kultur dieser Zeit läßt sich anhand zweier Simplifizierungen darstellen, deren jede einen Teil der Wahrheit enthält. Einerseits durch den mehrfach, vor allem von Friedrich Nietzsche nach dem Sieg von 1870 kritisierten Bruch zwischen Geist und Materie, zwischen der kulturellen Entwicklung und der industriellen und städtischen Expansion. Das Deutschland der Dichter und Denker, wie es den Kindern dargestellt wird, ist noch immer das vorindustrielle Deutschland der Wälder und Fluren. Die reale

Welt der Wirtschaft und Industrie ist seelenlos, da von den Dichtern und Denkern in das verächtliche Gebiet der Materie verwiesen, mit dem der Geist sich nicht zu befassen hat. Und in der Tat vollzieht sich in den Universitäten ein Rückzug in den Elfenbeinturm des reinen Wissens, indes die Schulbücher noch ein Jahrhundert nach der Gründung des Kaiserreichs in aller Unschuld die moderne Welt ignorieren.

Gleichzeitig freilich regt sich in Deutschland eine anhaltende intellektuelle Gegenbewegung, zuweilen scharf und aufsässig wie in der bissigen Ironie Heinrich Heines vor und nach den Revolutionen von 1848 und in den nicht minder bissigen Angriffen der Berliner Karikaturisten um die Jahrhundertwende, zumeist aber eher gemäßigt, wie in den Universitäten, wo die Naturwissenschaften, aber auch die Philologie, die Philosophie und die Geschichtsforschung blühen.

Aber der Krieg von 1914 schafft mit der Bejahung der nationalen, gelegentlich auch der ethnischen Werte eine »heilige Allianz«, die die Notwendigkeit des Kampfes und Sieges an erste Stelle setzt. Bis zum Schluß, ja bis zur Niederlage versucht die deutsche Führung alle Kräfte für einen vollständigen Sieg zu mobilisieren. Die Niederlage erfolgt nach vier Jahren des Sterbens und Leidens, und Deutschland wird von den Siegern dafür verantwortlich gemacht. Später, 1951, schreiben deutsche und französische Historiker in einem gemeinsam verfaßten Text: »Die Dokumente erlauben es nicht, 1914 irgendeiner Regierung und irgendeinem Volk einen vorsätzlichen Willen zu einem europäischen Krieg zuzuschreiben. Das Mißtrauen war aufs äußerste gestiegen, und in den Führungskreisen glaubte man allgemein, daß der Krieg unvermeidlich sei, wobei jeder dem anderen Aggressionsabsichten unterstellte. Jeder nahm das Risiko eines Krieges in Kauf und sah den Schutz seiner Sicherheit einzig in Bündnissystemen und Aufrüstung. Gewisse Kreise des deutschen Generalstabs schätzten die deutschen Erfolgschancen 1914 höher ein, als sie tatsächlich waren, aber daraus läßt sich nicht ableiten, daß die Politik der deutschen Regierung davon bestimmt worden sei. Das deutsche und das französische Volk wollten in ihrer großen Mehrheit keinen Krieg, aber in Deutschland war man, vor allem in Militärkreisen, früher zu einem Konflikt bereit. Grund dafür war die besondere Stellung der Armee in der deutschen Gesellschaft . . .«

Einer Armee, die nicht zugeben wollte, daß sie im Feld besiegt worden war. So erklärte Generalfeldmarschall von Hindenburg, dessen Prestige als siegreicher Heerführer durch die Niederlage nicht gelitten hatte, im November 1919 vor einem parlamentarischen Untersuchungsausschuß, die deutsche Armee sei »von hinten erdolcht worden«. Diese Dolchstoßlegende konnte entstehen und sich ausbreiten, weil Deutschland nicht auf eigenem Boden besiegt worden war. Gewiß war eine Revolution ausgebrochen und zwei Tage vor Unterzeichnung des Waffenstillstands die Republik ausgerufen worden. Aber die Revolution war die Folge der militärischen Niederlage und nicht umgekehrt. War sie überhaupt eine Revolution? Im Sinn eines Regimewechsels sicherlich; auch in dem eines Wandels der herrschenden Staatsphilosophie: Auf die Legitimität des Fürsten folgt die der allgemeinen Wahlen. Am 25. November 1918 beschließen die Länderregierungen Deutschlands, daß allgemeine Wahlen zu einer verfassunggebenden Versammlung abgehalten werden sollen. In den Arbeiter- und Soldatenräten sind die Sozialdemokraten bestimmend. Für sie aber gibt es keine Freiheit ohne Demokratie, das heißt, ohne Mehrheitsbeschluß.

Eine politische, aber keine soziale Revolution: Am 15. November 1918 wird ein Abkommen zwischen Gewerkschaften und Unternehmern geschlossen; es bringt den Arbeitern Vorteile: acht-Stunden-Tag, Anerkennung der Gewerkschaften als Arbeitervertretung, kollektive Abschlüsse. Als Gegenleistung sind die Gewerkschaften stillschweigend bereit, die Strukturen der deutschen Gesellschaft unangetastet zu lassen und die bestehende ökonomische Macht nicht in Frage zu stellen. Gemeinsam mit den Unternehmern wollen sie Deutschland vor dem Chaos retten, aber die Ordnung, die sie bewahren oder wiederherstellen wollen, ist nicht nur das Gegenteil von Unordnung. Sie impliziert ein Kräfteverhältnis, das sich gewiß nicht zum Vorteil der Lohnempfänger auswirkt.

Die organisierten Gewerkschaften waren in Deutschland niemals der kämpferische Flügel der Arbeiterbewegung. Aus ihnen ist nicht, wie in England, die Arbeiterpartei hervorgegangen, noch standen sie, wie in Frankreich, links von den Parteien, mißtrauisch deren Teilnahme am politischen Spiel betrachtend. Vor dem Krieg trat einzig die SPD politisch in Erscheinung. Der Allgemeine Deutsche Gewerkschaftsbund war trotz seiner zweieinhalb Millionen Mitglieder im Jahr 1913 (bei 3,3 Millionen organisierten Arbeitern insgesamt) eher eine Art Versicherungsverein als ein Kampfverband.

Ende 1918 ist auch die SPD mehr um Ordnung bemüht als auf Umsturz bedacht. Ihr oberster Repräsentant, Friedrich Ebert, hat

die Macht von zwei Seiten empfangen: von Prinz Max von Baden, der unter Wilhelm II. selbst Kanzler gewesen war, und von den Arbeiter- und Soldatenräten. Diese doppelte Investitur zeigt deutlich die Realität und die Grenzen des »Bruchs« von 1918.
Am 18. Januar 1919 beginnt die Versailler Friedenskonferenz. Am 19. Januar wird die Verfassunggebende Versammlung gewählt, die in Weimar zusammentritt. Am 22. Juni unterwirft sich die Mehrheit der Abgeordneten dem Ultimatum der Sieger und akzeptiert den Friedensvertrag, den diese in Abwesenheit des Besiegten aufgesetzt hatten. Am 31. Juli wird mit 262 gegen 75 Stimmen die Verfassung der Republik angenommen.
Demokratien entstehen nicht selten aus Niederlagen. Die französische III. Republik ist dafür ein Beispiel. Aber der Versailler Vertrag ist sehr verschieden von dem von Frankfurt. Nicht so sehr wegen der Härte seiner Bedingungen: die Annexion Elsaß-Lothringens, die fünf Milliarden Goldfranken Kriegsschuld und als Pfand dafür die Besetzung von Teilen des französischen Staatsgebiets waren gewiß kein Zeugnis der Großmut des deutschen Siegers. Auch wären die Bedingungen, die ein siegreiches Deutschland Frankreich auferlegt hätte, sehr viel härter gewesen. Das beweisen die während des Krieges ausgearbeiteten Entwürfe und vor allem der gnadenlose Friedensvertrag von Brest-Litowsk, den Deutschland dem geschlagenen Rußland diktiert hatte.
Aber selbst wenn jeder Friedensvertrag zwischen ungleichen Partnern geschlossen wird und der Besiegte sich meistens dem Willen des Siegers beugen muß, war doch der Versailler Vertrag ein einmalig krasses Diktat, da er den Besiegten in doppelter Weise außerhalb des Gesetzes stellte: Er schloß ihn von den Verhandlungen aus (während beispielsweise Talleyrand 1814 und 1815 in Wien das diplomatische Spiel hatte mitspielen dürfen), und er behandelte ihn im Vertragstext nicht nur als Verlierer, sondern als Schuldigen. Und dieser Schuldige wurde im gleichen Moment auf die Anklagebank der internationalen Gesellschaft gesetzt, als seine politische Organisation erstmals den Normen entsprach, auf welche die Sieger sich beriefen.
Die Weimarer Verfassung begründete eine parlamentarische Demokratie, deren Bestand, sollte sie schlecht funktionieren, durch die Machtbefugnisse des Präsidenten gewahrt werden konnte, allerdings auf eine Weise, die ihre Natur veränderte. Der Kanzler als Regierungschef war dem Reichstag, also dem Parlament verantwortlich. Aber er wurde vom Präsidenten ernannt, der unmittelbar vom Volk gewählt, also ebenso stark legitimiert war wie die

Volksvertretung, und er konnte von ihm auch wieder abgesetzt werden. Ähnlich wie die französische Verfassung von 1958 erlaubt der Text von 1919 sowohl eine »parlamentarische« Auslegung, die die Funktion des Präsidenten zugunsten einer Regierung mit parlamentarischer Mehrheit einschränkt, als auch eine »präsidiale« Auslegung, die den Kanzler zum Mann des Staatschefs macht. Die zweite wird erst 1930 politische Realität, nun aber so nachhaltig, daß sie sich tiefer ins Gedächtnis eingräbt als die Vorherrschaft von Regierung und Parlament zunächst bis 1925 unter Friedrich Ebert – der übrigens nicht in allgemeiner Wahl gewählt, sondern designiert und dann vom Reichstag bestätigt worden war – und danach während des größten Teils der siebenjährigen Präsidentschaft Hindenburgs.

Mit einem wichtigen Vorbehalt: Seit den ersten Jahren hat der Präsident auf Verlangen einer Regierung das Recht zum Rückgriff auf den Artikel 48, der ihm in außergewöhnlichen Situationen erhebliche Machtbefugnisse einräumt: »Wenn ein Land die ihm nach der Reichsverfassung oder den Reichsgesetzen obliegenden Pflichten nicht erfüllt, kann der Reichspräsident es dazu mit Hilfe der bewaffneten Macht anhalten. Der Reichspräsident kann, wenn im Deutschen Reiche die öffentliche Sicherheit und Ordnung erheblich gestört oder gefährdet wird, die zur Wiederherstellung der öffentlichen Sicherheit und Ordnung nötigen Maßnahmen treffen, erforderlichenfalls mit Hilfe der bewaffneten Macht einschreiten. Zu diesem Zweck darf er vorübergehend die in den Artikeln 114, 115, 117, 118, 123, 124 und 153 festgesetzten Grundrechte ganz oder zum Teil außer Kraft setzen.« – Also de facto sämtliche Bürgerrechte.

Der folgende Absatz besagt zwar, daß der Präsident unverzüglich alle getroffenen Maßnahmen dem Reichstag unterbreiten muß und daß der Reichstag sie wieder aufheben kann. Aber die Macht, Bürgerrechte außer Kraft zu setzen, sei es auch nur vorübergehend, ist selten ungefährlich. Der Artikel 48 diente hauptsächlich dazu, wirtschafts- und finanzpolitische Verordnungen zu legalisieren. Aber einen Monat nach Hitlers Einzug in die Reichskanzlei dient er zur Rechtfertigung einer Verordnung, die eine alle Freiheit zerstörende Diktatur legalisieren soll.

Das Hauptmerkmal des Weimarer Systems, in der Wirklichkeit wie auch in der Erinnerung, die es hinterließ, war die Tatsache, daß es von Kräften beherrscht wurde, für die in der Verfassung kein Platz vorgesehen war: von den politischen Parteien. Paradoxerweise jedoch machte gerade die Verfassung sie unumgänglich, da sie vorschrieb, daß Parlamentswahlen nach der Verhältniswahl zu erfolgen hatten. Das Wahlgesetz von 1920 sah in diesem Verfahren einen vollkommenen Proporz: jeweils ein Abgeordneter entfiel auf 60000 Wähler (weshalb die Zahl der Reichstagsmitglieder je nach Wahlbeteiligung erheblich schwankte), die übrigen wurden auf nationaler Ebene verteilt. Anders gesagt, der Wähler lief nicht Gefahr, seine Stimme zu verlieren, wenn er sie einer kleinen Partei gab, da diese durchaus Chancen hatte, ins Parlament zu kommen.

In Wirklichkeit blieb die Zahl der Parteien, die eine echte politische Rolle spielten, relativ begrenzt. Die eigentliche Bedrohung ging von denjenigen großen Parteien aus, die unmittelbar die politischen Grundlagen des Systems ablehnten. Die drei »Weimarer Parteien«, die es mutig auf sich nahmen, die Niederlage zu tragen und den neuen Staat aufzubauen, waren nur in der Verfassunggebenden Versammlung beherrschend. Die Sozialdemokraten hatten 37,9% der Stimmen, das Zentrum 19,7% und die Liberalen der Deutschen Demokratischen Partei 18,5%. Seit den Wahlen vom Juni 1920 sah sich die SPD von links bedroht, wurde das Zentrum geschwächt durch die Bayerische Volkspartei, die die weiter rechts stehenden katholischen Stimmen auffing, und erlitten die Liberalen ständig wachsende Einbußen: 1928 fielen sie unter 5% und 1932 auf 1% und darunter. In der extremen Linken befand sich die Kommunistische Partei seit 1924 auf dem Vormarsch, erreichte jedoch niemals 17% der Stimmen. Auf der Rechten darf das plötzliche Ansteigen des Extremismus im Jahr 1930 nicht darüber hinwegtäuschen, daß eine deutliche Abgrenzung zwischen denjenigen, die die Spielregeln in vollem Umfang akzeptierten, und denjenigen, die einen Regimewandel im Sinne vermehrter Autorität anstrebten, schon seit 1920 schwierig war.

An Autorität scheint es dem Regime in seinen ersten Jahren tatsächlich zu mangeln. In mehr als einem Land kommt es zu Unruhen und Staatsstreichen. Die Gewalt macht sich in verschiedenen Formen bemerkbar, vor allem durch politischen Mord. Die bekanntesten Opfer sind 1921 Matthias Erzberger, Signatar des Waffenstillstandes, und 1922 der Außenminister Walter Rathenau. Die Mörder riskieren nicht allzu viel: Während der ganzen Weimarer Zeit sind die Richter aus gesellschaftlichen und ideologischen Gründen voller Nachsicht gegen alle, die im Namen des Kampfs für die »nationale« Sache zur Gewalt greifen, voller Strenge jedoch gegen alle, die Kompromisse mit dem Sieger

akzeptieren und sich durch die Forderung nach gesellschaftlichen Veränderungen gegen die »Einheit der Nation« vergehen!
Der gescheiterte Putschversuch im November 1923 in München ist nur die letzte einer ganzen Reihe von Gewalttätigkeiten. Und die Milde der Richter – die maßvolle Bestrafung und überdies auch noch frühe Entlassung des Hauptschuldigen, der kaum ein Fünftel seiner Strafe verbüßen mußte – bestätigen nur die zwiespältige Situation einer Republik, deren Verteidigung in die Hände großenteils kaum republikanisch gesonnener Eliten gelegt worden war. Es zeigte sich, daß jener Mann, der nur ein Jahr im Gefängnis verbrachte, Adolf Hitler, nicht nur ein autoritäres Regime anstrebte, sondern ganz Deutschland auf den Wegen der Diktatur im Innern und der Eroberung im Ausland sehr viel weiter führen sollte, als es die autoritärsten und expansionistischsten Deutschen je sich träumen ließen, und sehr viel tiefer ins Unglück, als die Besiegten von 1918 es sich hatten vorstellen können.

Max Gallo
Der Nationalsozialismus: Vor und nach dem Münchner Putschversuch

»Wir können nicht mehr zurück. Unsere Tat ist bereits Geschichte.«

8. November 1923. München. Im Saal des Bürgerbräukellers spricht Adolf Hitler. Mit einem Pistolenschuß in die Decke hat er die offiziellen Redner, die Mitglieder der bayrischen Regierung, den Generalstaatskommissar von Kahr, den Oberkommandierenden der Reichswehr General von Lossow und den Polizeichef Oberst Hans von Seisser, unterbrochen. Er hat den Lauf der Versammlung verändert, die an diesem Jahrestag der Niederlage von 1918 und der Abdankung Wilhelms II. veranstaltet worden ist, um Berlin, um diese Weimarer Republik, die sich den Sozialdemokraten Ebert zum Präsidenten wählte, daran zu erinnern, daß Bayern seine eigene Politik hat. Und daß München gewillt ist, der Reichshauptstadt den richtigen Weg zu weisen.

War es nicht in München gewesen, wo 1918 der Versuch einer kommunistischen Revolution niedergeschlagen, 1919 eine Räterepublik hinweggefegt und zuletzt eine sozialdemokratische Landesregierung gestürzt worden war? Aus jenem Staatsstreich des Militärs war dann im März 1920 die Regierung Gustav von Kahr hervorgegangen.

Seither sind München und Bayern der Anziehungspunkt für alle, die im gedemütigten und geschlagenen Deutschland die republikanische Staatsform ablehnen, die sie für alle Verluste verantwortlich machen. Nach München strömen die Männer der Freikorps. In München häufen sich die Vereinigungen und Gruppen, die davon träumen, die »Novemberverbrecher« ebenso aus dem Reich zu verjagen wie bereits aus der bayrischen Hauptstadt. Und diese Männer, die auf das nahe Italien schauen, wo der Faschismus soeben gesiegt hat, sind nun der Ansicht, daß die Regierung des Gustav von Kahr in ihrer Opposition gegen »die Berliner« nicht weit genug geht und zum Handeln gezwungen werden muß.

Also dringt Hitler mit seiner SA in den Bürgerbräukeller ein.

Derart wird Hitler in München Politiker. In München hat er schon 1919 als Dreißigjähriger zum erstenmal eine politische Funktion ausgeübt, in München hat er sich im gesellschaftlichen und ideologischen Kampf hervorgetan, hat sich eine eigene Gruppe geschaffen. In München hat er, mit einem Wort, sein Gesicht gewonnen.

Bis dahin war er ein Niemand gewesen. Ein Einzelgänger, ein Außenseiter, ein Deklassierter, ein Kriegsteilnehmer wie viele Millionen andere verbitterte, müde, heruntergekommene Männer, die der Zusammenbruch auf die Straßen der blutbesudelten Städte Europas geworfen hatte.

Geboren am 20. April 1889 im österreichischen Städtchen Braunau am Inn, nahe der bayerischen Grenze, ist er das dritte Kind aus der dritten Ehe des Alois Hitler. Dieser, der 1837 geboren wurde, hatte bis 1877 den Namen seiner Mutter Maria Anna Schicklgruber getragen. Er war ein uneheliches Kind, wahrscheinlich der Sohn eines Johann Georg Hiedler. Doch die spät erfolgte Anerkennung des Alois durch den Hiedler ist kein Beweis. Es bleibt also ungewiß, wer der Großvater des künftigen Reichskanzlers war.

Man hat vermutet, der wirkliche Vater des Alois sei ein Jude gewesen, und so sieht sich Hitler mit einem Ahnen beschenkt, der womöglich der Dienstherr seiner Mutter war, die tatsächlich in Graz bei einer jüdischen Familie, den Frankenbergers, im Dienst gestanden hatte.

Die Hypothese ist nicht bewiesen, doch zweifellos wußte Hitler recht früh, daß es in Hinblick auf seine Herkunft ein Problem gab. Die Auseinandersetzungen mit seinem Vater machten die Frage sicherlich nur noch schlimmer.

Um so mehr, als sich der junge Mann ein paar Jahre nach dem Tod seines Vaters (der 1903 gestorben war) in Wien niederließ (zum erstenmal war er dort im Mai und Juni 1906). Denn mit seinem schwarzen Haar, seiner Kleidung (»ein langer Mantel, ein harter, speckiger schwarzer Filzhut«) sieht er wie einer der zahlreichen Ostjuden aus, die in der Hauptstadt des Kaiserreichs leben.

So sieht sich Hitler bewogen, in dieser schwierigen Zeit des Erwachsenwerdens, über seine »Identität« nachzudenken. Wer ist er? Woher stammt er? Einer der Zeugen aus diesen Jahren sagte: »Er hatte ein Äußeres, wie man es selten unter Christen trifft.«

Wien war damals einer der Brennpunkte des Antisemitismus. Vom Klima dieser Stadt geprägt, will Hitler Deutscher und Arier sein. Den Juden abstoßen, den er in sich selber fürchtet, den Vater verwerfen, die Juden verwerfen, die um ihn sind. Er erobert sich eine Identität. Eine um so stärkere, als sie eine Konstruktion seiner Tiefenstruktur und seines Willens ist. Später, nach der Annexion Österreichs, wird der Reichskanzler Hitler seiner Gestapo die Beschlagnahme aller österreichischen Polizeiakten befehlen, wird jede Nachforschung über seine Herkunft verbieten, wird aus dem Ort, wo seine Großmutter Schicklgruber geboren wurde und auch begraben liegt, einen Truppenübungsplatz machen lassen. Eine der großen Fragen des jungen Hitler wird damit verneint.

Aber auch als verneinte Frage bleibt sie noch ein Bestandteil seiner Persönlichkeit. Sein Antisemitismus, der eine sexuelle Bedeutung hatte – der Jude zeugt Bastarde, der Jude schändet die Rasse – und seine Bemühung um Rassenreinheit bezogen ihre pathologische Kraft ohne Zweifel aus jener Frage, die sich Hitler im Wien des beginnenden Jahrhunderts gestellt hatte. Der Drang zur Selbstbestätigung war einer seiner Grundzüge. Sein Individualismus und Egozentrismus waren untrennbar verbunden mit seiner Überzeugung, das Schicksal werde sein einzigartiges Genie an den Tag bringen.

Nur so erklärt sich jene Unbekümmertheit, jene Verweigerung einer geregelten Arbeit, jene Verachtung der Anderen, jenes Dahinvegetieren am Rande eines normalen Gesellschaftslebens, das kennzeichnend war für Hitlers Wiener Jahre (1907–1913).

Hilfsarbeiter, Pensionär eines Männerheims, Postkartenmaler, glückloser Kandidat für die Akademie der Schönen Künste: all diese Niederlagen und seine Unfähigkeit, sich zu integrieren, treiben Hitler zum Absoluten. Er braucht Schuldige. Die Anderen. Die Juden. Er verherrlicht sein Ich. Die Mehrheit kann niemals einen großen Mann ersetzen, schreibt er später: Sie repräsentiert immer nur die Dummheit und die Feigheit.

Diese Ideen, die Hitler durch das Spiel der Kräfte, die seine Persönlichkeit strukturieren, assimiliert und bis ins Extrem treibt, sind nicht originell: Sie bilden die Ideologie der konservativsten Kreise der Wiener Gesellschaft.

In bezug auf diese Ideologie erscheint Hitler als ehrgeiziger Sprößling des untersten Kleinbürgertums (sein Vater war k. u. k. Beamter), der nach oben strebt und im Verlangen, seinem wahren sozialen Status zu entkommen und sein persönliches Versagen zu verneinen, die Themen jener Elite aufgreift und entfaltet, der anzugehören er sich wünscht und die zu beherrschen sein Traum ist.

Da er in dieser Zeit nicht fähig ist, direkte Beziehungen zur

Gesellschaft aufzunehmen – durch Erfolg, Arbeit oder regelmäßigen Umgang mit anderen –, versucht er, ideologische Bindungen an sie herzustellen. Hitler begeistert sich für die Politik, für die Geschichte, fürs Zeitunglesen. Er wird ein Gegner dieses österreichisch-ungarischen Kaiserreichs, dieses Rassenkonglomerats, er ist ein Feind des »Sprachentohuwabohus« und ein wilder Parteigänger Deutschlands und des »Deutschtums«.
Im Frühjahr 1913 verläßt er Wien und geht nach München, wo ihn bald schon der Krieg mitreißt. Der Krieg – das ist für einen Außenseiter, der zugleich »Konformist« ist, die Unordnung in der Ordnung. Die normale Gesellschaft in Umkehrung, der rechte Ort für Abenteurer, die sich der Disziplin fügen. Für Soldaten. Hitler wird Freiwilliger. »So ... begann nun auch für mich die unvergeßlichste und größte Zeit meines irdischen Lebens«, schreibt er in *Mein Kampf*. »Gegenüber den Ereignissen dieses gewaltigen Ringens fiel alles Vergangene in ein schales Nichts zurück ... Ich schäme mich auch heute nicht, es zu sagen, daß ich, überwältigt von stürmischer Begeisterung, in die Knie gesunken war und dem Himmel aus übervollem Herzen dankte, daß er mir das Glück geschenkt, in dieser Zeit leben zu dürfen.«
Er wird als Meldegänger dem 16. Bayerischen Infanterie-Bataillon zugeteilt, schon im Dezember 1914 mit dem Eisernen Kreuz Zweiter Klasse, dann 1918 mit dem Eisernen Kreuz Erster Klasse ausgezeichnet und zum Gefreiten befördert. Hitler ist ein guter Soldat. Doch auch hier noch ein Außenseiter. Er gehört nicht zum Offizierskorps, verhält sich aber auch nicht wie ein Gemeiner. Er sondert sich von seinen Kameraden ab, interessiert sich weder für Post noch für Urlaub, hat auch nichts gegen den Krieg. »Er war der weiße Rabe unter uns«, sagt ein Soldat aus seiner Kompanie. Im Oktober 1918 wird er bei einem englischen Gasangriff verwundet und blind geborgen. Im Lazarett trifft ihn die Nachricht vom Waffenstillstand.

Das gedemütigte Deutschland

Die Niederlage, der Waffenstillstand: War das Reich tatsächlich zusammengebrochen? Dabei schien doch das Jahr 1918 noch alle Hoffnungen des deutschen Generalstabs zu bestätigen: Die Öffentlichkeit erfuhr nur die Niederwerfung Rumäniens und Rußlands und die Tatsache, daß Ludendorffs Truppen erstmals seit

1914 die französische Front durchbrochen hatten und 64 km vor Paris standen. Das Oberkommando, auf die Erhaltung seines Prestiges bedacht, hatte die Rückschläge und seine Bitte um Einstellung der Kampfhandlungen verheimlicht, um die Verantwortung und die Schmach der Kapitulation den Zivilisten aufzubürden. Denn *besiegt* sein sollte die deutsche Armee nicht »im Felde«, sondern nur »hinterrücks« durch »Verräter«. Und als dann am 28. Oktober 1918 die Matrosen in Kiel und Wilhelmshaven sich weigerten, ihre Schiffe auslaufbereit zu machen, als sie Anfang November regelrecht meuterten und sich allenthalben, von Hamburg bis Köln, von Berlin bis München Arbeiter- und Soldatenräte bildeten, da wußte man auch schon gleich, wer diese »Verräter« waren: Es waren die Revolutionäre, die Spartakisten unter der Führung Karl Liebknechts und Rosa Luxemburgs, oder die Sozialisten der »Unabhängigen Sozialdemokratischen Partei Deutschlands« (USPD), die sich von der traditionellen SPD abgespalten hatte.

Die Sozialdemokraten mit Friedrich Ebert, Gustav Noske und Philipp Scheidemann an der Spitze waren in erster Linie Reformisten und mithin bestrebt, in Deutschland eine parlamentarische Demokratie mit sozialen Inhalten zu errichten.

Als die »Novemberrevolution« ausbrach und rasch von den Häfen auf die Städte im Lande übergriff, als am 9. November der Kaiser abdankte, spalteten sich die verschiedenen Strömungen der Sozialdemokratie. Die einen – Spartakisten, revolutionäre Arbeiter- und Soldatenräte – wollten dem Beispiel der russischen Oktoberrevolution folgen; die anderen – vor allem die Führer und Reichstagsabgeordneten der SPD – wollten sich auf eine Umbildung der Institutionen beschränken. Da der Kaiser nun weg war, da Scheidemann die Republik ausgerufen hatte und damit die parlamentarische Demokratie und das allgemeine Wahlrecht eingeführt waren, galt ihnen die Revolution als beendet. Um die Einheit des Reiches zu wahren und der leninistischen »Ketzerei« entgegenzutreten – jenem »Linksradikalismus«, jenem »slawischen Sozialismus« –, waren sie bereit, die Spartakistenbewegung mit Hilfe der Armee zu zerschlagen. Und die Militärs waren selbstverständlich sofort bereit, diejenigen zu unterstützen, die in diesem Gewaltklima des Winters 1918–19 das stärkste Bollwerk gegen die »Unordnung« bildeten – und seien es auch Sozialdemokraten und Republikaner.

Im Januar 1919 hat die Armee im Bündnis mit den Sozialdemokraten die »Novemberrevolution« zerschlagen. Aber die Niederlage

der Spartakisten ist weniger diesem Bündnis oder dem »Verrat« der Sozialdemokraten zuzuschreiben als vielmehr dem Verhalten der deutschen Massen, die sich – ganz wie die Völker der anderen westeuropäischen Länder – nach vier Kriegsjahren nicht auch noch auf das bolschewistische Experiment einlassen wollten. Und die SPD und die Gewerkschaften in Deutschland waren – ganz wie die Sozialisten in Frankreich – viel zu stark integriert, als daß unter ihnen der Wunsch hätte aufkommen können, die Gesellschaft anders als durch Reformen zu verändern.
Da aber die SPD nicht umhin konnte, die Verantwortung für die Unterzeichnung des Versailler Vertrages – also für die nationale Demütigung – zu übernehmen, und da sie zugleich auch, um die Spartakisten niederwerfen zu können, die These von der »im Felde unbesiegten« Armee beglaubigen mußte (am 10. Dezember 1918 begrüßte Ebert die Garderegimenter bei ihrem Einzug in Berlin mit den Worten: »Kein Feind hat euch besiegt«), wurde sie selbst zum Gefangenen der zweideutigen Umstände, unter denen die Weimarer Republik entstand.
Denn diese Republik entstand nicht aus einem Schwung oder einer Begeisterung des Volkes noch aus einem militärischen Sieg, sondern allein aus der Niederlage. Die starken konservativen Kräfte, vor allem die der Armee, akzeptierten sie nur mit Vorbehalten, nur als provisorische Lösung in einer Krisenzeit. Durch die Abdankung des Kaisers war das gesellschaftliche, bürokratische und militärische Gefüge des Kaiserreichs nicht zerstört worden. Der republikanische Staat war also von vornherein nur ein schwacher Staat, um so mehr, als er trotz allem Bemühen, demokratisch und parlamentarisch zu sein, tiefe Strukturwidersprüche aufwies.
Der Reichstag, die Volksvertretung der Weimarer Republik, war ein Parlament mit beschränkter Macht. Der Reichspräsident, der gleichfalls direkt vom Volk gewählt wurde, konnte ihn auflösen: Im Falle einer Krise konnte er als das für sieben Jahre gewählte Staatsoberhaupt gegenüber dem bloß für vier Jahre gewählten Reichstag eine beherrschende Rolle spielen. Und als dann 1925 gar der Generalfeldmarschall Hindenburg dieses Amt antrat, sah alles ganz danach aus, als hätte die Weimarer Republik sich bewußt denjenigen Mann zu ihrem höchsten Repräsentanten erkoren, der die Kräfte der alten Gesellschaft am besten verkörperte. Derart erfüllte sich, wie es aussah, der Artikel 1 der Weimarer Verfassung, der da lautet: »Das Deutsche Reich ist eine Republik«. Das Alte – eben das »Reich« – hatte das Neue durchdrungen. Oder besser gesagt: Das Neue war nur das verkleidete Alte.

Nimmt man hinzu, daß weder das Problem der Beziehungen zwischen Reich und Ländern noch das des öffentlichen Konsenses zu diesem Regime gelöst worden war (die republikanischen Parteien zusammen erhielten in keiner der vielen Wahlen der Weimarer Zeit die absolute Mehrheit im Reichstag!), so ermißt man die Schwierigkeiten, die diese Republik zu bestehen hatte.
Zu alledem wurde das normale politische Spiel noch erschwert, wenn nicht unmöglich gemacht, durch die Erfordernisse des Wirtschaftslebens und der Außenpolitik. Deutschland war gezwungen, sich den Konditionen des Versailler Vertrags zu beugen, und dieser Vertrag war ein echtes Diktat, da seine Inhalte von den Siegern allein, ohne Konsultation des Besiegten, ausformuliert und diesem per Ultimatum aufgezwungen worden waren. Derart reduziert auf den Status einer streng überwachten Nation, besetzt (im Januar 1923 marschierten französische Truppen ins Ruhrgebiet ein), gedemütigt und amputiert, konnte Deutschland eigentlich gar nicht anders als sich auflehnen und versuchen, durch diplomatische Sondertouren (wie 1922 die Verständigung mit der Sowjetunion in Rapallo) sich die verweigerte Handlungsfreiheit wiederzuholen.
Aber die Weimarer Republik hatte Versailles akzeptiert, hatte mit den Alliierten verhandelt, sie wurde nun auch für die wirtschaftlichen Katastrophen – für die Inflation 1923 und natürlich erst recht für die Folgen der großen Krise von 1929 – verantwortlich gemacht.
Man begreift, wie leicht die »staatstragenden« Parteien dieser Republik (die SPD, die Demokratische Partei und das Zentrum) von den Rändern her überrollt werden konnten: von links durch die Kommunisten mit ihrer am 30. Dezember 1918 gegründeten KPD, von rechts durch ein Konglomerat mehr oder weniger militärisch organisierter patriotischer Verbände und Gruppen (von den »Freikorps« bis zum »Stahlhelm«), dominiert von Alfred Hugenbergs Deutschnationaler Volkspartei und von Adolf Hitlers Nationalsozialistischer Deutscher Arbeiterpartei.

Die Geburt einer Partei

Nach und nach war es Hitler gelungen, sich zum Führer dieser Partei zu machen.
Die Niederlage hatte ihn ebenso wie alle anderen patriotischen

Kriegsteilnehmer hart getroffen. Als er im Lazarett, noch immer fast blind von jenem Gasangriff, die Nachricht vom Waffenstillstand erfuhr, schwankte er zwischen Wut und Verzweiflung: »Während es mir um die Augen wieder schwarz ward, tastete und taumelte ich zum Schlafsaal zurück, warf mich auf mein Lager und grub den brennenden Kopf in Decke und Kissen... Elende und verkommene Verbrecher! Je mehr ich mich in dieser Stunde des ungeheuren Ereignisses klar zu werden versuchte, um so mehr brannte mir die Scham der Empörung und der Schande in die Stirne. Was war nun der ganze Schmerz der Augen gegen diesen Jammer?... Kaiser Wilhelm II. hatte als erster deutscher Kaiser den Führern des Marxismus die Hand zur Versöhnung gereicht, ohne zu ahnen, daß Schurken keine Ehre besitzen. Während sie die kaiserliche Hand noch in der ihren hielten, suchte die andere schon nach dem Dolche. Mit dem Juden gibt es kein Paktieren, sondern nur das harte Entweder – Oder. Ich aber beschloß, Politiker zu werden.«

Man sieht, in welchem Geist. Doch ausschlaggebend war dann, daß Hitler auf Männer vom gleichen Geist traf, die ebenso reagierten wie er. Im April und Mai 1919 erlebte er in München die Zerschlagung der seit dem 6. April bestehenden Räterepublik durch Freikorps und Reichswehrsoldaten. Mehr noch: der militärischen Untersuchungskommission, die die Verhaftungen und Exekutionen organisierte, diente er sich als Zeuge an. So hielt er enge Kontakte zur Armee – jener klar geordneten Welt, deren Kraft ihm der Krieg offenbart hatte – und wurde zum »Bildungsoffizier« ernannt, d.h. zum politischen Propagandisten. Am 16. September 1919 trat er dann »auf Befehl« in die »Deutsche Arbeiterpartei« ein, die der Werkzeugschlosser Anton Drexler am 5. Januar 1919 gegründet hatte. Als siebtes Mitglied im Parteivorstand, wurde ihm Anfang 1920 die Verantwortung für die Propaganda übertragen. Und nachdem er am 1. April desselben Jahres aus der Armee ausgeschieden war, widmete er sich ausschließlich seinen Aktivitäten als politischer Agitator.

Was auffiel, war sein Rednertalent und seine Leidenschaft für persönliche Macht. Er setzte sich in den Versammlungen durch, er setzte sich in der Partei durch. Er war der schlechthin Monomane, der Mann, der nur eine Leidenschaft kannte – die Politik, die sein ganzes Ich ausfüllte – der Mann, der sich nur in einer einzigen Tätigkeit ausdrückte, der Mann, den eine einfache Überzeugung zu einem einzigen Ziel hin orientierte: zur Macht.

Hatte er seine Überzeugungen vor dem Krieg dem Wiener Milieu entlehnt, so bezog er sie jetzt aus dieser kleinen, zugleich nationalistisch und sozialistisch orientierten Partei und aus ihrem österreichischen Gegenstück, der »Deutschen Nationalsozialistischen Arbeiterpartei« unter Führung des Advokaten Walter Riehl, die bereits das Hakenkreuz als Emblem trug. Im August 1920 trafen sich die Vertreter der Drexlerschen und der Riehlschen Partei, um eine Zusammenarbeit zu vereinbaren. Und im Dezember desselben Jahres verkündete Hitler auf einer Versammlung den neuen Namen der Partei: »Nationalsozialistische Deutsche Arbeiterpartei« (NSDAP) – einen Namen also, den sie allein der österreichischen Schwesterpartei verdankte.

Wie man sieht, ging es Hitler weniger um Originalität als um Wirksamkeit. Und diese war hauptsächlich abhängig von der Unterstützung durch die Armee. Das war der springende Punkt. Gewiß kann man darüber diskutieren, ob es hier um die gesamte Armee ging oder bloß um ein paar Offiziere; also die Frage stellen, ob hier eine ganze gesellschaftliche Korporation – eben die Armee – oder nur einige ihrer Mitglieder verantwortlich waren. Fest steht jedenfalls, daß der Hauptmann Ernst Röhm aus dem Regimentsstab des 7. Münchner Wehrbereichs schon vor Hitler zu der Drexler-Partei gehörte, daß er die Bewegung finanziert hatte, ihr ehemalige Freischärler zugeführt und seinen Vorgesetzten, den Generalmajor von Epp, bewogen hatte, sie bei der Herausgabe eines Wochenblatts namens »Völkischer Beobachter« zu unterstützen. Röhm war es auch, der zwischen Juli und November 1921 die erste Sturmabteilung (SA) aufstellte.

Bereits Ende des Jahres geht die SA zur Aktion über und greift bei kommunistischen Versammlungen ein. Seit 1922 sieht man sie in geschlossener Formation durch die Straßen von München marschieren. Schon allein ihre Organisation ist durch ihren paramilitärischen Charakter – die Disziplin, die Gliederungen in Kader, die Uniformen – ein Beweis für den Einfluß der Armee in den Anfängen der Nazipartei. Man kann sich tatsächlich fragen, was ohne die Unterstützung durch gewisse Militärkreise aus dem politischen Schicksal Hitlers geworden wäre.

Die Frage ist müßig, doch sie erlaubt, die anfänglichen Verantwortlichkeiten zu bestimmen und die Bedingungen der Entstehung der Nazipartei zu erhellen, ohne sie ausschließlich dem persönlichen »Genie« Hitlers zuzuschreiben. Auch macht sie deutlich, wie eng die Bewegung seit ihrem Beginn mit dem traditionellen, dem konservativen, dem von der Armee symbolisierten und verteidigten Deutschland verbunden war. Gleich-

wohl darf man darüber nicht vergessen, daß die Nazipartei zunächst einmal Hitler war.
Seit 1920 – und so blieb es bis zum Ende des »Dritten Reichs« – ist Hitlers Handeln in der Partei geprägt von dem Willen, ihr einziger Führer zu sein, die Autorität ungeteilt auszuüben, Rivalitäten unter den anderen Parteiführern gegeneinander auszuspielen, um sich selbst durchzusetzen, um Schiedsrichter und tragende Säule zu werden. Seine politische Philosophie mit ihrer Verherrlichung des Einzelnen, des vom Schicksal erwählten Führers, ist der Niederschlag dieses nach Selbstbestätigung strebenden Willens. In einer solchen Perspektive haben Ideen und Programme – z. B. das von Drexler ausgearbeitete Parteiprogramm mit seiner stark antikapitalistischen Tönung – nur einen relativen Wert: sie sind Mittel, und sie können je nach den Umständen aufgegeben werden. Hitler ist doktrinär und opportunistisch zugleich. Seine Doktrin enthält bestimmte Konstanten: Es gilt, die Macht zu erobern, Deutschland zum Siege zu führen, die Überlegenheit der arischen Rasse zu beweisen. Doch in Wirklichkeit sind diese Konstanten nicht so sehr Teile einer Doktrin als vielmehr einfache politische – und militärische – Ziele, die ihm den größten Spielraum für Manöver lassen. Da im übrigen keinerlei Regel einer politischen Moral, kein »Humanitarismus« die Ausführung dieser oder jener Lösung hemmt, ist der Nationalsozialismus seit seinen ersten Jahren ein auf die Eroberung der Macht gerichteter, von keinem Skrupel, keiner Verpflichtung gemilderter Fanatismus. »Jede Idee«, schreibt Hitler in *Mein Kampf*, »auch die beste, wird eine Gefahr, wenn sie sich als Selbstzweck setzt.«
Zu dieser Leidenschaft für die Macht und dieser Schrankenlosigkeit kommt eine reale Einsicht in die Notwendigkeiten der Propaganda hinzu. Hitler, der Beobachter des Wiener politischen Lebens, Hitler, der große Zeitungsleser, Hitler, der Tag für Tag bald in diesem bald in jenem Bräukeller spricht, erwirbt sich eine unmittelbare Kenntnis im Umgang mit Gruppen. Von allen deutschen Politikern jener Zeit – mit Ausnahme einiger kommunistischer Führer – hat er den engsten Kontakt zum »Volk«, zu jenen anonymen Individuen, die man zu den Urnen treiben und folglich auch überzeugen muß. Er war Soldat gewesen in einem Krieg, in dem Millionen von Kämpfenden aufeinandertrafen, und er hat als einer der ersten unter den deutschen Politikern (die Kommunisten wieder – und nicht zufälligerweise – ausgenommen) die entscheidende Bedeutung der Massen erkannt. »Jede Bewegung von großen Zielen muß deshalb ängstlich bemüht sein, den Zusammen-

hang mit dem breiten Volke nicht zu verlieren ... Sie muß weiter alles vermeiden, was ihre Fähigkeit, auf die Masse zu wirken, mindern oder auch nur schwächen könnte.«
Mit seiner Analyse des Verhaltens der Massen, mit seiner richtigen Einschätzung des entscheidenden Drucks, den die Massen ausüben werden, erscheint Hitler als ein politischer Führer, der die Grundzüge der ersten Hälfte des 20. Jahrhunderts begriffen hat. Und genau das ist der Nationalsozialismus: eine Verschmelzung von archaischen Elementen – Hitlers aus dem alten germanischen Mythen- und Ritenbestand geschöpfte politische Ideen – mit ganz modernen.

Die Niederlage in München

In dem Bestreben, sich eine Partei zu schaffen, die er als absolutistischer Herrscher führen will, hat sich Hitler auf Männer gestützt, von denen einige ihm bis zum Fall des »Dritten Reichs« folgen sollten. Heß, Göring, Röhm, Rosenberg, die damals um ihn sind, verbinden ihren Ehrgeiz mit seinem, ebnen ihm die Beziehung zum Münchener Bürgertum – zu dem Klavierfabrikanten Bechstein, zu den Verlegern Hanfstaengl und Bruckmann. Hitler knüpft seine ersten Kontakte zu Industriellen: zu Hermann Aust und vor allem dann zu Fritz Thyssen. Von ihnen erhält er Subventionen, mit denen die Partei ihr Wochenblatt – den *Völkischen Beobachter* – zur Tageszeitung umwandeln kann. Was aber ausschlaggebend sein wird für die Haltung der führenden Kreise zu Hitler, sind seine Erfolge.
Seit 1921 verschlechtert sich die wirtschaftliche, soziale und politische Situation in Deutschland rapide, und damit ergeben sich für ihn Möglichkeiten zum Eingriff. Die Inflation, die politischen Morde (an Erzberger, an Rathenau), das Gestrüpp zahlreicher Intrigen und Komplotte, der Druck, den die Alliierten auf die Besiegten ausüben, um sie zu Zahlungen zu veranlassen, das Beispiel Mussolinis in Italien (Oktober 1922) schaffen ein günstiges Klima zum Handeln. Um so mehr, als München das Zentrum der Opposition gegen Berlin ist. Für Hitler und die Nazis geht es darum, sich der bayerischen Regierung zu bedienen, sie zu überrennen und in den Kampf gegen die Weimarer Republik zu treiben, um von Bayern aus einen »Marsch auf Berlin« anzutreten, wie es in Italien einen »Marsch auf Rom« gegeben hatte.

Mit der Besetzung des Ruhrgebiets durch französische Truppen (11. Januar 1923), mit dem Widerstand, den sie in allen Teilen der deutschen Öffentlichkeit auslöst, und der dadurch hervorgerufenen nationalen Wallung beginnt ein entscheidender Abschnitt in Hitlers Aktivitäten. »Wir wollen den Sturm entfesseln«, sagt er am 23. April 1923. »Schlaft nicht ein: Ihr müßt wissen, daß sich ein Sturm ankündigt.«
Am 1. Mai zieht er fast 20000 SA-Mitglieder auf dem Exerzierplatz des Oberwiesenfeldes zusammen; aber angesichts eines drohenden Einsatzes der Armee unter dem Oberbefehl von Lossows ordnet Hitler die Auflösung an. Eine Niederlage, eine derbe Kränkung. Generalprobe dessen, was sich am 8. und 9. November 1923 abspielen wird. Als Hitler mit seiner SA in den Bürgerbräukeller eindringt, als er die Herren von Kahr, von Lossow, von Seisser durch Einschüchterung und moralischen Druck schließlich zwingt, sich ihm anzuschließen, als er den General von Ludendorff auf seine Seite zieht, glaubt er, diesmal könne er München und Bayern ins Wanken bringen und den Sturz der Weimarer Republik herbeiführen. Doch war die Operation auch gewagt wie ein Poker, so wurden dabei doch mehrere Realitäten übersehen: Erstens war die Nazibewegung noch zu schwach, um als Anziehungspunkt fungieren zu können. Zweitens war das Oberkommando der Reichswehr unter von Seeckt nicht bereit – und zwar gerade wegen dieser Schwäche der Hitlerpartei – den Gewaltstreich zu akzeptieren. Denn er enthielt das Risiko eines Bürgerkriegs und damit einer Schwächung Deutschlands, das sich erst wieder eine Armee aufbauen mußte (und die mit der Sowjetunion in Rapallo unterzeichneten Vereinbarungen eröffnen gerade jetzt der Reichswehr die Aussicht auf eine selbständigere, gegen die Kontrolle der alliierten Inspekteure abgeschirmte Entwicklung), und er könnte schließlich sogar zur Zerstückelung Deutschlands führen. In einem Tagesbefehl vom 4. November 1923 hat Seeckt die Haltung der Reichswehr eindeutig klargestellt: Es gebe nur eine einzige Überlebenschance, nämlich harte und zähe Arbeit, und die sei nur möglich auf dem Boden der Gesetze und der Verfassung. Wer diesen Boden verlasse, riskiere den Bürgerkrieg – und zwar einen, an dessen Ende nicht eine der beiden Parteien besiegt, sondern beide vernichtet sein würden, wie einst im Dreißigjährigen Krieg...
Am Morgen des 9. November, als Hitlers Männer mit Ludendorff, Göring und ihm selbst an der Spitze ins Zentrum von München marschieren, stoßen sie an der Feldherrnhalle auf eine Polizei-

kette, die das Feuer eröffnet. Der Putsch ist gescheitert, Göring verwundet, Hitler wenige Tage später verhaftet.
Er hatte seine Stärke überschätzt, hatte die Macht der Reichswehr und ihre Entschlossenheit, sich nur auf sichere (und legale) Aktionen einzulassen, unterschätzt. Aus Ungeduld hatte er, wie es schien, seine politische Zukunft schwer kompromittiert.
Doch Hitler, ganz Stratege, versteht es, auch aus seinem Scheitern Nutzen zu ziehen. Des Hochverrats angeklagt, nimmt er die ganze Verantwortung auf sich und erklärt vor dem Münchner Gericht, es gebe keinen Hochverrat, wenn es um die Verräter von 1918 gehe, und er betrachte sich als den besten Deutschen, als den, der dem deutschen Volke das Beste zu bieten habe. Die Presse, die breit über den Prozeß berichtet, und die Richter, die Hitlers Bekenntnissen achtungsvoll lauschen, machen ihn objektiv zu einem Helden der nationalen Sache. Zu einem Märtyrer. Zu einer politischen Persönlichkeit, die nun endlich die Mauer der Anonymität durchbrochen hat.
Verurteilt zu fünf Jahren Festungshaft, aber schon am 24. Dezember 1924 vorzeitig aus dem Gefängnis von Landsberg entlassen, wo er inzwischen sein Buch *Mein Kampf* geschrieben hat, steht er nun größer als vorher da, durch die bittere Erfahrung gereift. »Wir hatten verstanden«, erklärt er 1936, »daß es nicht genügte, den alten Staat umzustürzen, sondern daß der neue Staat schon vorher organisiert werden, sich praktisch bereits in unseren Händen befinden mußte. Von nun an galt es, eine Lage zu schaffen, in der jede Möglichkeit eines zweiten Scheiterns von vornherein ausgeschlossen sein würde.«
Eine wichtige Entscheidung, Hitler hat seine Taktik geklärt: die Nazipartei ins Spiel der politischen Kräfte einführen, den Staat unterwandern, ihn von innen heraus erobern; innerhalb der Legalität bleiben und sie zugleich überschreiten, sich ihrer bedienen, um sie besser zerbrechen zu können.
Aber das setzte voraus, daß Hitler das Instrument seiner Politik, die Partei, vollkommen unter Kontrolle hatte.

Helle Jahre für Weimar, dunkle für Hitler

Während seines Gefängnisaufenthalts hat er bewußt zugelassen, daß sich die Nazibosse untereinander zerfleischten: Was machte es schon, wenn die Partei dadurch schwächer wurde, Hauptsache

war, daß ihm kein Nachfolger erwuchs. Am 27. Februar 1925 ist er erneut ihr unbestrittener Chef, und um den Einfluß der SA auszugleichen, schafft er sich die SS (»Schutzstaffeln«) als persönliche Hausmacht. Gleichzeitig entfernt er vorsorglich alle diejenigen aus der Partei, die durch ihre Persönlichkeit oder durch ihr Beharren auf den sozialrevolutionären Punkten des NS-Programms seinen Aufstieg zur absoluten Macht, d. h. die Durchführung seiner Politik behindern könnten.
Hitler ist sich darüber im klaren, daß diese Politik nur auf lange Sicht zu Ergebnissen führen wird. Noch in seinem Landsberger Gefängnis schreibt er: »Die katholischen und marxistischen Abgeordneten ... mit Stimmzetteln statt mit Gewehren niederzumachen dauert zwar länger, aber das Resultat wird dann wenigstens von ihrer eigenen Verfassung garantiert. Legitimität ist gleichbedeutend mit Langsamkeit. Aber früher oder später werden wir die Mehrheit haben, und nach der Mehrheit werden wir Deutschland haben.«
Doch die Mehrheit läßt sich, so scheint es zunächst, nur schwer gewinnen. Denn nach der Krise von 1923 hat sich die Lage der deutschen Wirtschaft gründlich verändert. Eine von Hilferding und Schacht erzielte Stabilisierung der Währung, eine Periode industrieller Konzentration und betrieblicher Rationalisierung führen zu einer Ära der Prosperität, die von der düsteren Nachkriegszeit und den Wirren der Inflationsperiode deutlich absticht.
Zudem scheint Deutschland nun rehabilitiert: Am 8. September 1926 wird es zum Völkerbund zugelassen. Unter diesen Bedingungen erleiden die radikalen Parteien einen deutlichen Rückschlag. General Ludendorff, der Kandidat der Nazis beim ersten Wahlgang der Präsidentschaftswahlen von 1925 (nach dem Tod von Präsident Ebert) erhält nur 211000 von 27 Millionen Stimmen! Die Partei zählt im Dezember 1925 nur 27000 Mitglieder, und während sie in den Reichstagswahlen 1924 noch 6,6% der Stimmen erhalten hatte, waren es wenige Monate später (im Dezember 1924) nur noch 3% und schließlich am 20. Mai 1928 knapp 2,6%.
Diese Schwäche führt zu Schwierigkeiten innerhalb der Partei: es fehlt ihr an Geld, sie zerreißt sich selbst. Die Brüder Gregor und Otto Strasser, die der Partei in Berlin vorstehen, aber deren linken Flügel bilden, widersetzen sich Hitler in der Frage der Nationalisierung des Grundbesitzes der alten herrschenden Familien: ein bezeichnender Streit, der deutlich macht, daß Hitler sich nicht

vom traditionellen Deutschland abschneiden will, aber auch ein hitziger Streit, in dessen Verlauf sich Goebbels bis zu den Worten versteigt: »Ich verlange, daß der Kleinbürger Adolf Hitler aus der nationalsozialistischen Partei verstoßen wird!«
Kritik an Hitler erhebt sich auch in der SA, die sich ihre Unabhängigkeit von der Partei erhalten will. Man kritisiert sein Finanzgebaren und seine Entnahmen aus der Parteikasse.
Hitlers Geschick in dieser Periode erweist sich daran, daß es ihm gelingt, die Existenz der Partei zu erhalten, die Opposition abzuwürgen und seine Kontrolle über den Apparat zu verstärken.
Gegen die SA spielt er die SS aus, deren Oberbefehl er 1929 seinem Vertrauten Himmler überträgt. Gegenüber Strasser greift er auf Kompromisse zurück, zieht Goebbels zu sich herüber und schickt ihn als seinen Vertrauensmann nach Berlin, um die Parteiorganisation der Hauptstadt in den Griff zu bekommen. Schließlich verschafft er sich auch die Kontrolle über die Propaganda. Um sich der Treue seiner Parteikader zu versichern, gründet er das Untersuchungs- und Schlichtungskomitee »Uschlag«, ein parteiinternes Tribunal, dessen Präsident, Walter Buch, und dessen Assessor, Hans Franck, von Hitlers Politik überzeugt und seinem Willen ergeben sind.
Gleichzeitig bemüht sich Hitler um eine Stärkung der Partei. 1926 hält er in Weimar den ersten »Reichsparteitag« ab – eine eindrucksvolle Zeremonie, die einen militarisierten und disziplinierten Apparat vorführt und deren Echo der *Völkische Beobachter* vervielfacht. 1927 findet der Parteitag erstmals in Nürnberg statt. Nach und nach spannt die Organisation ihr Netz über ganz Deutschland, das sie für ihre Zwecke in »Gaue« einteilt, die jeweils einen »Gauleiter« erhalten. Kader formieren sich. So entsteht parallel zur Struktur des Weimarer Staates eine zweite Struktur: die einer Partei, die sich anschickt, der Staat von morgen zu werden. Außerdem werden für alle Bevölkerungsschichten und -gruppen, von den Jugendlichen bis zu den Frauen, von den Ärzten bis zu den Lehrern, von den Bauern bis zu den Rechtsanwälten, jeweils »Fachgruppen« gebildet.
Und die Zahl der Anhänger steigt, da die Partei dank ihrer Organisation und ihrer Präsenz an Autorität und Prestige gewinnt. 1927 hat sie 72000 Mitglieder, 1928 bereits 108000!
Doch alle diese Erfolge, die auf das Konto von Hitler gehen, besagen noch nicht, daß die NSDAP nun schon eine bedeutende politische Kraft wäre. Sie ist, wie es die bolschewistischen Parteien immer sein wollen, eine dauerhafte politische Organisation, im-

mer bereit, die Gelegenheit zu ergreifen, immer in Erwartung der günstigen Umstände. Sie hat Mitglieder, eine Taktik und einen Führer.

Was allerdings ihre Wahlerfolge betrifft, so stagniert sie in den Jahren 1925–28: 1928 gewinnt sie, wie schon gesagt, ganze 2,6% der Stimmen. Doch angesichts einer prosperierenden Weimarer Republik gibt es für die Nazis keinen anderen Weg als den von Hitler gewählten.

Denn Reichspräsident ist seit den Wahlen von 1925 niemand anders als Hindenburg, der alte Generalfeldmarschall, der glorreiche Sieger von Tannenberg. Auch Hitler hat seine Anhänger schließlich im zweiten Wahlgang für ihn stimmen lassen. Welchen anderen Weg zur Macht als den legalen gibt es, seit Hindenburg an der Spitze des Staates steht und folglich die Armee im höchsten Amt dieser Republik vertreten ist? Eine Konfrontation mit dem Staat käme angesichts dieser Lage einem Zusammenstoß mit der Reichswehr gleich – und das wäre die sichere Niederlage.

Also muß man auf der Ebene der Wahlen kämpfen. In dieser Absicht tritt Hitler an Hugenbergs Deutschnationale Partei und an den Stahlhelmverband heran, um gemeinsam mit ihnen eine »nationale Opposition« zu bilden. Diese lanciert gleich als erstes ein »Volksbegehren« gegen den Plan des Amerikaners Young, der die deutschen Reparationszahlungen an die Siegermächte regeln soll.

Dank der Koalition mit der traditionellen Rechten, die der Stratege Hitler seiner widerstrebenden Partei aufzwingt, kommen die Nazis in den Genuß bedeutender Mittel und finden die Unterstützung der Presse des »Zeitungszaren« Hugenberg. Zugleich knüpft Hitler Kontakte zu den Ruhrindustriellen (Hugenberg war Direktor bei Krupp gewesen): Im August 1929 kommt Emil Kirdorf, der Hauptaktionär der Gelsenkirchener Bergwerke, als Ehrengast auf den Nürnberger Parteitag.

Die Kampagne der »nationalen Opposition« gegen den Young-Plan endet mit einer Niederlage: Sie erreicht nicht mehr als 6 Millionen Stimmen; 21 Millionen wären nötig gewesen. Doch die Bedingungen, unter denen sie ablief, machten sie zu einem persönlichen Erfolg Hitlers: Erstmals seit dem November 1923 ist er als Politiker mit gesamtnationalem Anspruch aufgetreten. Außerdem sind die Wähler der traditionellen Rechtsparteien und ihre Geldgeber auf seine Fähigkeiten und auf die seiner Partei aufmerksam geworden. Mithin haben die Nazis sich bestens plaziert, um

sowohl die Stimmen als auch die Gelder in Empfang zu nehmen, die bisher den konservativen Parteien zugeströmt waren.
Dieser politische Erfolg kommt genau im Moment, als die ökonomischen Schwierigkeiten wieder beginnen. Im Oktober 1929 bricht in den USA die »Große Krise« aus und greift rasch nach Europa über.
Schon gegen Ende desselben Jahres haben die Nazis ihre ersten Wahlerfolge. Bei den Landtagswahlen in Thüringen im Dezember erhalten sie 11%, und – Triumph der Hitlerschen Taktik – der Nazi Frick wird thüringischer Innenminister. Ein Prozeß hat begonnen. Bei den Reichstagswahlen vom 14. September 1930 hat sich der Vormarsch der Nazis verallgemeinert: Die Radikalisierung der Öffentlichkeit als Folge der Wirtschaftskrise beschert der NSDAP 107 Reichstagsabgeordnete (gegenüber ganzen 12 im Jahre 1928). Damit ist die Nazipartei, ganz wie es Hitler vorausgesagt hatte, die zweitstärkste Partei in Deutschland.
Die Beharrlichkeit eines Mannes, bestärkt durch günstige historische Umstände, seine Entschlossenheit und zugleich sein Opportunismus, dazu die Schwäche seiner Gegner, ihre Blindheit und das heimliche Einverständnis zahlreicher ihrer Führer – all das führte Hitler zu einem Erfolg, der ihn in seiner Überzeugung bestärken mußte, er sei die Verkörperung des deutschen Schicksals.

Henri Burgelin
Die Wahlen vom September 1930

Der Aufstieg der nationalsozialistischen Partei zur Macht erfolgte legal über demokratische Wahlen. Nicht daß Hitler und seine Freunde irgendwelche Achtung für diese Form politischen Handelns bezeugt oder sich auch nur immer an ihre Regeln gehalten hätten. Durch das Vorgehen der bewaffneten SA-Banden trugen sie vielmehr weitgehend dazu bei, in der Weimarer Republik eine Atmosphäre entfesselter Gewalt entstehen zu lassen, und zweifellos hatten sie die Möglichkeit einer gewaltsamen Machtergreifung ins Auge gefaßt, hatten willentlich Unruhen, Gewaltstreiche und Herausforderungen der öffentlichen Ordnung vervielfacht und mehr als jede andere Partei dazu beigetragen, aus Deutschland einen Kampfplatz zu machen, auf dem schlimmste Intoleranz und abscheulichste Brutalität die politischen Auseinandersetzungen beherrschten. Überdies hatte die SA einen großen Teil der Angehörigen jener Freikorps übernommen, die während der ersten Jahre der Weimarer Republik mit dem Terror begonnen hatten.

Wenn sich die Nazis schließlich für den legalen Weg entschieden, so deshalb, weil dieser ihnen Ende 1929 unerwartete Perspektiven eröffnete. Am 24. Oktober 1929 brach in New York die Börsenkrise aus und als deren Folge die größte Wirtschaftsdepression, die die Welt seit dem Triumph der industriellen Zivilisation je erlebt hatte. Deutschland verdankte seine wirtschaftliche Erholung nach dem Weltkrieg, nach der Inflation von 1923 und selbst noch 1929 der Investition bedeutender amerikanischer Kapitalien, die zum Teil kurzfristig angelegt worden waren. Es war mit Österreich, das sich in einer ähnlichen Abhängigkeit von den Vereinigten Staaten befand, das erste europäische Land, das die Auswirkungen der Krise zu spüren bekam. Seine Wirtschaftstätigkeit hatte bereits seit einigen Monaten eine gewisse Verlangsamung erfahren. Dem Abzug der amerikanischen Kapitalien folgte ein rascher Nachfrageschwund und der Bankrott mehrerer Kreditanstalten. Zahlreiche Industrie- und Handelsunternehmen gingen ebenfalls bankrott. Die anderen verringerten ihre Produktion und die Zahl ihrer Arbeiter; das führte zu einem raschen Anstieg der Arbeitslosigkeit und zu einem bedeutenden Rückgang des Verbrauchs, der wiederum die Produzenten in neue Schwierigkeiten brachte.

Die öffentliche Meinung stand noch immer unter dem Eindruck der großen Inflation von 1923, und so wurde im März 1930 die Regierung der »großen Koalition« unter Vorsitz des Sozialdemokraten Hermann Müller über die Haushaltsfrage gestürzt. Die Sozialdemokraten wären bereit gewesen, ein Defizit in Kauf zu nehmen, um die Arbeitslosenunterstützung aufzubessern, aber die Deutschnationalen wollten von einer solchen Politik nichts wissen. Heinrich Brüning, der Vorsitzende des katholischen Zentrums, bildete im Auftrag von Reichspräsident Hindenburg eine Regierung, die trotz der Koalition von sieben Parteien nicht über die Mehrheit verfügte. Als Brüning die Wirtschafts- und Sozialpolitik seines Vorgängers abbaute oder ganz aufgab, suchte er faktisch eher den Geldwert zu verteidigen als die Wirtschaftstätigkeit des Landes zu fördern: statt Arbeitsplätze zu schaffen und den Betrieben Arbeit zu geben, versuchte er, die Staats- und Gemeinschaftsausgaben einzudämmen, womit er die Auswirkungen der Krise noch weiter verschärfte. Seine Politik rief bei einem wachsenden Teil der Bevölkerung tiefe Unzufriedenheit hervor und schuf damit die besten Bedingungen für den Erfolg einer skrupellosen Demagogie. Die Nazis, inzwischen Meister auf diesem Gebiet, versäumten es nicht, daraus Nutzen zu schlagen.
Die Wahlen vom 14. September 1930 machten aus der NSDAP eine große nationale Partei und einen ernstzunehmenden Anwärter auf die Macht im Staat. 1928 hatte sie nur etwa 800 000 Stimmen und 12 Sitze im Reichstag erhalten, was ihr zwar gestattete, sich im ganzen Land auszubreiten, ihr aber keinerlei Hoffnung gab, auf legalem Weg die Führung des Staates zu übernehmen. 1930 erhielt sie 6,4 Millionen bzw. 18,3% aller abgegebenen Stimmen und wurde damit zur zweitstärksten Partei nach der SPD. Mit ihren 107 Sitzen im Reichstag bildete sie nunmehr eine politische Kraft, mit der man rechnen mußte.
Dieser Wahlsieg mochte unerwartet gekommen sein. Mit Bestimmtheit war er nicht vorgesehen im Kalkül des Reichskanzlers Brüning, als dieser am 18. Juli 1930 beschloß, den Reichstag, der ihm die Zustimmung zu einer Steuererhöhung versagt hatte, aufzulösen.
Die Wahlen hatten dadurch den Charakter eines Referendums für oder gegen die von Hindenburg unterstützte Wirtschafts- und Sozialpolitik Brünings bekommen. Doch im Verlauf des Wahlkampfs wurde die Fragestellung erweitert, sowohl von der Regierung, die den Festlichkeiten anläßlich der Räumung des Rheinlandes durch die Franzosen einen feierlichen Anstrich verleihen

wollte, als auch von ihren Gegnern, die ihr vorwarfen, die Räumung zu teuer bezahlt zu haben. Vor allem durch den Wahlkampf der Nazis wurden die Reichstagswahlen zuletzt zu einer Art Volksabstimmung für oder gegen das Weimarer Regime. Das erschwert die Interpretation dieser Wahl und des in ihr geäußerten Wählerwillens.

Der Erfolg der Hitlerpartei und der nicht ganz so große Stimmengewinn der Kommunisten verringerten nochmals die Mehrheit, über die Brüning verfügte. Dabei hatte am 22. Dezember 1929, in einer von den Nazis provozierten Volksabstimmung über den Young-Plan, der der deutschen Wirtschaft Kredite gewährte und eine gestaffelte Zahlung der den Alliierten geschuldeten Kriegsreparationen bei gleichzeitiger Räumung des Rheinlandes vorsah, die Gesamtheit der gegen den Young-Plan opponierenden Rechtsparteien nur 13,8% der Wählerstimmen erhalten. Demzufolge konnte Brüning hoffen, daß sie kaum ein Jahr später bei den Reichstagswahlen nicht sehr viel mehr Stimmen erhalten würden. Als alarmierendes Zeichen hätte er allerdings die relativen Erfolge der Nazis bei den Parlamentswahlen in mehreren Ländern werten können, vor allem in Sachsen, wo sie 1929 nur 5%, im Juni 1930 aber 14,4% der Stimmen erhalten hatten, aber auch in Thüringen, in Mecklenburg, in Baden, in Lübeck und in Braunschweig, ganz zu schweigen von ihren manchmal noch größeren, aber natürlich weniger spektakulären Erfolgen in Kommunalwahlen. Will man Brüning selber glauben, so machten ihn erst die imposanten Zuhörermengen, die die Nazi-Redner im Wahlkampf versammelten, auf die Gefahr aufmerksam.

De facto war die Niederlage in der Volksabstimmung vom Dezember 1929 wahrscheinlich eine Folge der damaligen Krise der Deutschnationalen Partei, der großen Partei der monarchistischen Rechten, die sich in dieser Sache mit den Nazis verbündet hatte. Insgesamt bekunden die Wahlergebnisse von 1928 bis 1930 einen großen und kontinuierlichen Vormarsch der nationalsozialistischen Partei. Daher ist es besonders wichtig zu wissen, welche Teile der deutschen Gesellschaft sich damals Hitler anschlossen.

Die Bauern

Im Unterschied zu England im Anfang des 19. Jahrhunderts war Deutschland rund achtzig Jahre später eine große Industriemacht geworden, ohne dabei seine Landwirtschaft aufgeopfert zu haben.

1930 arbeiteten noch fast 30% der aktiven Bevölkerung in der Landwirtschaft, gegenüber 40% in der Industrie, 18% im Handel und im Transportwesen und 12% im Dienstleistungssektor, in der Verwaltung und in der Armee. Gleichwohl hatten die deutschen Bauern unter der Konkurrenz der um die Jahrhundertwende aus neuaufstrebenden Ländern importierten Produkte zu leiden gehabt. Überleben konnten sie damals nur dank einer ständigen Modernisierung ihrer Produktionsmethoden, aber auch dank einer protektionistischen Politik des Reiches, dessen Regierungen stark unter dem Einfluß der ostelbischen Großgrundbesitzer standen.

Dennoch verringerte sich der Anteil der landwirtschaftlichen Produktion am deutschen Nationaleinkommen ständig, und als der Krieg und die Blockade Deutschland zwangen, aus seinem Boden herauszuholen, was nur herauszuholen war, wurden die Preise für landwirtschaftliche Erzeugnisse staatlich fixiert, und die Produzenten hatten das Gefühl, um ihren rechtmäßigen Gewinn betrogen worden zu sein. In der Weimarer Republik verringerte sich ihr Einfluß auf den Staat. Auf die Sozialdemokratie war er ohnehin nur sehr gering, und außerdem hatte der neue polnische Staat einen großen Teil der Grundbesitzer des Ostens von seinem Land vertrieben. Die Inflation wirkte sich auf die Produzenten lebensnotwendiger Güter zwar nicht allzu ungünstig aus, aber nach der finanziellen Erholung im Jahr 1924 ging die landwirtschaftliche Produktion unaufhörlich zurück.

Die deutschen Landwirte waren sowohl als soziale Schicht wie auch in ihren Interessen zu wenig homogen, um eine einflußreiche politische Kraft zu bilden: es bestand wenig Gemeinsamkeit zwischen den Großgrundbesitzern in Ostpreußen und Pommern, den Großbauern im Süden, den rheinischen Kleinbauern, den verarmten Bauern im Nordwesten oder den Arbeitern an Saar und Ruhr, die ihren Lohn mit Einkünften aus winzigen Familienbetrieben aufbesserten. Gelang es den im Landbund organisierten Großgrundbesitzern dank ihres Einflusses auf die deutschnationale Partei und Hindenburg, von 1929 an staatliche Unterstützung zu bekommen, so war dies bei den anderen nicht der Fall. Mit ihrer bemerkenswerten genossenschaftlichen Organisation konnten sie zwar die schlimmsten Auswirkungen der Landwirtschaftskrise etwas mildern, aber nicht verhindern.

Als sich in den ersten Monaten des Jahres 1929 die Krise in Deutschland zuspitzte, waren die deutschen Bauern bereits höchst unzufrieden mit ihrem Los und lieferten den Gegnern der Weimarer Republik, wenigstens in den protestantischen Gebieten, eine willkommene Anhängerschaft. Die katholischen Bauern waren im großen und ganzen ihrer traditionellen Partei treu geblieben: dem Zentrum, das die Interessen des Katholizismus in Deutschland vertrat und als einzige Partei sowohl Bürgerliche als auch Arbeiter und Bauern in sich vereinte.

Die Krise betraf die Landwirtschaft insofern, als sie einen spürbaren Rückgang des Konsums und damit einen Preisverfall nach sich zog. Viele Bauern, die aus ihren Böden nur das für eine Familie unerläßliche Minimum gewannen, verelendeten. Andere, die gewohnt waren, für die laufende Bewirtschaftung ihrer ausgedehnten und gut ausgerüsteten Betriebe Kredite aufzunehmen, trieben das notwendige Geld nicht mehr auf und machten Bankrott. Kurz, die Situation auf dem Land war 1930 verheerend. Deutschland erlebte damals eine von Berufsverbänden geführte heftige bäuerliche Agitation. Aber keine der großen politischen Parteien schien sich wirklich um das Los der Bauern zu kümmern – außer der Nazipartei.

Diese war ursprünglich gewiß keine Bauernpartei. Sie hatte ihre ersten Schritte in der Stadt getan, und zwar mit Teilen der Gesellschaft, die kaum darauf vorbereitet waren, den Bestrebungen der Bauern gerecht zu werden. Einige ihrer Führer räumten jedoch der Landwirtschaft einen bedeutenden Platz in ihren ideologischen Anliegen ein. Dies galt vor allem für den Schriftsteller Walter Darré, dessen Hauptwerk *Das Bauerntum als Lebensquell der nordischen Rasse* 1929 erschien. Für Darré war die natürliche Bindung des Menschen an die »Scholle« ein wesentliches Element zur Erhaltung der Reinheit und Vitalität der germanischen Rasse, die – so meinte er – ihrem innersten Wesen nach für die Landwirtschaft und den Krieg bestimmt sei. Ihm lag also daran, daß die deutsche Politik auf die Erhaltung einer großen bäuerlichen Bevölkerung auf dem Boden des Reichs ausgerichtet wurde. Es ist anzunehmen, daß die Ideen Darrés nicht ohne Einfluß auf Hitler blieben. Auf jeden Fall begriff er, welchen Nutzen die Partei aus dieser Ideologie ziehen konnte, und so wurde Darré 1928 mit der Propagierung des Nationalsozialismus auf dem Lande beauftragt, da Hitler hier ein besonders günstiges Gebiet für intensives politisches Handeln sah. Im Sommer 1928 kündigte er auf einer Konferenz der Parteiführer die neue Orientierung ihrer Tätigkeit in der Bauernschaft an.

Die Propagandakampagne wurde im ganzen Reich systematisch

durchgeführt. Die Partei organisierte besondere Schulungskurse für Redner (von April 1929 bis Mai 1930 wurden 2000 ausgebildet), die in jedes Dorf gehen und dort eine Anzahl von Themen oder auswendig gelernter Slogans vortragen sollten. Wenig politisiert, aber antiliberal, antisozialistisch, antikapitalistisch und oft auch antisemitisch eingestellt, hielt sich die mit der Republik unzufriedene deutsche Bauernschaft für das Opfer von Kräften, denen sie sich nicht gewachsen fühlte: Opfer der Alliierten, der Industriellen, der Städter, der Arbeiter, der traditionellen politischen Parteien, die sie beschuldigte, nur die Interessen der Städter wahrzunehmen. So war sie – zumindest in den protestantischen Gegenden – sehr empfänglich für die Demagogie der Nazis. Diesen gelang es auch rasch, einen wichtigen, wenn nicht beherrschenden Platz im Bauernverband einzunehmen und sich zum Sprachrohr der Forderungen des Landvolks zu machen. Dabei handelte es sich für sie – anscheinend sogar für Darré, auf jeden Fall aber für die anderen Naziführer – freilich nur um ein Mittel, um die Stimmen der Bauern zu gewinnen, nicht um ein für die Zukunft verbindliches Programm. Letzten Endes versuchten sie nur, die Unruhe der Bauern für sich auszubeuten.

Kein Zweifel besteht jedenfalls darüber, daß diese Propaganda in der deutschen Bauernschaft ein besonders günstiges Echo fand. Denn gerade in den bäuerlichen Gebieten, vor allem im Norden und Osten Deutschlands, erzielte die Nazipartei ihre größten Erfolge, zuerst durch Unterwanderung zahlreicher berufsständischer Ortsgruppen, danach in den Wahlen. So in Schleswig-Holstein, wo sie 1928 nur 4% der Stimmen erhalten hatte und 1930 schon 27%, aber auch in Pommern und Mecklenburg. Diese Erfolge erzielte sie teils bei den gewohnheitsmäßigen Nichtwählern (deren Anteil an der Gesamtwählerschaft von 25,4% auf 18,6% zurückging), aber zum größeren Teil auf Kosten der traditionellen Rechtsparteien, besonders der deutschnationalen , die in ganz Deutschland Stimmen verlor, am meisten jedoch in den ländlichen Gebieten (in Schleswig-Holstein sank ihr Anteil von 23% im Jahre 1928 auf 6% im Jahre 1930).

Besagt das nun, daß die deutschen Bauern von der Nazi-Ideologie überzeugt worden waren? Das ist recht unwahrscheinlich. Ihr Votum für die Nazis war in erster Linie ein Protest gegen die Weimarer Republik, gegen deren Agrarpolitik und gegen die deutschnationale Partei, die sich als unfähig erwiesen hatte, die Forderungen der Bauern wirkungsvoll zu vertreten. Es war alles in allem ein Ausdruck der Verzweiflung angesichts einer Krise, die nun schon mehrere Jahre lang andauerte und sich gegen Ende 1929 spürbar verschärfte. Diese Verschärfung war es denn auch, die eine wenig politisierte, gewöhnlich von ihren Honoratioren kontrollierte Gesellschaftsgruppe dazu trieb, ihre Stimme denen zu geben, die revolutionär auftraten, sich als ihre Verteidiger ausgaben und mit außergewöhnlichem Nachdruck um ihre Unterstützung warben. Im übrigen profitierten nicht nur die Nazis vom Unmut der Bauern. Die Gesamtmitgliederzahl der kleinen Verbände zur Wahrung lokaler Interessen oder spezifisch bäuerlicher Anliegen stieg von 3,8 Millionen im Jahre 1928 auf 4,5 Millionen im Jahre 1930 und ihre Vertretung im Reichstag von 44 auf 68 Sitze. Eine rückläufige Bewegung setzte erst 1932 ein und kam den Nazis zugute. Doch wenn die Bauern auch diese wählten, so schlossen sie sich ihnen – zumindest bis 1933 – nur ungern an.

Die Arbeiter und die Arbeitslosen

Die Fortschritte der Nazipartei auf dem Lande erklären somit weitgehend ihren Erfolg von 1930. Aber Hitler hatte niemals daran gedacht, seine Partei zum Verteidiger einer besonderen Gesellschaftsgruppe zu machen, schon gar nicht zu dem der Bauern. Er wollte sich ganz im Gegenteil an die Gesamtheit des deutschen Volkes wenden, ohne sich an eine bestimmte Gruppe zu binden, und er trat mit dem Anspruch auf, die kommunistische Konzeption des Klassenkampfs zu überwinden, um zunächst innerhalb der Partei und dann im gesamten Lande eine Verschmelzung aller Gesellschaftsklassen zu verwirklichen. Für sein Bemühen um Sammlung aller, die mit der Weimarer Republik unzufrieden waren, fand er 1930 ein fruchtbares Feld.

Auch die deutschen Arbeiter hatten wenig Grund zur Zufriedenheit. Zwar war es den Sozialdemokraten im Zuge der Revolution von 1918 gelungen, den Unternehmern eine Anzahl substantieller Vorteile abzuringen, doch die wirtschaftlichen Schwierigkeiten und vor allem die während der ganzen Weimarer Zeit anhaltend große Zahl von Arbeitslosen ermöglichten es den Unternehmern, die meisten der nach dem Kriege vom Industrieproletariat erkämpften sozialen Errungenschaften wieder rückgängig zu machen. Schon 1919 wurden die teilweise organisierten, teilweise nur von der KPD durchgeführten Arbeiteraufstände äußerst brutal von der Wehrmacht niedergeschlagen – und das zu einer Zeit, in der die Sozialdemokratie an der Macht war. Die Inflation von 1923 und der nachfolgende Aufschwung kamen vor allem dem Großkapital zugute, das seine Macht durch eine bislang in Europa ungekannte Unternehmenskonzentration erheblich verstärken konnte. Und schließlich führte die Krise gegen Ende 1929 zu einem beträchtlichen Anstieg der Arbeitslosigkeit. Die Gesamtzahl der unbeschäftigten Arbeiter stieg von 1,3 Millionen im September 1929 auf 3 Millionen im September 1930, doch auch die Einkünfte vieler anderer Arbeiter verringerten sich durch den Wegfall von Überstunden oder durch Kurzarbeit. So befand sich die Arbeiterklasse 1930 in einer wirtschaftlich und sozial besonders schlechten Lage. Infolge der Politik Brünings drohte ihr eine weitere Senkung der Löhne, und viele lebten bereits in größter Armut. Die Unternehmerschaft ihrerseits widersetzte sich energisch einer von Hermann Müller geplanten Erhöhung der Arbeitslosenunterstützung und fand bei Brüning dafür ein offenes Ohr.

Gleichwohl war es für eine neue Partei nicht leicht, unter den Arbeitern Fuß zu fassen: Seit ihrer Gründung 1875 hatte die sozialdemokratische Partei es verstanden, den größten Teil des Industrieproletariats hinter sich zu bringen. Nur in bestimmten katholischen Gebieten Westdeutschlands, wo die Zentrumspartei ihre Positionen behaupten konnte, waren die Arbeiter ihrem Einfluß entzogen. Auch stand die Sozialdemokratie in engster Verbindung mit dem Allgemeinen Deutschen Gewerkschaftsbund, der 1920 8 Millionen Anhänger zählte. Dennoch hatte sie nach dem Krieg einen deutlichen Rückgang hinnehmen müssen. Schon während des Krieges hatte sich ein pazifistischer Flügel von ihr getrennt, dann eine revolutionäre Gruppe, der Spartakusbund, der sich 1919 der III. Internationale anschloß und die Kommunistische Partei Deutschlands gründete. In den Augen einer bedeutenden Fraktion des deutschen Proletariats kompromittiert durch die Art, wie sie, ohne sich klar für den reformistischen Weg zu entscheiden, die Reichsregierung zu Beginn der Weimarer Zeit und dann erneut von 1928 bis 1930 geführt oder mitbestimmt hatte, ohne ernsthafte Reformen zu realisieren, doch unter bewußtem Verzicht auf alle revolutionären Ziele, litt die Sozialdemokratie seit 1923 und vor allem seit 1929 zusätzlich am Niedergang der Gewerkschaften. Diese nämlich verloren durch die Verarmung der Arbeiterklasse einen großen Teil ihrer Mitglieder. Die Arbeitslosigkeit hatte ihnen die wichtigste Waffe, den Streik oder die Streikdrohung, aus der Hand geschlagen, denn die Arbeiter waren zu besorgt um ihre Arbeitsplätze, als daß sie ernsthafte

Aktionen zur Durchsetzung ihrer Forderungen unternahmen, und viele stellten einfach ihre Beitragszahlungen ein. 1926 hatte der ADGB nur noch 4 Millionen Mitglieder. Doch vor allem war die Sozialdemokratie nicht mehr imstande, die Revolte des Proletariats, dem das kapitalistische Regime durch die Krise unerträglich geworden war, politisch zum Ausdruck zu bringen. Die Führungsspitze war betagt, und seit 1928 machte ihr eine linke innerparteiliche Opposition zu schaffen, die auf den Kongressen etwa 30% der Mandate hielt und ihren Teil beitrug zur Schwächung einer Partei, die zwar im Prinzip revolutionär war, aber die Macht verwaltete.

Die kommunistische Partei war besser gerüstet, dieser Revolte Ausdruck zu geben. Sie war revolutionär geblieben zu einer Zeit, als die Sozialdemokraten es nicht mehr waren, sie lag richtig, um aus einer Krise zu profitieren, die ihre Urteile über den Kapitalismus zu bestätigen schien. Tatsächlich nahm die Zahl ihrer Mitglieder und Anhänger ständig zu und stieg von 600 000 im Jahr 1920 auf 3,2 Millionen im Jahr 1928 und auf 4,6 Millionen 1930. So wurde sie nach den Nazis und vor dem Zentrum zur drittstärksten deutschen Partei. Es gelang ihr allerdings nicht, die Sozialdemokratie zu verdrängen, die nach wie vor die stärkste deutsche Arbeiterpartei blieb. Diese konnte zwar nicht die 1919 von der Gesamtheit aller sozialistischen Parteien errungenen 14 Millionen Stimmen zurückgewinnen, doch blieben ihr 1928 immerhin 9,1 Millionen und 1930 noch 8,6 Millionen Stimmen. Dieses Ergebnis war zum guten Teil auf die Zersplitterung der kommunistischen Partei und auf ihre abenteuerliche Politik während der Arbeiteraufstände 1919–1920 und 1922 zurückzuführen. Die Sozialdemokratie hingegen, die über einen mächtigen bürokratischen Apparat, über zahlreiche Zeitungen und Zeitschriften und die verschiedensten Massenorganisationen verfügte, die zahlreiche Gemeinden und die Regierungen mehrerer Länder, darunter die wichtigste, nämlich die preußische, kontrollierte, blieb in den Augen eines großen Teils der Arbeiterklasse die deutsche Arbeiterpartei par excellence. Es ist bezeichnend, daß sie nach einem Jahr der wirtschaftlichen Krise, in dem sie bis März 1930 die Regierung geführt hatte, nur 500 000 Stimmen einbüßte, und alles deutet darauf hin, daß diese Stimmen der KPD und nicht den Nazis zugute kamen.

Dabei hatte die Hitlerpartei aus ihren Anfängen den Namen »Nationalsozialistische Deutsche Arbeiterpartei« beibehalten, der ihre Absicht bekundete, sich an eine Klientel von Arbeitern zu

wenden. Überdies gab es in der Partei eine von den Brüdern Strasser geführte Fraktion, die nicht nur die Propaganda, sondern auch die Politik der Partei auf eine aktive Verteidigung der Arbeiterinteressen ausrichten wollte: auf einen Sozialismus, der zwar antimarxistisch und stark nationalistisch, aber dennoch dazu bestimmt sein sollte, die Gesellschaftsordnung in Deutschland tiefgreifend umzuwälzen. Vor allem Otto Strasser war überzeugt, daß angesichts einer Sozialdemokratie, die sich zu weit mit den bürgerlichen Parteien eingelassen hatte, und einer kommunistischen Partei, die im Verdacht stand, vom Ausland her dirigiert zu werden, die nationalsozialistische Partei – sofern sie nur einen revolutionären Weg einschlug – durchaus die Zustimmung eines beträchtlichen Teils der deutschen Arbeiterschaft gewinnen konnte.
Hitler war es, der sich widersetzte – und zwar aus verschiedensten Gründen. Seine Verachtung für das Volk ließ keine andere Konzeption von »Sozialismus« in ihm aufkommen als eine Erhaltung ausreichender Lebensbedingungen für die Werktätigen, ergänzt durch eine umfassende Organisation und kollektive Beschäftigungen, die die Arbeiter vom politischen Kampf ablenken sollten. Auch fürchtete er, ein zu eindeutig auf die Interessen der Arbeiter ausgerichtetes Engagement würde die Wähler des Bürgertums und der Mittelklassen abstoßen und ihn vor allem um die finanzielle Hilfe bringen, die er von einigen Industriellen bisher bekommen hatte und sich auch in Zukunft erhoffte. Vielleicht glaubte er auch, daß er wenig Chancen hatte, die traditionelle Anhängerschaft der SPD und der KPD wesentlich zu schmälern. Nichts beweist, daß er Unrecht hatte. Jedenfalls mehrten sich seit 1928 die Auseinandersetzungen zwischen ihm und Otto Strasser, und im Sommer 1930 kam es zum Bruch. Strasser wurde kurz vor den Wahlen aus der Partei ausgeschlossen, ein Zeichen, daß Hitler nicht auf den Erfolg der »sozialistischen« Strömung in seiner Partei vertraute. Er machte wenig propagandistische Anstrengungen gegenüber der Arbeiterschaft und begnügte sich mit dem Auftrag an die SA, den KPD-beherrschten »Rotfront«-Milizen die Straße streitig zu machen und möglichst oft den Bolschewismus und die Sozialdemokratie anzugreifen als schuldig, Deutschland 1918 verraten zu haben. Er konnte eine Schlacht nicht gewinnen, die er nicht ernsthaft aufgenommen hatte.
Trotzdem bildeten die Arbeitslosen ein besonders günstiges Terrain für revolutionäre Propaganda und Rekrutierung zur SA. Sogar Mitglieder der kommunistischen Partei verließen ihre

Kampforganisationen, um sich der SA anzuschließen, wo sie entlohnt wurden. Eine spezielle Propaganda-Aktion für Arbeitslose wurde gestartet. Die Partei gab dazu ein extrem aggressives Propaganda-Blatt namens *Der Arbeitslose* heraus, worin gleichzeitig gegen Kapitalisten, Juden, Gewerkschaften und Linksparteien gehetzt wurde. Das Unternehmen blieb sicherlich nicht ohne Wirkung, aber abgesehen von der Rekrutierung einer gewissen Anzahl Arbeitsloser und vor allem arbeitsuchender Jugendlicher spricht nichts dafür, daß 1930 viele Arbeiter die NSDAP gewählt haben.

Bürgertum und Mittelklassen

Die solideste Unterstützung fanden die Nationalsozialisten beim Bürgertum und vor allem bei dem, was man schon damals die »Mittelklassen« nannte. Nicht daß Hitler und seine Kumpane für die alte herrschende Klasse besonders anziehend gewesen wären. Ihre oberflächliche Bildung, ihre nebulöse Weltanschauung, ihre Widersprüche, das Vulgäre ihrer Sprache und die Brutalität ihrer bewaffneten Banden konnten die Statthalter einer oft hochgebildeten und auf gute Manieren bedachten konservativen Gesellschaft nicht eben begeistern. Weder unter den hohen Offizieren noch in den politischen Kreisen der Rechten noch auch bei den Industriemagnaten, dem alten Adel, den hohen Beamten, der protestantischen Geistlichkeit oder dem Großbürgertum genoß Hitler viel Ansehen. Seine grobe und ordinäre Sprache, seine Idiotismen und seine Vulgarität sprachen nicht für ihn. Der Reichspräsident Generalfeldmarschall von Hindenburg nannte ihn gern abfällig den »böhmischen Gefreiten«.
Die »gute Gesellschaft« fühlte sich weiterhin mit den alten Monarchien und allgemein mit der Kaiserdynastie verbunden. Der Kronprinz, Wilhelms II. Sohn, hatte beträchtlichen Einfluß in den führenden Kreisen der Weimarer Republik, die oft nur auf den günstigsten Augenblick warteten, um die meist noch in ihren einstigen Staaten lebenden Fürsten wiedereinzusetzen. Repräsentanten dieser Kreise waren die eindeutig monarchistisch und konservativ orientierte deutschnationale Partei und die etwas mehr bürgerliche, mehr oder minder republikanisch gesonnene Deutsche Volkspartei. Beide jedoch hatten in den Wahlen von 1928 eine spürbare Niederlage erlitten: Die erste hatte nur

4,4 Millionen Stimmen erhalten, gegenüber 6,2 Millionen im Jahre 1924, die zweite nur 2,7 statt der 3 Millionen vier Jahre zuvor. Ihre Reichstagsfraktionen schrumpften von 103 auf 73 Sitze bzw. von 51 auf 45. Diese Niederlage hatte zu einem Führungswechsel in der deutschnationalen Partei geführt: statt des gemäßigt konservativen Grafen Westarp führte sie seither ein reicher und mächtiger Industrieller, Alfred Hugenberg, der Inhaber des größten deutschen Filmkonzerns, einer Presseagentur und zahlreicher Zeitungen. Gegen den Widerstand großer Teile der Basis und der Führung richtete Hugenberg die Partei auf einen radikalen Nationalismus aus, der sie in die Nähe des Nationalsozialismus brachte. Auch die deutsche Volkspartei geriet 1928, nach dem Tod ihres hochangesehenen Vorsitzenden Gustav Stresemann, auf einen Rechtskurs und in den Nationalismus, aber auch in den Verfall. Die Agitation gegen den Young-Plan 1929 veranlaßte die gemäßigten Elemente zum Austritt aus der deutschnationalen Partei. Hugenberg, den Hindenburg systematisch von der Macht fernhielt und dessen Partei zu zerfallen drohte, brauchte Verbündete für seine gegen die Weimarer Republik und zugleich gegen den Versailler Vertrag gerichtete Politik.
Hitler empfand keinerlei Sympathie für diese konservative Rechte und war wenig gesonnen, einer Restauration der Monarchie seine Unterstützung zu leihen. Aber ein Bündnis mit den Konservativen bot ihm gewichtige Vorteile, da es ihm finanzielle Mittel erschloß, deren er zur Entwicklung seines Parteiapparates und zur Organisierung seiner Propaganda bedurfte. Das Referendum von 1929 gab ihm Gelegenheit zu dieser Annäherung. Die Nazis verstanden es, sich als das lautstärkste und dynamischste Element dieser nationalen Opposition darzustellen, als die einzige Partei, die wirklich im Volk verwurzelt war und der extremen Linken den Weg verstellen konnte.
Obgleich die Partei sich »sozialistisch« gab, hütete sie sich vor klaren Aussagen zu Grundfragen wie etwa der des Eigentums an den Produktionsmitteln. Ihre Ausfälle gegen den »Großkapitalismus« blieben äußerst vage und konnten vom deutschen Großbürgertum als stilistische Floskeln zur Propaganda unter den Arbeitern ausgelegt werden. Praktisch enthielt ihr Programm präzise Maßnahmen lediglich gegen den »jüdischen Großkapitalismus«, was seine soziale Tragweite sehr begrenzte.
Dieses Bündnis verhalf der NSDAP zu Subventionen von seiten einiger Industrieller (wie der Stahlproduzenten Friedrich Flick und Fritz Thyssen) und brachte ihr in gewissem Umfang die Protektion

der Militär-, Verwaltungs- und Justizbehörden ein. Die traditionellen und nationalistischen Parteien waren unfähig, sich auf dem Gebiet der verbalen Ausfälle, der Beleidigungen, der Verleumdungen oder der Demagogie mit ihr zu messen, auch nicht auf dem der brutalen Gewaltakte, die regelmäßig gegen die Kundgebungen der Weimarer Parteien inszeniert wurden. Mehr und mehr erschien die Nazipartei als die einzige wirklich aktive Kraft der deutschen Rechten. Kein Wunder also, daß die Wähler der Rechten sich 1930 zum großen Teil von den traditionellen Parteien abwandten und ihre Stimme der Hitlerpartei gaben. Die deutschnationale Partei kam nur noch auf 2,5, die Deutsche Volkspartei nur auf 1,6 Millionen Stimmen.

Zweifellos hat die Annäherung an die konservative Rechte die Orientierung der Nazis stark beeinflußt. Sie trug namentlich dazu bei, den Konflikt zwischen Hitler und Otto Strasser zu verschärfen und Hitler in der Überzeugung zu bestärken, daß er sich seines »sozialistischen« Flügels, der ihm seine mächtigen Verbündeten zu entfremden drohte, entledigen mußte.

Zugleich verlieh sie der Partei eine gewisse Respektierlichkeit, die ihr bislang gefehlt hatte, und ermutigte viele noch Zögernde, sich ihr selbst oder ihren Massenorganisationen anzuschließen, womit sie Hitler zugleich die Mittel für seine Propaganda lieferten. So stieg die Zahl der Parteimitglieder zwischen Dezember 1929 und September 1930 von 178000 auf 293000 an, und die der SA, die schon im Dezember 1929 100000 Mitglieder hatte, wuchs 1930 ebenfalls rasch. Bereits im August 1929 konnte die NSDAP auf ihrem »Parteitag« in Nürnberg ihre erste wahrhaft imposante Massenkundgebung organisieren und die Stärke ihrer Milizen, die Disziplin, die große Zahl und die Begeisterung ihrer Mitglieder hell ins Licht rücken. Man hatte den Jahrestag des deutschen Kriegseintritts 1914 als Datum für diese Feier gewählt, und man zählte unter die Ehrengäste so wichtige Persönlichkeiten wie den Ruhrmagnaten Emil Kirdorf, den berühmten General von der Goltz, Chef der bewaffneten Organisation der Deutschnationalen, und Theodor Düsterberg, den Chef des »Stahlhelmbunds«, der bedeutenden rechtsorientierten Kriegsveteranenorganisation. Man bekundete damit die von der traditionellen Rechten den Nazis gewährte Unterstützung und machte diesen Parteitag zu der größten Versammlung von Nationalisten, die Deutschland je erlebt hatte.

Aber es gab noch andere Gesellschaftsschichten, die bereits tief vom Nazismus durchdrungen waren. Am stärksten war sein

Einfluß zweifellos unter den Studenten. Die deutschen Universitäten rekrutierten ihre Studenten aus einem ziemlich geschlossenen Milieu. Das Studium war relativ kostspielig, und junge Leute bescheidener Herkunft fanden kaum Platz in einer Studentenschaft, deren Korporationen größtenteils sehr weit rechts standen. Nationalismus und Republikfeindschaft waren bei ihnen stark ausgeprägt. Seit Ende 1929 verbreitete sich zudem die Furcht, wegen der Wirtschaftskrise keine Stellung zu finden. Für die Studenten waren die Nationalsozialisten eine Partei, die es ihnen erlaubte, sich der Bevormundung durch die ältere Generation zu entziehen, deren Gewicht in den traditionellen Rechtsparteien sehr groß war, und die Leidenschaftlichkeit ihrer weit mehr antirepublikanischen als promonarchistischen Haltung voll zum Ausdruck zu bringen. Sehr bald verstanden es die Nazi-Elemente, Studentendemonstrationen oft gewaltsamer Art gegen marxistische, liberale oder jüdische Professoren zu organisieren. Die überwiegend konservative Professorenschaft bekundete angesichts solcher Demonstrationen große Schwäche, und wenn die Länderregierungen einzugreifen versuchten, schlossen die Professoren sich häufig mit den Studenten zusammen, um gegen das, was sie als Angriffe auf die Freiheit der Universitäten anprangerten, zu protestieren. Bereits 1929 hatten die Nazi-Studenten die Kontrolle über die Studentenverbände an mehreren Universitäten und gewannen in einigen Fällen sogar die absolute Stimmenmehrheit. Diese Bewegung weitete sich im Lauf der folgenden Jahre noch aus, während im gleichen Zeitraum viele studentische Korporationen unter die Herrschaft der Nazis gerieten.

Das gleiche geschah bei einem nicht unerheblichen Teil der jüngeren Führungskräfte in Wehrmacht und Verwaltung. Während der Generalstab monarchistisch blieb und die große Mehrheit der höheren Offiziere der deutschnationalen Partei die Treue hielt, erblickten zahlreiche jüngere Offiziere, die in der 100 000-Mann-Armee, die Deutschland nach dem Versailler Vertrag behalten durfte, ihre Zukunft ernstlich gefährdet sahen, in der Hitlerpartei die einzige ernstzunehmende politische Bewegung, die zu einer kompromißlosen Befreiung Deutschlands aus den »Ketten« jenes Vertrags entschlossen war. Dasselbe galt für einige jüngere Elemente in der Verwaltung und unter den protestantischen Geistlichen. Ihre Nazibegeisterung war zuweilen enthusiastisch, auch wenn manche von ihnen sich später am tiefsten enttäuscht sahen und zu den entschiedensten Widerstandskämpfern wurden.

Doch die Teile der deutschen Gesellschaft, die der NSDAP den Kern ihrer Kader, ihrer Mitglieder und, in geringerem Maße, ihrer Wähler verschafften, waren ganz ohne Zweifel die Mittelklassen: Kaufleute, Kleinunternehmer, Angestellte und Beamte, Volks- und Oberschullehrer, Rentner usw. – diejenigen Schichten also, die zweimal am meisten gelitten hatten, zum einen unter dem raschen Umbruch, der Deutschland zwischen 1870 und 1914 zur größten Industriemacht Europas verwandelt hatte, zum anderen unter den Krisen, die seine Wirtschaft seit 1914 erschütterten.
Hochgradig konzentriert, hatte die deutsche Industrie mehr als in jedem anderen europäischen Land die Konkurrenz der Kleinunternehmen (die in einigen Branchen schon vor 1914 verschwunden waren) so gut wie ausgeschaltet. Der Krieg mit seinen Zwängen zur Produktionssteigerung hatte den Konzentrationsprozeß noch beschleunigt und zugleich eine Teuerung und Geldentwertung herbeigeführt, die den Einzelhandel hart traf und für die kleinen Sparer katastrophal war. Während die Kriegsindustrie sehr hohe Gewinne machte und der Generalstab hohe Arbeiterlöhne durchsetzte, um den sozialen Frieden zu erhalten, gelangten die kleinen Beamten und Angestellten nicht – wie die Arbeiter in den Rüstungsbetrieben – in den Genuß der »besonderen Verwendung«, die vom Fronteinsatz befreite. Ihre Gehälter blieben hinter den steigenden Lebenshaltungskosten zurück. Fünf Jahre des Mangels hatten die Kundschaft der kleinen Händler, der Kleinunternehmer sowie der Freiberuflichen ruiniert. Die Nachkriegszeit war daher für diese Teile der deutschen Gesellschaft besonders hart. Viele konnten nicht in ihre alten Berufe zurück und fühlten sich, wie auch viele aus der Wehrmacht entlassene junge Offiziere, betrogen und deklassiert zugunsten anderer, die nicht gekämpft, dafür aber die Niederlage herbeigeführt hatten. Ihre Bitterkeit war groß und mündete oftmals in eine Revolte, die sich besonders im Terrorismus der »Freikorps« manifestierte. Diese stellten nach ihrer Auflösung einen Großteil der SA-Aktivisten.
Die große Inflation von 1923 war ein neuer Schlag für die Mittelklassen. Für die kleinen Sparer brachte sie den totalen Ruin und schlimmstes Elend; die Beamten und Angestellten, überhaupt alle, die keine unentbehrlichen Lebensmittel oder Konsumgüter produzierten, wurden gleichfalls zu Opfern dieser sozialen Krise, die sich für die Arbeiter, die Bauern und vor allem die Industriellen viel weniger ungünstig auswirkte. Der 1924 einsetzende Aufschwung machte sich nur sehr langsam bemerkbar, und die 1929 erneut und mit voller Wucht ausbrechende Wirtschaftskrise war für sie eine

Katastrophe: viele gerieten in Arbeitslosigkeit und tiefstes Elend. Brünings Deflationspolitik schließlich, d. h. die 1930 begonnene Reduzierung der öffentlichen Ausgaben, traf die Beamten härter als die anderen Kategorien der Gesellschaft.

Ein Teil dieser Mittelklassen – namentlich zahlreiche Intellektuelle – hatte sich anfangs durchaus auf die Seite der Republik gestellt und wurde im Reichstag durch die Demokratische Partei vertreten. Aber diese Partei, die Hauptachse aller Regierungskoalitionen, verlor zusehends an Einfluß: Von ihren 5,6 Millionen Stimmen im Jahre 1920 sank sie bis 1930 auf 1,3 Millionen ab. In diesem Niedergang offenbarte sich das Versagen der Republik gerade gegenüber derjenigen sozialen Schicht, die am ehesten imstande gewesen wäre, in den ständigen Interessenkonflikten zwischen Arbeitern und Unternehmern zu vermitteln.

Zu ihrem materiellen Elend kam für die Angehörigen dieser Schicht auch noch das Gefühl, Opfer einer Verschwörung zu sein, durch die sie erniedrigt und »proletarisiert« werden sollten, d. h. hinabgedrückt auf die Stufe des Proletariats, von dem sie sich doch vordringlich zu unterscheiden trachteten. Es verlockte sie wenig, sich den Protestdemonstrationen der Arbeiterparteien anzuschließen, da sie sich ganz und gar nicht als Arbeiter fühlten. Als Aufbegehrende hatten sie zwar Sympathie für alle, die dem Regime, als dessen Opfer sie sich empfanden, ein Ende zu machen versprachen, doch die traditionelle, konservative und mit den alten Werten verbundene Rechte war für sie kaum von Interesse. Eine neue, während der Inflation entstandene Mittelklassenpartei konnte zwar einen Teil ihrer Stimmen ernten (1,3 Millionen 1928, rund 1,4 Millionen 1930), und auch das katholische Zentrum mit seiner bemerkenswerten Stabilität (gleichbleibend während der ganzen Weimarer Zeit etwa 4 Millionen Stimmen) wurde von diesen Elementen beherrscht. Aber weder die eine noch die andere Partei vermochten der Heftigkeit einer Revolte Ausdruck zu geben, die sich gegen all jene Kräfte richtete, die man für das Schicksal der Mittelschichten verantwortlich machen konnte: gegen die Alliierten von 1918, gegen die Sozialisten und Sozialdemokraten und schließlich ganz allgemein gegen die Weimarer Politik.

Demgegenüber richtete Hitler seine ganze Propaganda auf diese durch Umfang und Stellung in der deutschen Gesellschaft zentralen Schichten aus. »Doktrin« und Programm der NSDAP entsprachen bestens ihren ebenso heftigen wie unbestimmten antimarxistischen, doch auch dem Großkapital nicht freundlich gesonnenen, dabei antisemitischen, nationalistischen, antirepublikanischen,

gleichzeitig revolutionären und zutiefst konservativen Aspirationen. So waren es denn diese Schichten, bei denen die Nazipartei ihre klarsten und dauerhaftesten Erfolge gewann.
Kein Wunder, denn aus eben diesem Milieu, dem Hitler selbst und die meisten seiner Gefolgsleute angehörten, war die Partei einst hervorgegangen. Aus ihm erhielt sie 1928 mehr als 800 000 Stimmen und 1930 einen beträchtlichen Teil ihrer 6,4 Millionen Stimmen. Und diese Stimmen hatte sie nicht etwa der Linken abgenommen: Rechnet man die 4,2 Millionen Nichtwähler von 1928 bzw. Neuwähler vom September 1930 zu den 3,1 Millionen hinzu, welche die beiden großen Rechtsparteien, die deutschnationale und die DVP, in diesen zwei Jahren eingebüßt hatten, so ergibt das mehr Stimmen, als die NSDAP hinzugewann (1,7 Millionen mehr). Mithin fanden die Nazis diese Stimmen vorwiegend bei den oft nur wenig politisierten Bauern und bei den Mittelklassen, die gewohnheitsmäßig der Wahl fernblieben oder die traditionelle Rechte wählten.
Die Dauerkrise der Landwirtschaft und das Elend der Mittelschichten als Folge einer zu raschen Entwicklung der Großindustrie waren gleichsam der Hintergrund eines Bildes, dem die Wirtschaftskrise von 1930 mit ihren tragischen Auswirkungen dann die Farben aufsetzte. Die Krise brachte die Opfer der ökonomischen Transformation des Reiches dazu, ihre politische Passivität bzw. ihr traditionelles Votum für die konservative Rechte aufzugeben, um politisch zu revoltieren. Doch nur dank der politischen Wendigkeit ihres Führers konnte die Nazipartei sich diese Revolte zunutze machen.
Hitler nämlich verstand es, in seiner Propaganda die Inhalte anzusprechen, die bei den Unzufriedenen Anklang fanden, und vor allem den richtigen Ton zu treffen, durch den er ihr Vertrauen gewann. Denn weder die Angriffe auf den Marxismus noch die Anklagen gegen die Alliierten waren im Deutschland des Jahres 1930 sonderlich originell. Aber die Simplizität der Ideen, die Heftigkeit der Attacken, die Grobschlächtigkeit der Argumente und die Vehemenz der Sprache konnten durchaus das Gefühl vermitteln, Hitler allein habe die Unerträglichkeit der Lage erfaßt und werde – anders als die Führer der anderen Rechtsparteien, die an der Regierung der Republik partizipiert hatten – nicht mit dem Gegner paktieren, sondern die versprochene Revolution bis zum Ende führen. Die übrigen Redner der NSDAP, allen voran Joseph Goebbels, machten sich nur zum Echo einer von Hitler gesteuerten Propaganda.

Darüber hinaus verstand es Hitler, Aktivisten und Wähler aus allen Gesellschaftsschichten in seiner Partei zu vereinigen. Das war ein bemerkenswertes Ergebnis in einem Lande, in dem die soziale Herkunft auch die politische Position bestimmte. Nur das katholische Zentrum war keine Klassenpartei, doch seine Anhängerschaft beschränkte sich auf eine Minderheit der Bevölkerung. Gleichwohl verdankte es gerade dieser Besonderheit eine vorherrschende Rolle in der Weimarer Republik, in der das sehr ausgeprägte Gefühl für den Klassenkampf sich umsetzte in einen unüberwindlichen Gegensatz zwischen Parteien, die generell als Verteidiger einzelner Gruppen auftraten. Wirklich politisch erfolgreich konnte daher nur eine Partei sein, die an keine Gruppe gebunden, sondern allen zugänglich war. Hitler vermochte es, seine Partei trotz des Widerstands mancher seiner Gefolgsleute auf dieser Grundlage aufzubauen.
Doch er erwies sich auch als bemerkenswerter politischer Taktiker. Er begriff durchaus den möglichen Nutzen eines Bündnisses mit den Rechtsparteien, deren Anhängerschaft er gewinnen mußte, sei's auch unter Verzicht auf eine ernsthafte Arbeiteragitation, wie sie Otto Strasser gefordert hatte. Hitler verstand es, im richtigen Augenblick den proletarisch getönten Jargon abzulegen, der für die Parteisprache bisher kennzeichnend war, und den konservativen Kreisen die geforderten Unterpfänder zu geben, um das dringend benötigte Geld zu erhalten. Der Wahlsieg vom September 1930 war somit weitgehend sein persönliches Werk.
Das Wahlergebnis hatte keine unmittelbaren Auswirkungen auf die Reichspolitik. Brüning konnte die Reichskanzlei behalten und seine Wirtschaftspolitik durchführen. Aus Furcht vor einer Regierung der äußersten Rechten hatte die SPD beschlossen, die bestehende Regierung nicht zu stürzen. Faktisch indessen sah sich die Weimarer Demokratie von nun an durch die doppelte Opposition der Kommunisten und der Nazis bedroht, und die durch Brünings Deflationspolitik noch verschärfte Wirtschaftskrise konnte die Opposition von rechts und von links nur weiter bestärken. Ohne wirkliche Mehrheit mußte Brüning von nun an sämtliche Möglichkeiten einer diktatorischen Regierungsführung, die ihm die Weimarer Verfassung bot, voll ausnutzen. Und die NSDAP gab sich ihrerseits als die einzige wahre Verteidigerin der Gesellschaftsordnung gegen die kommunistische Gefahr: Sie allein schien die Kommunisten wirksam bekämpfen zu können, sowohl in Wahlen als auch, dank ihrer starken bewaffneten Kampfgrup-

pen, auf der Straße. Kein Wunder, daß alle konservativen Elemente, die bisher noch gezögert hatten, ihr nun zuströmten. Ihre Mitgliederzahl stieg kontinuierlich und rasch, sie fand leichter denn je Unterstützung von seiten der Industrie und der Banken, denen es vor allem darum ging, einen Damm gegen die kommunistische Revolution zu errichten oder doch zu verhindern, daß der Staat in die Hände der ihnen entgegengesetzten sozialen Gruppe, d. h. der Arbeiterklasse fiel. Die übrigen Rechtsparteien bedurften mehr denn je ihrer Hilfe, und Hitler konnte nun, da die Wähler sich ihm zugewandt hatten, als Herr der Lage zu ihren Führern sprechen.

Außerdem führte das Wahlergebnis zu einer Evolution der Parteistrategie. Eine Machteroberung auf legalem Wege schien nicht mehr ausgeschlossen, und Hitler beschloß, die Unternehmungen der SA zu dämpfen, um den Nationalsozialismus weniger beunruhigend erscheinen zu lassen. Es galt, die Rechtsparteien nicht zu verschrecken, die Sympathie der Wehrmacht zu gewinnen und den gemäßigten Wählern das Bild einer seriösen Partei zu bieten, der sie ihre Stimme geben konnten. Die entsprechende Taktik bestand von nun an darin, jede aus der Fortdauer und Verschärfung der Krise sich bietende Gelegenheit auszunutzen, um sowohl die Marxisten als auch die Alliierten anzugreifen, weil sie angeblich versuchten, das deutsche Volk zu »versklaven«, und zugleich den Männern und Parteien an der Macht ohne Zögern vorzuwerfen, sie machten sich zum Instrument dieser Feinde Deutschlands, indem sie die Inflation provozierten und damit nicht nur das letzte Vertrauen zerstörten, das die Deutschen noch in sie setzen konnten, sondern auch ihr eigenes Bemühen um Dämpfung der schlimmsten Krisenfolgen kompromittierten. Das Wahlergebnis vom September 1930 rief denn auch schon als solches eine neue Börsenpanik hervor.

Trotz alledem blieb der Wahlsieg von 1930 für die Nazis nur ein relativer Erfolg: Sie waren noch weit entfernt von der Macht. Doch die Verbindung dieses Erfolgs mit dem der anderen Gegner der Weimarer Republik – der Kommunisten – markierte den Anfang vom Ende dieses Regimes, das fortan nicht mehr funktionierte: Mehr und mehr wurde es zu einer Diktatur des Reichspräsidenten und namentlich seiner Umgebung, d. h. jener Clique, die Regierungen ohne echte parlamentarische Mehrheit, handlungsfähig nur durch Notverordnungen und noch dazu unpopulär, an der Macht hielten. Selbst die am stärksten der Demokratie verbundenen Kreise nahmen allmählich Abstand von diesem Regime

und gelangten schließlich zu der Ansicht, daß alles in allem die Machtergreifung der Nazis das kleinere Übel sein würde.
Es wäre mithin grob übertrieben, wollte man die wachsenden Wahlerfolge der NSDAP als begeisterte Hinwendung eines Großteils des deutschen Volkes zu Hitler und zum Nationalsozialismus bewerten. In freien Wahlen gewannen die Nazis niemals die Mehrheit. Ihr Aufstieg zur Macht markierte vielmehr die Verfallsetappen der Weimarer Republik, die von Anfang an niemals sonderlich populär gewesen war und später auf wirtschaftliche und soziale Probleme stieß, die bei weitem die Kräfte der regierenden Männer und Parteien überforderten. So war es die Verzweiflung der verelendeten Bauern, des materiell und moralisch zerrütteten Kleinbürgertums und der schlimmsten Entbehrungen ausgelieferten Arbeitslosen, die der Hitlerpartei nicht nur die Stimmen eines Großteils der Wählerschaft, sondern auch zahlreiche Aktivisten einbrachte. All diesen Verzweifelten machten nur einerseits Hitler und andererseits die Kommunisten Hoffnung auf jenen tiefgreifenden Umbruch, den ein großer Teil der deutschen Gesellschaft anstrebte. Aber Hitler verstand es besser als die Kommunisten, den durch die Niederlage und die Demütigungen von 1918 entfesselten nationalistischen Leidenschaften das Wort zu reden. Und seine Partei war die einzige politische Kraft, der das deutsche Bürgertum die Aufgabe anvertrauen konnte, das Gespenst einer Revolution zu bannen. Der Verknüpfung all dieser Elemente verdankte Hitler dann seinen »legalen« Sieg, dessen erste große Etappe die Wahlen vom 14. September 1930 markierten.

Alfred Grosser
Hitler als Kanzler: Auf dem Weg zur totalen Macht

Am 30. Januar 1933 stellt Adolf Hitler, vom Reichspräsidenten Feldmarschall Hindenburg zum Kanzler ernannt, seine Regierung der Presse vor. Das Foto, das sie in jeder Hinsicht gutbürgerlich zeigt, gleicht allen klassischen Fotos von neuen Regierungen. Am Abend marschieren Tausende und Abertausende von uniformierten Männern und Jugendlichen über die Straße Unter den Linden, die Berliner Champs Elysées, zum Brandenburger Tor, dem deutschen Arc de Triomphe: SA und Hitlerjugend bejubeln den Sieger des Tages. Ihre Uniformen und Sprechchöre wirken wie Kriegsdrohungen gegen jeden, der sich ihm widersetzen wollte.

Ein bloßer Kurswechsel im Rahmen einer aufrechterhaltenen Regierungsform? Die Ernennung des Kanzlers durch den Reichspräsidenten entsprach der Regel. Die in der Regierung vertretenen Parteien haben über 40% der Sitze im Reichstag inne: Sie stützen ein Minderheitskabinett, aber ein stärkeres als die bisherigen, und im übrigen wird der Reichstag unverzüglich aufgelöst; Neuwahlen sind für den 5. März angesetzt. Die stärkste Partei war bei der Ressortverteilung durchaus maßvoll: NSDAP-Mitglieder sind außer dem Kanzler nur der Innenminister, Wilhelm Frick, und ein Minister ohne Portefeuille, Hermann Göring, dem allerdings das Amt des Innenministers in Preußen, dem bei weitem wichtigsten Land im Reich, kommissarisch übertragen wird. Einige Tage später schafft man für Joseph Goebbels ein neues »Ministerium für Volksaufklärung und Propaganda«. Steht hinter seinem Wort mehr Macht als hinter dem des Wirtschaftsministers, Presse- und Filmmagnaten Alfred Hugenberg? Überwiegt die Diskontinuität in Reichskanzlei und Innenressort über die doch so offensichtliche Kontinuität in den anderen Ressorts? Baron von Neurath behält das Auswärtige Amt, das er schon in den beiden vorigen Kabinetten innehatte. Auch im Finanz-, im Justiz- und im Verkehrsministerium bleibt alles beim alten. F. Seldte, Chef der patriotischen »Stahlhelm«-Verbände, wird lediglich Arbeitsminister. Und wer weiß schon, daß General von Blomberg, der den General von Schleicher als Reichswehrminister ablöst, einer der wenigen Generäle mit offenen Sympathien für den Nationalsozialismus ist?

Aber haben die siegreiche Partei und ihr Führer nicht in wachsen-

dem Maße Brutalität und Mißachtung der Legalität bewiesen? Zum Beispiel vor wenigen Monaten erst in Potempa: in dem kleinen schlesischen Ort waren neun SA-Männer angetrunken in das Haus eines Arbeiters eingedrungen, hatten ihn aus dem Bett geholt und vor den Augen seiner Mutter zu Tode getrampelt. Ein Akt der Gewalt unter dutzend anderen, doch in diesem Fall kam es zu einem Prozeß mit Todesurteil. Nach der Urteilsverkündung schickte Hitler ein öffentliches Telegramm an die Verurteilten: »Meine Kameraden! Angesichts dieses ungeheuerlichen Bluturteils fühle ich mich mit Euch in unbegrenzter Treue verbunden. Eure Freiheit ist von diesem Augenblick an eine Frage an unsere Ehre. Der Kampf gegen eine Regierung, unter der dieses möglich war, unsere Pflicht!«[1] Und da das Opfer ein Pole war, ereiferte sich die Parteizeitung *Völkischer Beobachter:* »Für ihn [den Nationalsozialismus] ist nicht Seele gleich Seele, nicht Mensch gleich Mensch; für ihn gibt es kein ›Recht an sich‹, sondern sein Ziel ist der starke *deutsche* Mensch, sein Bekenntnis ist der *Schutz* dieses Deutschen, und *alles* Recht und Gesellschaftsleben, Politik und Wirtschaft, hat sich nach *dieser* Zwecksetzung einzustellen ...«[2]
Im Gedenken an solche Vorfälle und solche Gesinnung wagt es die angesehene *Frankfurter Zeitung* am 31. Januar in ihrem Leitartikel zu schreiben: »Wir versprechen uns nichts gutes, weil es uns *unmöglich ist, den Politiker vom Menschen zu trennen.* Wir haben in diesem Augenblick, in dem Herrn Hitler die Kanzlerschaft des Deutschen Reiches übertragen worden ist, offen auszusprechen, daß er bis zur Stunde den Beweis menschlicher Qualifikation für dieses hohe Amt der Nation schuldig geblieben ist.«
Am selben Tag ergeht ein Aufruf der Reichsregierung ans deutsche Volk und am folgenden Tag eine Rundfunkansprache, die als Beruhigung und zugleich Drohung wirken sollen: Die »nationale Regierung« werde die Einheit des deutschen Volkes wiederherstellen und »das Christentum als Basis unserer gesamten Moral, die Familie als Keimzelle unseres Volks- und Staatskörpers in ihren festen Schutz nehmen«; sie wolle »die Ehrfurcht vor unserer großen Vergangenheit, den Stolz auf unsere alten Traditionen zur Grundlage machen für die Erziehung der deutschen Jugend«; sie werde die Arbeitslosigkeit beseitigen und die Bauern aus dem Elend erlösen.[3] Doch um das zu erreichen, werde sie alles und alle vernichten, die vierzehn Jahre der Erniedrigung und des Elends verschuldet hätten – das heißt den Marxismus und die Marxisten: »Die Partei des Marxismus und seine Mitläufer haben vierzehn

Jahre lang Zeit gehabt, ihr Können zu beweisen. Das Ergebnis ist ein Trümmerhaufen. Nun, deutsches Volk, gib uns die Zeit von vier Jahren, und dann urteile und richte uns! Getreu dem Befehl des Generalfeldmarschalls wollen wir beginnen. Möge der allmächtige Gott unsere Arbeit in seine Gnade nehmen, unseren Willen recht gestalten, unsere Einheit segnen und uns mit dem Vertrauen des Volkes beglücken! Denn wir wollen nicht kämpfen für uns, sondern für Deutschland!«[4]

Wenige Wochen, ja wenige Tage später schon hätten vor allem die politischen Kreise und die Leser der seriösen Presse nicht länger im Zweifel sein können. Doch bei vielen war die Verblendung groß, und für die anderen war es zu spät: Bis zur Machtergreifung war Hitlers Aufstieg noch innerhalb Deutschlands »aufhaltbar«. Seinen Übergang von der Macht zur totalen Macht aufzuhalten, wäre wesentlich schwerer gewesen, selbst wenn es mehr entschlossene Widerständler gegeben hätte.

Von Brüning zu Hitler: Die Männer und die Kräfte

Im Frühjahr 1932 hatte Hitler auf einem anderen Wege an die Spitze des Staats zu gelangen versucht: Er hatte sich der Wahl zum Reichspräsidenten gestellt. Der betagte Generalfeldmarschall stand am Ende seiner siebenjährigen Amtszeit in einer institutionell wie politisch höchst merkwürdigen Situation. Fünf Jahre lang hatte er sein Amt gemäß der parlamentarischen Komponente des Regimes ausgeübt, hatte je nach den möglichen Reichstagsmehrheiten jeweils den Kanzler ernannt und auf Verlangen des Kanzlers von seinen Vorrechten, namentlich dem der Auflösung des Reichstags, Gebrauch gemacht. Aber am 27. März 1930 machte das Votum der Sozialdemokraten gegen die von einem der ihren geführte Regierung Schluß mit der letzten Koalition parlamentarischen Stils. Noch ehe im Sommer 1932 der extreme Fall eintrat, daß die beiden radikal antiparlamentarischen Gruppen mehr als die Hälfte der Sitze gewannen, wurden die Regierungen mangels bündiger Mehrheiten »Präsidialkabinette«, und dadurch fiel den engsten Ratgebern Hindenburgs, seinem Sohn Oskar und dem Staatssekretär Meißner, eine entscheidende Rolle zu.

Die institutionelle Entwicklung war jedoch weniger auffällig als das politische Paradox vom 13. März 1932. 1925 war der ruhmreiche Sieger von Tannenberg, der Soldat, der beim Kaiser im Exil um die Genehmigung seiner Wahl zum Präsidenten nachgesucht hatte, zwischen zwei Wahlgängen von der Gesamtheit der rechten Parteien aufgestellt worden, um die Wahl des Katholiken Wilhelm Marx, des gemeinsamen Kandidaten der Sozialdemokraten, der Liberalen und des Zentrums, zu verhindern. Er hatte mit 900 000 von 30 300 000 Stimmen den Sieg errungen, u. a. weil die Kommunistische Partei ihren Kandidaten, der 1 930 000 Stimmen erhielt, nicht zurückzog. Sieben Jahre später wurde er, ohne daß seine gesellschaftlichen Sympathien – für das Heer, die Grundbesitzer, die Adligen – sich geändert hätten, von seinen einstigen Gegnern als einzige Alternative zu Hitler aufgestellt – ein klares Indiz für den Rechtsrutsch, den die ökonomische und soziale Krise inzwischen herbeigeführt hatte.

Die KPD nominierte auch diesmal wieder ihren Generalsekretär Ernst Thälmann, der doppelt soviele Stimmen wie 1925 gewann und sich auch noch im zweiten Wahlgang hielt. Konnte man von den Kommunisten vernünftigerweise verlangen, daß sie für Hindenburg stimmten? Aber das Dilemma der SPD beruhte ebenfalls auf der Haltung, welche die KPD seit 1928 auf Wunsch der inzwischen von Stalin geführten Internationale einnahm und die da hieß: Kampf gegen die Sozialdemokraten, die als »Arbeiterverräter« und »Sozialfaschisten« gebrandmarkt wurden. Zugleich versuchte die KPD, während sie die Nazis physisch bekämpfte, ihre Anhängerschaft zu vergrößern, indem sie sich derselben ultranationalistischen Argumente wie jene bediente, und da sie die stärkste kommunistische Oppositionspartei in Europa war, wurde sie darin von ihren Schwesterparteien bestärkt. So erklärte Maurice Thorez, der Generalsekretär der KPF, noch am 15. Januar 1933 in Berlin: »Wir Kommunisten Frankreichs kämpfen und rufen die Arbeiter unseres Landes auf zum Kampf für die Annullierung des Versailler Vertrages, für die sofortige und bedingungslose Aufhebung aller Reparationsforderungen. ›Keinen Pfennig vom deutschen Volk‹ heißt unsere Losung! Für die sofortige Räumung der Saar, für die freie Entscheidung des Volkes von Elsaß-Lothringen, selbst wenn das Trennung von Frankreich heißt, für das Recht aller Völker deutscher Zunge, sich in Freiheit zu vereinigen... Hier in Deutschland hat die Kommunistische Partei überzeugende Erfolge errungen in dem Bemühen, die Mehrheit des Proletariats zu gewinnen, ihren Einfluß aufs Land auszudehnen und die Massen in ihrem Kampf um soziale und nationale Befreiung wirksam zu führen.«

Hitler rechnete damit, die bei den Wahlen von 1930 errungenen 6,4 Millionen Stimmen zu verdoppeln, ja zu verdreifachen. Allerdings hätte er um ein Haar überhaupt nicht kandidieren können: Er war kein deutscher Staatsangehöriger. Bislang hatte ihn das nicht behindert. Die Richter, die ihn nach dem Putsch von München zu fünf Jahren Gefängnis verurteilt hatten, »vergaßen« es, das Gesetz auf ihn anzuwenden, das für jeden wegen Vergehens gegen die Staatssicherheit verurteilten Ausländer nach der Verbüßung seiner Strafe sofortige Ausweisung vorsah. Entsprechend ihren gesellschaftlichen und ideologischen Präferenzen verfuhr die Weimarer Justiz mit »national« gesonnenen, d. h. rechts eingestellten Angeklagten äußerst milde. Doch um Reichspräsident werden zu können, mußte man deutscher Staatsbürger sein. Zum Glück für Hitler war ein Parteifreund Minister in dem kleinen Land Braunschweig! Zum Glück verlieh ein Verwaltungsposten in diesem Lande seinem Inhaber automatisch die deutsche Staatsangehörigkeit! Als der Wahlkampf zur Neuwahl des Reichspräsidenten eröffnet wurde, war der Führer der NSDAP somit deutscher Staatsbürger.
11 340 000 Stimmen im ersten, 13 420 000 im zweiten Wahlgang am 10. April: ein enormer Erfolg! Hindenburg sieht in Reichskanzler Brüning den Verantwortlichen für seinen knappen Sieg: hatte nicht er die Exekutive unpopulär gemacht durch seine Deflationspolitik, die allerdings faktisch den späteren wirtschaftlichen Wiederaufstieg aus dem sozialen Trümmerfeld ermöglichen sollte? Aber Hitler ist geschlagen trotz der Welle, die ihn trägt: Brüning und General Groener, der das Innen- und das Verteidigungsministerium übernommen hat, sind entschlossen, das auszunutzen. Sie verbieten die uniformierten Einheiten der SA und der HJ. Die Regierung wird vom Reichstag zwar nicht desavouiert, aber ihre Entscheidung für eine Agrarreform, besonders im Osten, mobilisiert starke Kräfte gegen sie. Der Präsident zwingt einen Kanzler zur Demission, der wenig geneigt ist, sich ihm gestützt auf das Parlament zu widersetzen.
Der Nachfolger Brünings ist Franz von Papen, der Favorit des Präsidenten, ein »Weltmann« ohne politischen Anhang, aber mit gutem Zugang zu Industrie- und Bankkreisen. Einige Tage vor seiner Ernennung kommt es zu geheimen Verhandlungen zwischen General Schleicher, Chef der politischen Abteilung der Reichswehr, und Vertretern Hitlers. Ein zweites Gespräch bei Schleicher, diesmal zwischen Hitler, Meißner und Oskar von Hindenburg, führt zu einer Art Kompromiß: Hitler duldet ein

neues Präsidialkabinett der rechten Mitte unter zwei Bedingungen: Auflösung des Reichstags – wodurch eine absolute Mehrheit der NSDAP zu erhoffen war – und Aufhebung des Verbots der SA. Als Papen Kanzler wird, hält er beide Abmachungen ein.
Der Wahlkampf verläuft in einem Klima extremer Gewalttätigkeit. Innerhalb von drei Wochen zählt das Innenministerium 325 politische Gewalttaten mit einer Bilanz von insgesamt 72 Toten und über tausend Verletzten, davon jeder zweite schwer. Die Härte des Kampfes mobilisiert die Wähler und Wählerinnen, von denen 83,4% zur Urne gehen und 608 Abgeordnete in den Reichstag entsenden (gegenüber z. B. 491 im Jahre 1928: der unbeschränkte Proporz begünstigt, wie man gesehen hat, jeden raschen Meinungsumschwung). Hitler ist enttäuscht: 13,7 Millionen, kaum mehr als im April, das sind nur 37,2% der Stimmen. Gleichwohl bildet die NSDAP mit ihren 230 Abgeordneten (vor der SPD mit 133) die bei weitem stärkste Fraktion. Sie erhält das Amt des Reichstagspräsidenten für Hermann Göring, aber Hindenburg weigert sich, Hitler zum Kanzler zu ernennen.
Er versucht, seinen diskreditierten und allseits bedrängten »lieben Franz« zu halten. Er gestattet ihm, nachdem er mit 512 gegen 42 Stimmen abgelehnt worden ist, den Reichstag abermals aufzulösen. Aber nach den Wahlen vom 6. November kann er ihn nicht mehr lange halten. General von Schleicher, Verteidigungsminister im Kabinett Papen, wird Kanzler, während dieser engster Ratgeber des Präsidenten bleibt. Der General steht einem Reichstag ohne Mehrheit gegenüber und versucht zwei Manöver, die sich beide gegen ihn auswirken. Er will die nationalsozialistische Partei »zähmen«, indem er sie zu spalten und einen Teil ihrer Führer zu sich herüberziehen versucht. Der Augenblick scheint günstig, denn der 6. November hat den ersten deutlichen Rückgang der Bewegung markiert (2 Millionen Wähler weniger), und Hitler ist gleichzeitig durch eine schwere Finanzkrise und durch die Quasirebellion Gregor Strassers, des Leiters seiner Parteiorganisation, bedroht. Doch es gelingt ihm, Strasser zu eliminieren und Geld aufzutreiben – zu einem guten Teil dank der zweiten Stoßrichtung der Politik Schleichers.
Denn der Kanzler macht den Gewerkschaften und den Parteien des Zentrums und der linken Mitte Avancen, indem er sich als Initiator einer neuen Sozialpolitik darstellt – was zur Folge hat, daß die beunruhigte Unternehmerschaft um so bereitwilliger Vorschläge von Männern wie Hjalmar Schacht und Alfred Hugenberg in Betracht zieht: sich des Volkstribuns Hitler zu bedienen, um durch

ihn die wirkliche Macht – und das ist in ihren Augen die wirtschaftliche – ausüben zu können. Am 12. November schreibt Schacht noch an den Führer einer Partei, die sich in den Augen der auf Diskretion bedachten Industriellen zu turbulent aufgeführt hatte: »Sehr verehrter Herr Hitler, erlauben Sie mir, daß ich Ihnen zu der festen Haltung, die Sie unmittelbar nach den Wahlen eingenommen haben, meine besonderen Glückwünsche ausspreche. Es unterliegt für mich gar keinem Zweifel, daß die Entwicklung der Dinge nur das eine Ende haben kann und das ist Ihre Kanzlerschaft. Es scheint, als ob unser Versuch, eine Reihe von Unterschriften aus der Wirtschaft dafür zu bekommen, doch nicht ganz umsonst ist, wenn ich auch glaube, daß die Schwerindustrie kaum mitmachen wird, aber sie trägt ihren Namen ›Schwerindustrie‹ mit Recht von ihrer Schwerfälligkeit. Ich hoffe, daß in den nächsten Tagen und Wochen die kleinen Unebenheiten, die bei der Propaganda notwendigerweise mit unterlaufen, nicht so stark sein werden, daß sie den Gegnern berechtigte Gelegenheit zur Entrüstung geben ...«[5]

Am 15. Dezember liest man dann in der Presse eine verhüllte Kriegserklärung an Schleicher – und es war klar, daß die Industrie diesen Krieg im Bündnis mit Hitler zu führen gedachte: Unter der Überschrift »Was die Wirtschaft braucht« wird berichtet, daß Dr. Krupp von Bohlen und Halbach eine Sitzung des Hauptausschusses des Reichsverbandes der Deutschen Industrie mit den programmatischen Worten eröffnet hat: »Gegenüber der Regierung Schleicher sprechen wir den Wunsch aus, daß sie sorgfältig darauf bedacht sein möge, die Grundlinien des Programms Papen zu wahren, Abänderungswünsche dieser oder jener Gruppe mit aller Vorsicht zu behandeln und vor allen Dingen gefährliche kredit- und währungspolitische Experimente zu verhindern.«[6]

Anfang Januar kommt es zu einer spektakulären Aussöhnung zwischen Hitler und Papen. Nach den Teilwahlen in dem Zwergland Lippe, die von Goebbels' Propaganda als ein Triumph hingestellt werden, wird das Widerstreben des greisen Präsidenten durch die Drohung mit Skandalen wegen gewisser Manipulationen in den Ländereien des Ostens und vor allem durch die unablässigen Manöver der Kamarilla überwunden. Als Hindenburg Schleicher zur Demission zwingt und Papen mit der Regierungsbildung beauftragt, hat Hitler sein Kabinett bereits zusammengestellt.

1920 hatte ein Putsch die legale Berliner Regierung vertrieben – und ein Massenstreik (auch im öffentlichen Dienst) ließ die Putschisten scheitern. 1933 ruft die legale Machtergreifung Hitlers keine derartigen Reaktionen hervor: Das Organ der sozialdemokratischen Partei erklärt am 31. Januar, der Streik sei zwar ein legitimes Mittel zur Verteidigung der Volksfreiheiten, doch dürfe diese Munition der Arbeiterklasse nicht vertan werden. Ebensowenig hält der Allgemeine Deutsche Gewerkschaftsbund einen Eingriff für möglich. Während also die konservative Rechte glaubt, sie könne Hitler noch kontrollieren, versteckt sich die Linke hinter dem Begriff der Legalität, indes das katholische Zentrum bedauert, nicht in die Regierungskoalition mit aufgenommen worden zu sein, und eine Wahlparole entwirft, aus der sein Glaube an eine »normale« Kampagne spricht: »Keine Stimme den Deutschnationalen! Keine Stimme den Nationalsozialisten! Keine Stimme den Sozialdemokraten! Keine Stimme den Kommunisten!«

Dabei ist es seit den ersten Februartagen kaum noch möglich, sich Illusionen hinzugeben. An die Macht gelangt, verstärkt Hitler noch die Methoden, die er in der Opposition bereits angewandt hatte, und zeigt damit, daß er sich um Legalität und Gesetze nicht schert. Auf nationaler Ebene wie in den Ländern wird der Staatsdienst »gesäubert«. Innerhalb von drei Wochen werden mehr als 150 Zeitungen verboten. Und vor allem beherrscht die SA die Straße, nun von der Regierung gedeckt. Göring, der zugleich kommissarisch das Amt des preußischen Innenministers verwaltet, befiehlt der Polizei, niemals gegen die SA vorzugehen, was immer sie tut, dafür aber um so energischer gegen alle Kundgebungen »staatsfeindlicher« Kräfte einzuschreiten, d. h. gegen die des Zentrums und der Linken.

Am 27. Februar, wenige Tage vor der Wahl, bietet ein außergewöhnliches Ereignis den Vorwand zu einer neuen Parodie der Legalität, nämlich zur »legalen« Aufhebung aller Freiheiten: Der Reichstagsbrand – für den der Holländer Van der Lubbe angeklagt und verurteilt wird – hat nicht nur das sofortige Verbot der kommunistischen Presse und die Anwendung von viertausend schon bereitliegenden Haftbefehlen gegen die Führer der KPD zur Folge, sondern auch die Unterzeichnung einer »Verordnung zum Schutze von Volk und Staat« durch Hindenburg. Sie stützt sich auf den berüchtigten Artikel 48 der Reichsverfassung: »Der Reichspräsident kann, wenn im Deutschen Reiche die öffentliche Sicherheit und Ordnung erheblich gestört oder gefährdet wird, die zur Wiederherstellung der öffentlichen Sicherheit und Ordnung nötigen Maßnahmen treffen ... Zu diesem Zweck darf er vorübergehend die in den Artikeln 114, 115, 117, 118, 123, 124 und 153 festgesetzten Grundrechte ganz oder zum Teil außer Kraft setzen.« Bei diesen Grundrechten handelt es sich um das *habeas corpus*, die Unverletzlichkeit der Person und der Wohnung, das Postgeheimnis, die Rede- und Pressefreiheit, die Versammlungsfreiheit, die Vereinsfreiheit und die Respektierung des Eigentums (namentlich bei Enteignungen). Die »vorübergehende« Außerkraftsetzung dieser Grundrechte, die am 28. Februar 1933 verordnet wird, sollte am Ende ebensolange wie das Regime andauern.

Am 5. März unternimmt die Partei eine ungeheure Anstrengung, um die Wähler zu mobilisieren und ihre Gegner so weit wie möglich einzuschüchtern. Die Ergebnisse sind für die Nazis enttäuschend. Wohl haben 88% der eingetragenen Wähler gewählt, aber mit 17,3 Millionen erreicht die NSDAP nur 43,9% der Stimmen. Sie erhält die absolute Mehrheit nur mit Hilfe von Hugenbergs Deutschnationaler Partei, die auf 8% gekommen ist. Die Kommunistische Partei hat beinahe 5 Millionen Stimmen gewonnen (12,3%), obwohl ihre Führer entweder im Gefängnis oder auf der Flucht sind. Sozialdemokraten und Zentrum haben mit 7,2 Millionen Stimmen (18,3%) bzw. 4,4 Millionen (11,2%) ihre Wähler halten können. Die nationalsozialistische Anhängerschaft ist riesig – doch nie wird Hitler in freien Wahlen, auch nicht in manipulierten, die Mehrheit erreichen. Der Massenzustrom kommt erst später.

Er wird durch die Abdankung des Reichstags erleichtert. Der Kanzler, der bis zuletzt auf die Karte der Verfassungsmäßigkeit setzt, möchte ein »Ermächtigungsgesetz« durchbringen, das ihm sämtliche Vollmachten gibt. Da es die Verfassung antastet, braucht er dazu eine Zweidrittelmehrheit. Der dem Reichstag unterbreitete Entwurf ist ebenso klar wie knapp: Artikel 1 gestattet es der Regierung, Gesetze zu erlassen, ohne den verfassungsmäßigen Weg zu beschreiten; Artikel 2 besagt, daß diese Gesetze von der Verfassung abweichen können.

Vergebens beschreibt die *Vossische Zeitung*, eines der mutigsten noch verbliebenen Blätter, am 21. März die Konsequenzen dieses Verfahrens: »In jedem Falle bleibt der Gesetzgebung, die die Reichsregierung allein und ohne jede parlamentarische Kontrolle ausüben kann, ein geradezu unübersehbares Feld, auf dem ihrem

Willen keine rechtliche Schranke gezogen sein würde. Der Satz, daß die von ihr beschlossenen Gesetze von der Reichsverfassung abweichen können, bedeutet die *Beseitigung jeder rechtsstaatlichen Garantie*. ... Es bliebe nicht nur bei der Suspension der sieben im Artikel 48 aufgeführten Grundrechte, die bereits die Verordnung vom 28. Februar außer Kraft gesetzt hat. Darüber hinaus wäre eine solche neue Gesetzgebung weder an den Satz gebunden, daß alle Deutschen vor dem Gesetz gleich sind (Art. 109), noch daß die Richter unabhängig und dem Gesetz unterworfen sind (Art. 102), noch daß sie unabsetzbar und unversetzbar sind (Art. 104), daß keine Strafe verhängt werden kann, die nicht vor der Tat gesetzlich bestimmt war (Art. 116), daß alle Bewohner des Reichs volle Glaubens- und Gewissensfreiheit genießen, daß die Kunst, die Wissenschaft und ihre Lehre frei sind (Art. 142). Alles das sind nicht etwa Neuerungen der Weimarer Verfassung. Sie sind Gemeingut aller modernen Völker geworden. ... Sie sind die rechtlichen Grundlagen, auf denen sich Wirtschaft und Kultur der europäischen Welt seit anderthalb Jahren entwickelt haben.«[7]

Am 23. März tritt der Reichstag zusammen. Die Mandate der kommunistischen Abgeordneten waren durch ein Gesetz vom 13. März annulliert worden. Unter den Sozialdemokraten fehlen Abgeordnete: elf sind im Gefängnis, andere liegen brutal zusammengeschlagen im Krankenhaus. Vor dem Gebäude und im Plenarsaal veranstalten SA und SS Sprechchöre, um die Parlamentarier einzuschüchtern. In einer mutigen Rede erläutert Otto Wels das Nein der 94 anwesenden Sozialdemokraten. Aber andere Fraktionen, die nicht zur Regierung gehören, stimmen mit Ja: die fünf liberalen Abgeordneten, darunter Theodor Heuss, der spätere Bundespräsident, sowie die Bayerische Volkspartei, der traditionelle Verbündete des katholischen Zentrums, und dieses selbst, dessen Votum den Ausschlag gibt. Hitler hat ihm einen Brief in Aussicht gestellt, worin die konfessionellen Freiheiten garantiert werden sollten – doch der wurde nie geschrieben. Im letzten Moment beschließt die Fraktion, geschlossen mit Ja zu stimmen.

Zu Recht notierte Carl Schmitt, der berühmte deutsche Jurist, treu dem Regime ergeben: »Es ist daher notwendig, das Wort Ermächtigungsgesetz als eine juristisch ungenaue Bezeichnung zu erkennen... In Wahrheit ist dieses Ermächtigungsgesetz ein *vorläufiges Verfassungsgesetz des neuen Deutschland*«[8] – eines Deutschland, dessen endgültige Verfassung – nämlich das Fehlen

einer solchen und die absolute Herrschaft des »Führerwillens« – sehr bald zustande kommen sollte.
Die Brutalität und Verschlagenheit der NSDAP und ihres Chefs sind nicht die alleinigen Ursachen ihres Erfolgs. Vor und nach dem 23. März kam ihnen die Blindheit und Schwäche der Mehrzahl ihrer Gegner zugute. Bis zum Ende machten die Kommunisten sich Illusionen über die künftig von Hitler zu erwartende Repression. Die Sozialdemokraten protestierten nicht, als die Kommunisten verfolgt wurden. Die Liberalen und das Zentrum reagierten so gut wie gar nicht auf die Verhaftungen und Mißhandlungen von Sozialisten, und die katholische Kirche kümmerte sich nur um ihre Mitglieder. Ein jeder glaubte, er würde verschont bleiben, wenn er sich nur nicht mit seinem jeweils Nächsten solidarisierte. Sogar ein Teil des deutschen Judentums verhielt sich ruhig, in der Annahme, der nationalsozialistische Antisemitismus werde sich an die »kleinen« Juden halten, während die jüdische Oberschicht nichts zu befürchten hätte.* Noch am 4. Juni veröffentlicht das *Berliner Tageblatt,* dessen jüdische Verleger im April verjagt worden sind, eine Erklärung des Geschäftsführenden Vorstandsmitglieds des »Verbandes deutschnationaler Juden«, in der es heißt, in Wahrheit würden die deutschen Juden heute nicht für ihre »Bosheit« bestraft, sondern für ihre Gedankenlosigkeit und Schwäche, denn »sentimentale Schwäche war es, wenn die deutschen Juden sich nicht entschließen konnten, gegen die Ostjudengefahr mit der Härte einzuschreiten, die für jeden Deutschen selbstverständliche Pflicht war«, und Gedankenlosigkeit sei es gewesen, wenn die Umtriebe einer Bande von wurzellosen Intellektuellen und sogenannten Künstlern mit dem Hinweis auf die Freiheit der Kunst geduldet oder gebilligt wurden ...
Zwar nicht so entwürdigend, aber nicht minder naiv ist die Reaktion der Gewerkschaften. Der Allgemeine Deutsche Gewerkschaftsbund (ADGB) mit seinen fünf Millionen Mitgliedern denkt vor allem an den Schutz und das Fortbestehen seiner Organisation. Erst zögernd, dann kompromißbereit, willigt er schließlich ein, am 1. Mai an den staatlich organisierten Umzügen zu dem neuen »Fest der nationalen Arbeit« teilzunehmen. Am 2. Mai um 10 Uhr vormittags werden alle Gewerkschaftshäuser von der SA besetzt und die Führer verhaftet.
Mit seinen Verbündeten verfährt Hitler nicht besser: der Stahlhelm wird aufgelöst, die deutschnationale Partei verschwindet,

* Zu den Reaktionen der jüdischen Gemeinde nach Hitlers Machtergreifung siehe auch das Kapitel von Rita Thalmann.

und Hugenberg, der fünf Monate zuvor im Vertrauen auf die Überlegenheit der wirtschaftlichen Macht über die politische in die Regierung eingetreten war, wird entlassen. Auch die anderen Parteien werden zerschlagen oder lösen sich auf. Die SPD, deren Führer bereits größtenteils in der Emigration, im Gefängnis oder im Untergrund sind, wird am 22. Juni verboten.

Bleibt die Zentrumspartei. Brüning hat ihren Vorsitz übernommen an Stelle des Prälaten Kaas, der in Rom sitzt und Hitler zu dessen Geburtstag am 20. April ein Glückwunschtelegramm schickt: »Zum heutigen Tage aufrichtige Segenswünsche und die Versicherung unbeirrter Mitarbeit am großen Werk der Schaffung eines innerlich geeinten, sozial befriedeten und außen freien Deutschlands.«[9] Im Juni schickt Vizekanzler von Papen ein weiteres, selbstverständlich vertrauliches Telegramm an den Außenminister: »In Verhandlungen, die ich heute mit Pacelli [dem Kardinal und späteren Papst], Groeber [Erzbischof von Freiburg] und Kaas hatte, ergab sich, daß Auflösung Zentrumspartei mit Abschluß [des] Konkordats hier als feststehend betrachtet und gebilligt wird.«[10] Tatsächlich löst sich die Zentrumspartei zwei Wochen vor diesem Abschluß auf. Karl Bachem, einer der Köpfe des deutschen politischen Katholizismus, schreibt in sein Tagebuch: »Es bleibt nichts anderes übrig, als dem Beispiel der Bischöfe sich anzuschließen und trotz allem weiter den Versuch zu machen, innerhalb der nationalsozialistischen Partei und im Zusammengehen mit dieser nach Kräften für den Schutz unserer religiösen Interessen bemüht zu bleiben.«[11]*

Als am 14. Juli 1933 die Gründung politischer Parteien gesetzlich verboten wird, ist keine organisierte Kraft mehr vorhanden, um das Massenphänomen des »Mitläufertums« einzudämmen, das im folgenden durch zwei gleichlaufende Phänomene noch verstärkt wird: die wirtschaftliche Erholung, die auch der Arbeitslosigkeit ein Ende bereitet, und der internationale Prestigegewinn. Schon 1933 bilden das Viermächteabkommen mit Frankreich, England und Italien und das Konkordat mit dem Heiligen Stuhl eine Art internationale Anerkennung des Regimes. Die grandiosen Olympischen Spiele von 1936 sind dafür das augenfälligste Symbol. Was verschlägt da noch die Repression, die über Widerspenstige, ja bloß Zögernde hereinbricht? Was bedeutet da schon die Gleichschaltung des Denkens, symbolisiert durch den Scheiterhaufen,

* Das Kapitel von Jaques Nobécourt behandelt dieses Thema eingehend.

auf dem am 10. Mai 1933 die »schlechten« Bücher verbrannt werden, begleitet von wahrhaft exorzistischen Bannsprüchen:

»Gegen Klassenkampf und Materialismus, für Volksgemeinschaft und idealistische Lebenshaltung! Ich übergebe der Flamme die Schriften von Marx und Kautsky.

Gegen Dekadenz und moralischen Verfall! Für Zucht und Sitte in Familie und Staat! Ich übergebe der Flamme die Schriften von Heinrich Mann, Ernst Glaeser und Erich Kästner.

Gegen seelenzerfasernde Überschätzung des Trieblebens, für den Adel der menschlichen Seele! Ich übergebe der Flamme die Schriften des Sigmund Freud.

Gegen Verfälschung unserer Geschichte und Herabwürdigung ihrer großen Gestalten, für Ehrfurcht vor unserer Vergangenheit! Ich übergebe der Flamme die Schriften von Emil Ludwig und Werner Hegemann.

Gegen volksfremden Journalismus demokratisch-jüdischer Prägung, für verantwortungsbewußte Mitarbeit am Werk des nationalen Aufbaus! Ich übergebe der Flamme die Schriften von Theodor Wolf und Georg Bernhard.

Gegen literarischen Verrat am Soldaten des Weltkriegs, für Erziehung des Volks im Geist der Wahrhaftigkeit! Ich übergebe der Flamme die Schriften von Erich Maria Remarque.

Gegen Frechheit und Anmaßung, für Achtung und Ehrfurcht vor dem unsterblichen deutschen Volksgeist! Verschlinge, Flamme, auch die Schriften der Tucholsky und Ossietzky!«

Die totale Macht

Am 30. Januar ist Hitler Kanzler geworden. Parteichef war er bereits. Am 1. Dezember wird per Gesetz die Einheit seiner Partei – mittlerweile der einzigen – mit dem Staat verkündet. Der Reichstag wird nicht aufgelöst, sondern einfach zu 100% mit Parteimitgliedern besetzt, die in Uniform tagen. So kann Hitler am 30. Januar 1934 triumphierend von der Rednertribüne herab verkünden: »Über siebzig Jahre lang haben diese Parteien im deutschen Volkskörper gelebt, und wenn sie auch im einzelnen Veränderungen unterworfen waren, im wesentlichen schienen sie unsterblich zu sein. ... Sie haben die deutsche Gesetzgebung in ihrem Sinne beherrscht, und mochte dieses Reich auch einen Krieg verlieren, die Parteien wurden davon kaum bewegt. Und mochte das deutsche Volk um seine Freiheit kommen, die Parteien pochten nur verstärkt auf ihre Rechte. ... Nun, meine Männer des Deutschen Reichstages! In einem Jahr der nationalsozialistischen Revolution haben wir die Parteien gestürzt, nicht nur ihre Macht gebrochen, nein, wir haben sie beseitigt und ausgelöscht aus unserem deutschen Volk!«[12]

Der Kanzler war laut Verfassung nur Chef der Zentralregierung. Doch innerhalb weniger Wochen wird aller Föderalismus abgeschafft. Reichsstatthalter treten an die Stelle der Landesregierungen. Und diese Reichsstatthalter zittern ihrerseits vor den »Gauleitern«, den regionalen Parteichefs. Wird die Partei damit nicht zum Problem? Könnte sie nicht den »Führerwillen« belasten, ihn an sein ursprüngliches Programm erinnern?

Seit Ende 1933 ist die Revolution für Hitler beendet. Ihr Ziel war es, ihn an die Macht zu bringen. Doch ein beträchtlicher Teil der SA und vor allem ihr Führer Ernst Röhm hatten etwas anderes erwartet. Ihnen war es um eine tiefgreifende Umgestaltung der deutschen Gesellschaft gegangen, nicht nur um Kontrolle und Lenkung der traditionellen Verwaltung, des Heeres, der Industrie. Was also sollte man aus der SA machen? Eine Hilfspolizei? Göring ist dagegen: die gewöhnliche Polizei erscheint ihm ausreichend. Eine zweite Armee? Das hieße die Reichswehr beleidigen. So kommt es zur »Nacht der langen Messer« am 30. Juni 1934. In Wirklichkeit wird drei Tage lang massakriert. Nicht nur die Führer der SA, auch General von Schleicher und seine Frau, Gregor Strasser und andere potentielle Gegner werden ermordet. Die Ausführenden und die Mörder sind die ursprünglich als »Schutzstaffeln« der SA gegründeten SS, die sich mit dieser Bluttat nun selbständig machen: Heinrich Himmler, ihr Chef, untersteht von nun an direkt dem Führer und übernimmt zusätzlich die Leitung des gefürchteten Repressionsorgans Geheime Staatspolizei, kurz Gestapo.

Die Armee ist mit dem Massaker durchaus zufrieden, sie ist nun vollends beruhigt. Ihre Befehlshaber waren von Hitler gleich nach seinem Einzug in die Reichskanzlei ins Vertrauen gezogen worden. Er hatte sie am 3. Februar 1933 empfangen und ihnen erklärt, die Wehrmacht sei die »wichtigste und sozialistischste Einrichtung des Staates«; sie solle »unpolitisch und überparteilich bleiben«. Der »Kampf im Innern« sei nicht ihre Sache, sondern die der Parteiorganisationen. Ziel der politischen Macht sei, bündig gesagt, die »Eroberung neuen Lebensraums im Osten und dessen rücksichtslose Germanisierung«. Und die »gefährlichste Zeit«,

fügt Hitler an, sei »die des Aufbaus der Wehrmacht. Da wird sich zeigen, ob Frankreich Staatsmänner hat; wenn ja, wird es uns keine Zeit lassen, sondern über uns herfallen.«[13]
Die Armeeführung akzeptiert diese Perspektiven. Als der greise Präsident Hindenburg am 2. August 1934 stirbt, müssen sämtliche Offiziere und Soldaten folgenden Eid ablegen: »Ich schwöre bei Gott diesen heiligen Eid, daß ich dem Führer des Deutschen Reiches und Volkes Adolf Hitler, dem Oberbefehlshaber der Wehrmacht, unbedingten Gehorsam leisten und als tapferer Soldat bereit sein will, jederzeit für diesen Eid mein Leben einzusetzen.«[14]
Am 1. August ist per Gesetz dekretiert worden, daß die Funktionen des Reichspräsidenten und des Kanzlers in der Person Adolf Hitlers vereinigt werden und dieser selbst seinen Nachfolger bestimmt. Damit hat er nun alle institutionellen Machtbefugnisse. Aber das genügt ihm noch nicht: der Präsident ist nur nominell der Oberbefehlshaber der Wehrmacht. Hitler wartet noch vier Jahre, ehe er die wichtigsten Generäle entfernt und sich selbst zum Oberkommandierenden ernennt.
Andere Diktatoren akzeptieren die Existenz von Gesetzen und Richtern, die sie nicht voll kontrollieren. Nicht so Hitler. Am Tag nach dem Massaker vom 30. Juni 1934 schreibt Carl Schmitt: »Der wahre Führer ist immer auch Richter. Aus dem Führertum fließt das Richtertum. Wer beides voneinander trennen oder gar entgegensetzen will, macht den Richter entweder zum Gegenführer oder zum Werkzeug eines Gegenführers ... In Wahrheit war die Tat des Führers echte Gerichtsbarkeit. Sie untersteht nicht der Justiz, sondern war selbst höchste Justiz ... Das Richtertum des Führers entspringt derselben Rechtsquelle, der alles Recht jedes Volkes entspringt.«[15] Dasselbe äußert der »Reichsrechtsführer« Hans Frank, in seinen Weisungen an die deutschen Richter:
»Grundlage der Auslegung aller Rechtsquellen ist die nationalsozialistische Weltanschauung, wie sie insbesondere in dem Parteiprogramm und den Äußerungen unseres Führers ihren Ausdruck findet ... Gegenüber Führerentscheidungen, die in Form eines Gesetzes oder einer Verordnung gekleidet sind, steht dem Richter kein Prüfungsrecht zu. Auch an sonstige Entscheidungen des Führers ist der Richter gebunden, sofern in ihnen der Wille, Recht zu setzen, unzweideutig zum Ausdruck kommt.«[16]
Doch der Wille allein genügt nicht. Um die Macht auszuüben, braucht man handfeste Instrumente: Organisationen zur Erfas-

sung der Arbeiter, der Bauern, der Künstler, der Lehrer usw., Apparate zur Überwachung der Leute in ihren Häusern und Wohnblocks, Instrumente zur ideologischen Gleichschaltung und fast mystischen Überhöhung. So entsteht der totale Staat, den Forsthoff, ein anderer berühmter deutscher Jurist, damals zustimmend als den »Staat der totalen Verantworung« definiert, einer »totalen Inpflichtnahme jedes einzelnen«, die »den privaten Charakter der Einzelexistenz aufhebt.«[17] Goebbels bringt das auf die prägnante Formel: »Du bist nichts, dein Volk ist alles!« Um zu erreichen, daß dieses Volk sich ganz mit dem Führer identifiziert, setzt man die verschiedensten Mittel ein. Zum Beispiel die großen Inszenierungen von Goebbels, bei denen alles im Detail vorgeplant ist: Aufmarsch der uniformierten Massen, Lieder und Jubel, Fahnen und Lichter, effektvoller Auftritt des Führers. So kann Hitler auf dem Nürnberger Parteitag von 1936 ausrufen – er im Scheinwerferlicht vor Hunderttausenden auf dem weiten nächtlichen Platz: »Wenn wir uns hier treffen, dann erfüllt uns alle das Wundersame dieses Zusammenkommens. Nicht jeder von Euch sieht mich, nicht jeden von Euch sehe ich. Aber ich fühle Euch, und ihr fühlt mich! Wir sind jetzt eins.« Und das Protokoll vermerkt hier: »Tiefe Bewegung der Massen.«[18]
Auch die Kindererziehung wird als Mittel benutzt.* Zum Beispiel durch nett aufgemachte »Hausbücher«, die seit 1933 erscheinen. Eins davon trägt den Titel: »Kinder, was wißt Ihr vom Führer?« Es beginnt mit der Geschichte des Weltkriegs von 1914–18: »In der Zeit, von der ich euch erzählen will, in der in Deutschland alles gut und recht war, da haben die Franzosen Angst vor unserer Tüchtigkeit bekommen und sind neidisch auf uns geworden. Auch die Engländer und Russen sind neidisch geworden. Oft stand damals in der Zeitung: ›Ein Deutscher hat eine Fabrik gebaut, die Sachen, die da gemacht werden, sind besonders schön und genau gearbeitet.‹ In der Zeitung hat auch gestanden: ›Die Deutschen haben Schiffe gebaut, die wunderbar fahren, die viel schneller fahren als die anderen.‹ Darüber haben sich die Engländer besonders geärgert, und sie sagten: ›Die besten Schiffe wollen doch wir haben!‹ Mir fällt eben ein Märchen ein, das ihr alle kennt. Da ist auch jemand neidisch und böse geworden. Wißt ihr, wen ich meine? Die schöne Königin, die Schneewittchens Stiefmutter war ... Von Schneewittchen wißt ihr, daß es weiß war wie Schnee und rot wie Blut und schwarz wie Ebenholz. Schwarz, weiß, rot sind auch

* Siehe dazu das Kapitel von Joseph Rovan.

unsere deutschen Farben. So war die stolze Königin neidisch auf das schöne schwarz-weiß-rote Schneewittchen, ebenso wie England und Frankreich neidisch wurden auf unser tüchtiges schwarz-weiß-rotes Deutschland. Und so wie die Königin das Schneewittchen umbringen wollte, so wollten auch England und Frankreich und die anderen Nachbarn Deutschland umbringen. Wie kann man ein Land umbringen? fragt ihr wohl. Ach, Kinder, das ist etwas Furchtbares. Das versucht man durch den Krieg!«
Doch glücklicherweise hat Gott diesem Deutschland, nachdem es durch inneren Verrat besiegt worden war, einen Mann wie Hitler geschenkt. So werden die kleinen Leser am Schluß aufgefordert: »Und wenn ihr abends im Bett liegt und an alle guten Menschen denkt, die ihr lieb habt, dann denkt ihr auch an Adolf Hitler. Dann denkt ihr daran, daß euch, Kindern, und eurer Zukunft sein ganzes Leben und Kämpfen gilt, und ihr bittet den lieben Gott für ihn: ›Beschütze unsern Führer, und hilf ihm bei seiner großen Aufgabe! Amen!‹«[19]
Oder man brachte die Kinder auf »soziale« Gedanken, die das Abscheuliche rechtfertigen sollten, etwa durch folgende Rechenaufgabe: »Ein Geisteskranker kostet täglich RM 4,–, ein Krüppel RM 5,50, ein Verbrecher RM 3,50. In wie vielen Fällen hat ein Beamter täglich nur etwa RM 4,–, ein Angestellter kaum RM 3,50, ein ungelernter Arbeiter noch keine RM 2,– auf den Kopf der Familie.
a) Stelle diese Zahlen bildlich dar. Nach vorsichtiger Schätzung sind in Deutschland 300 000 Geisteskranke, Epileptiker usw. in Anstaltspflege.
b) Was kosten diese jährlich insgesamt bei einem Satz von RM 4,–?
c) Wieviel Ehestandsdarlehen zu je RM 1000,– könnten – unter Verzicht auf spätere Rückzahlung – von diesem Geld jährlich ausgegeben werden?«[20]
Man zerstört die Kultur, die kritisches Denken fördert. Die Universitäten werden »gleichgeschaltet«, unabhängige Köpfe vertrieben. Von Anfang an finden sich Professoren, die sich dazu als Stütze hergeben. Der große Philosoph Martin Heidegger erklärt seinen Studenten, die »vielbesungene akademische Freiheit« sei in Wahrheit ein Zeichen der Dekadenz, »denn diese Freiheit war unecht, weil nur verneinend ... Arbeitsdienst, Wehrdienst und Wissensdienst sind gleich notwendig und gleichen Ranges«. Und als Rektor der Universität Freiburg ruft er ihnen im November 1933 zu: »Nicht Lehrsätze und Ideen seien die Regeln Eures Seins.

Der Führer selbst und allein ist die heutige und künftige deutsche Wirklichkeit und ihr Gesetz.«[21] Von nun an vermitteln die »Reichsschrifttumkammer«, die »Reichspressekammer«, die »Reichsmusikkammer« usw. das Wollen und Denken der Partei, also des Führers.

Ab 1934 werden Arbeitgeber und Arbeitnehmer zusammengefaßt in der »deutschen Arbeitsfront«, die die Freizeitunternehmungen »Kraft durch Freude« organisiert. Im Betrieb bleibt der Unternehmer der Chef, aber er muß mit seinen Arbeitern Ausflüge machen, um so den richtigen, d. h. nationalsozialistischen Sinn für die »Volksgemeinschaft« zu entwickeln. Dies ist eine der paradoxesten Seiten des Regimes: Die Industrieherren behalten die Leitung ihrer Unternehmen, sie können sich weiter bereichern. Hitler läßt die Wirtschaftsstruktur unangetastet, solange sein politischer Wille nicht in Frage gestellt wird. Die Staatseingriffe betreffen den Außenhandel, die Bauprogramme zur Absorbierung der Arbeitslosigkeit, die Entwicklung der Kriegsindustrie.

Sie betreffen vor allem die Richtung, das Ziel der Entwicklung. Bereits am 3. Februar 1933 hatte Hitler den Befehlshabern der Reichswehr seine Ziele mit erschütternder Klarheit genannt: »1. Im Innern: Völlige Umkehrung der gegenwärtigen innenpolitischen Zustände in Deutschland ... Ausrottung des Marxismus mit Stumpf und Stiel. Einstellung der Jugend und des ganzen Volkes auf den Gedanken, daß nur der Kampf uns retten kann ... Ertüchtigung der Jugend und Stärkung des Wehrwillens mit allen Mitteln ... straffste autoritäre Staatsführung. Beseitigung des Krebsschadens der Demokratie. 2. Nach außen: Kampf gegen Versailles. Gleichberechtigung in Genf, aber das ist zwecklos, wenn das Volk nicht auf Wehrwillen eingestellt ist. 3. In der Wirtschaft: Der Bauer muß gerettet werden. Siedlungspolitik! ... Im Siedeln liegt die einzige Möglichkeit. Arbeitslosenheere sind wieder einzuspannen. ... Vielleicht Erkämpfung neuer Exportmöglichkeiten, vielleicht – und wohl besser – Eroberung neuen Lebensraums im Osten und dessen rücksichtslose Germanisierung.«[22]

Die planvolle Vorbereitung des Krieges beginnt 1936, als Hjalmar Schacht, seit 1934 Wirtschaftsminister, entlassen wird und Göring die Verantwortung für den neuen Vierjahresplan erhält. In einer vertraulichen Note vom August 1936 schreibt Hitler: »Die endgültige Lösung liegt in einer Erweiterung des Lebensraumes bzw. der Rohstoff- und Ernährungsbasis unseres Volkes. Es ist die Aufgabe der politischen Führung, diese Frage dereinst zu lösen ... Ich stelle damit folgende Aufgabe: I. Die deutsche Armee muß in

4 Jahren einsatzfähig sein. II. Die deutsche Wirtschaft muß in 4 Jahren kriegsfähig sein.«[23]
Und bereits ein halbes Jahr später erklärte Göring, es ginge jetzt nur noch um Sieg oder Niederlage. Im Falle des Sieges werde die Wirtschaft für ihre Entbehrungen voll belohnt, und genau genommen befände man sich schon im Krieg, »nur daß noch nicht geschossen wird«.
Hitlers Ziel war eindeutig Krieg und Eroberung. Doch das wurde auch in den späteren Jahren nie allgemein evident, weder in Deutschland noch außerhalb. Wie umgekehrt auch der mystische Enthusiasmus für Hitler und seine Ideologie, ja nicht einmal die totale Gefolgschaft allgemein werden sollten. Zwischen fanatischer Ergebenheit und aktivem Widerstand gab es alle Nuancen von mehr oder minder großem Vertrauen, mehr oder minder begeistertem Mitläufertum und mehr oder minder freiwilliger Unterwerfung.

Anmerkungen

1 Zitiert in: Paul Kluke, »Der Fall Potempa«, *Vierteljahreshefte für Zeitgeschichte,* Januar 1957, S. 283.
2 Alfred Rosenberg im *Völk. Beob.* vom 26. 8. 1932, zitiert bei Kluke, a. a. O., S. 285.
3 Aufruf der Reichsregierung am 31. 1. 1933, in: Werner Jochmann, *Ausgewählte Dokumente zur Geschichte des Nationalsozialismus,* Bielefeld 1961.
4 Rundfunkansprache vom 1. 2. 1933, in: Wolfgang Jäger u. a., *Es begann am 30. Januar.* Ein Funkmanuskript, München 1958.
5 Brief des Reichsbankpräsidenten Schacht an Adolf Hitler, 12. 11. 1932, Dokument Sammlung Jacobsen.
6 *Frankfurter Zeitung* vom 15. 12. 1932, S. 1.
7 Der volle Text dieses Artikels findet sich in meinem Essayband *Gegen den Strom. Aufklärung als Friedenspolitik,* München 1975, S. 93 f.
8 Zitiert in: Walther Hofer, *Der Nationalsozialismus.* Dokumente 1933–1945, Frankfurt/M 1957, S. 58.
9 Zitiert in: E. v. Matthias/R. Morsey (Hrsg.), *Das Ende der Parteien 1933. Darstellungen und Dokumente,* Düsseldorf 1955, S. 369.
10 *Ebenda,* S. 401.
11 *Ebenda,* S. 443.

[12] Jäger u. a., *Es begann am 30. Januar*, a. a. O., S. 27.

[13] Protokoll der ersten Besprechung Hitlers mit den Befehlshabern der Reichswehr, 3. 2. 1933, Dokument Sammlung Jacobsen.

[14] Vgl. W. Hofer, *Der Nationalsozialismus*, a. a. O., S. 71.

[15] *Ebenda*, S. 105 f.

[16] *Ebenda*, S. 101 f.

[17] *Ebenda*, S. 83 f.

[18] Aus Hitlers Rede auf der Nürnberger Zeppelinwiese am 11. 9. 1936, zitiert in Gaum, *Der braune Kult*, S. 196.

[19] H. Morgenroth/M. Schmidt, *Kinder, was wißt Ihr vom Führer?*, Franz Schneider Verlag, Leipzig 1933, S. 13 ff. und S. 60.

[20] Gaum, *Der braune Kult*, a. a. O., S. 215.

[21] Rede anläßlich der Rektoratsübernahme am 27. 3. 1933 sowie Aufruf an die Freiburger Studenten am 3. 11. 1933, beides abgedruckt in der *Freiburger Studentenzeitung* vom Juli 1960.

[22] Protokoll der ersten Besprechung mit den Befehlshabern der Reichswehr, Dok. Sammlung Jacobsen.

[23] Denkschrift Hitlers über die Aufgaben des Vierjahresplans, Aug. 1936, Dok. Sammlung Jacobsen.

Joseph Rovan
Der Aufbau der Hitlerjugend

Am 3. Dezember 1936 erscheint im »Reichsgesetzblatt«, dem offiziellen Organ der deutschen Regierung, ein Gesetz, das der »Führer und Reichskanzler« Adolf Hitler zwei Tage zuvor unterzeichnet hat. Es ist das *»Gesetz über die Hitlerjugend«*. Hier der kurze und lapidare Text:

> »Von der Jugend hängt die Zukunft des deutschen Volkes ab. Die gesamte deutsche Jugend muß auf ihre künftigen Pflichten vorbereitet werden. Die Reichsregierung hat daher das folgende Gesetz beschlossen, das hiermit verkündet wird:
>
> § 1. Die gesamte deutsche Jugend innerhalb des Reichsgebietes ist in der Hitlerjugend zusammengefaßt.
>
> § 2. Die gesamte Jugend ist außer in Elternhaus und Schule in der Hitlerjugend körperlich, geistig und sittlich im Geiste des Nationalsozialismus zum Dienst am Volk und zur Volksgemeinschaft zu erziehen.
>
> § 3. Die Aufgabe der Erziehung der gesamten deutschen Jugend in der Hitlerjugend wird dem Reichsjugendführer der NSDAP übertragen. Er ist damit Jugendführer des Deutschen Reiches. Er hat die Stellung einer obersten Reichsbehörde mit dem Sitz in Berlin und ist dem Führer und Reichskanzler unmittelbar unterstellt.
>
> § 4. Die zur Durchführung und Ergänzung dieses Gesetzes erforderlichen Rechtsverordnungen und allgemeinen Verwaltungsvorschriften erläßt der Führer und Reichskanzler.«

Das Hitlerregime ist über die relative Vorsicht, das Zögern, die Heucheleien seiner ersten Tage hinaus. Dreieinhalb Jahre nach seiner Machtergreifung stellt es sich in diesem Text so dar, wie es sich selber sieht: zugeschnitten für eine Ewigkeit von mindestens tausend Jahren. Es gibt kein Parlament mehr, außer für jene großen und feierlichen Bekundungen nationaler Einstimmigkeit, die das Ausland beeindrucken sollen. Die Gesetze werden von der Regierung erlassen, und alle Macht ist in der Person des »Führers« vereint, der nach dem Tod Präsident Hindenburgs Staatschef geworden ist. Selbst die Regierung wird zur Fiktion: der Führer beruft das Kabinett immer seltener ein und zum Schluß gar nicht mehr. Mit seinen Ministern verständigt er sich oft nur durch seine persönlichen Referenten in den Staats-, Armee- und Parteihierarchien, die sich nach und nach zu einem unauflöslichen Gewirr rivalisierender Behörden verflechten, über das der Führer uneingeschränkt herrscht. Von Zeit zu Zeit schlichtet er die Streitigkeiten, die er vorher entstehen und heranreifen ließ. Er schlichtet sie freilich nicht immer.

Das Gesetz vom 1. Dezember 1936 war von dem Hauptinteressenten, dem »Reichsjugendführer« der Partei Baldur von Schirach vorbereitet worden. Nachdem er sich der Unterstützung einflußreicher Persönlichkeiten wie des Chefideologen Alfred Rosenberg und des Reichsführers SS Himmler versichert hatte, gelang es ihm, von Hitler eine Entscheidung zu erlangen, die seine Interessen auf Kosten des Innen- und des Erziehungsministers, die bisher für Jugendangelegenheiten zuständig gewesen waren, begünstigte. Das von keinem Minister gegengezeichnete Gesetz, das Hitler persönlich Baldur von Schirach gewährte, ist ein deutliches Zeichen für die fortschreitende Auflösung der Grundlagen des öffentlichen Rechts in jenem außergewöhnlichen System von totaler Macht und totaler Vermischung der Machtbefugnisse, das sich der Nationalsozialismus errichtet. Der § 4 sieht tatsächlich vor, daß die im Anschluß an dieses Gesetz erfolgenden Rechtsverordnungen nicht nur seine Durchführung gewährleisten, sondern auch seine »Ergänzung« darstellen sollen. Die angekündigten Texte lassen allerdings auf sich warten. Sie werden erst zweieinhalb Jahre später, am 25. März 1939, veröffentlicht. Die lange Verzögerung bezeugt sowohl den beharrlichen Widerstand der ministeriellen Behörden und ihrer Chefs, des Innenministers Frick und des Erziehungsministers Rust, gegen die Beförderung des »Reichsjugendführers« zu einem unabhängigen Staatsamt, als auch das nachgerade zu einer Gewohnheit gewordene Verfahren des Führers, Kompetenzentscheidungen hinauszuschieben und einander widersprechenden Forderungen nacheinander oder auch gleichzeitig stattzugeben; letztlich bezeugt sie mithin eine Art permanenten Verwaltungskrieg aller gegen alle, in dem hohe Beamte mit Zugang zum Führer sich die für ihr Handeln nötigen Mittel verschaffen, während die Gesetzestexte, denen sie ihre Befugnisse eigentlich zu entnehmen hätten, endlos auf sich warten lassen. Wer das Naziregime beobachtet, fällt aus einem Erstaunen ins andere: Zunächst stellt man verblüfft fest, daß dieses System der Ordnung und Strenge, der absoluten und unbegrenzten Macht, sich als unentwirrbares Gestrüpp doppelter Befehlsgewalten und dreifacher Ämter herausstellt, als Dschungel, in dem jeder eifrig bemüht ist, sein Stück Macht zu verteidigen und nach Möglichkeit zu erweitern; dann bemerkt man nicht geringer erstaunt, daß diese scheinbare Ordnung, die in Wahrheit unglaubliche Unordnung ist, gleichwohl eine riesige Kriegsmaschine hervorbringen und funktionieren lassen konnte, die dieses System in unmittelbare Nähe eines totalen Sieges brachte.[1]

Neben dem sowjetischen Komsomol ist die Hitlerjugend seit dem 1. Dezember 1936 die größte Jugendorganisation der Welt. Baldur von Schirach verbucht damals 5,4 Millionen Anhänger, d. h. 60% aller Jugendlichen, Knaben und Mädchen. Er ist überzeugt, wie er in seinen Memoiren sagt,[2] daß sich die restlichen 40% ihren Kameraden freiwillig anschließen werden. Die Freiwilligkeit des Beitritts war jedoch bereits 1933 anfechtbar und wird es immer mehr. Der sozial und ideologisch durch die Umwelt ausgeübte Druck wird oft noch durch höchst direkte Mittel verstärkt: Entweder werden die Eltern in ihrem Berufsleben bedroht, oder die Kinder werden in der Schule behindert, oder sie müssen auf jede Möglichkeit zu sportlichen oder sonstigen Aktivitäten verzichten. Ende 1938 zählt die Jugendarmee unter dem Oberbefehl Baldur von Schirachs nahezu 9 Millionen Mitglieder. Die »Durchführungsverordnung« vom 25. März 1939, durch welche die Mitgliedschaft aller Jugendlichen zwischen zehn und achtzehn Jahren obligatorisch wird, sanktioniert also nur einen schon bestehenden Zustand. Doch man beachte hier die besondere, so wenig rechtliche, so sehr pragmatische und instinktive Methode, mit der Hitler die Umwandlung des Volkes, der Gesellschaft und des Staates betreibt: Sie vereint die Brutalität der Überfälle und Razzien mit der geschmeidigen Taktik des Einwickelns. Die Gegner werden eingeschläfert, werden mit besänftigenden Zusicherungen, Versprechungen und Beteuerungen umgarnt. In Zukunft wird man die Legalität respektieren, nur noch ein letztes Zugeständnis, und dann wird dem keuchenden »Partner« nichts weiter mehr abverlangt! Mit Worten, sinnentstellten, anders gebrauchten, ihrer Substanz entleerten und damit für alles verwendbaren, beginnt man die Umwandlung: Begriffe des preußischen Patriotismus werden die Konservativen einlullen, Begriffe aus einem banalisierten christlichen Wortschatz werden die Sorgen der Kirche und der Gläubigen zerstreuen. Sobald dann aber der Wille zum Widerstand erschlafft, setzt das Raubtier zum Sprung an und schlägt die blutige Pranke in das Opfer. Auf diese Weise schreitet der Nazismus in Deutschland und in der Welt voran, auf diese

Weise rechnet er mit seinen inneren und äußeren Feinden ab (die »Nacht der langen Messer«!). Die Machtergreifung ist nur eine teilweise und relative Zäsur. Hätte der Führer damals bereits verkündet, er wolle die ganze deutsche Jugend in einer einzigen Organisation zu ideologischer Indoktrinierung und militärischer Abrichtung zusammenfassen, wäre er wohl auf unüberwindliche Schwierigkeiten gestoßen. Zielte seine »offizielle« Lehre nach außen hin nicht auf die Wiederherstellung der Autorität der christlichen Familie und der deutschen Schule? Hätten die Kirchen, die doch eingeschläfert werden mußten (das Reichskonkordat war der eklatanteste Erfolg dieser Taktik), 1933 eine Verstaatlichung hingenommen, die sie dem atheistischen Bolschewismus so sehr zum Vorwurf machten? Sechs Jahre später sind alle Hindernisse beseitigt, die Schlüsselstellungen besetzt und die Widerstrebenden umgedreht. Die Zeiten sind reif. Lesen wir die Texte:

»Die HJ ist eine weltanschauliche Erziehungsgemeinschaft. Wer in der HJ marschiert, ist keine Nummer unter Millionen, sondern Soldat einer Idee. Je nachdem er mehr oder weniger tief in die Idee eingedrungen ist, ist sein Wert für die Gemeinschaft zu bemessen. Der beste Hitlerjunge ist – unabhängig von Rang und Dienststellung – derjenige, der ganz in der nationalsozialistischen Weltanschauung aufgeht.«[3]

»Der Kampf um die Einigung der deutschen Jugend ist beendet. Ich habe es für meine Pflicht angesehen, ihn hart und kompromißlos durchzuführen. Viele mögen es nicht verstanden haben, daß hierbei um die Jugend soviel Aufhebens gemacht wurde. Und doch. Die nationalsozialistische Arbeiterpartei, als deren Treuhänder ich mich stets gefühlt habe und stets fühlen werde, diese Partei hat im Kampf ihrer Jugend die Entscheidung über die Zukunft des deutschen Volkes gesehen. Daß der Nationalsozialismus diesen Kampf siegreich bestand, die Herzen der jungen Generation unseres Volkes eroberte und die Jugend froh und glücklich machte, sichert ihm auch in kommenden Jahrzehnten seine entschlossene und kompromißlose Gefolgschaft.

Meine Tätigkeit in der Zukunft wird nunmehr ganz der Führung und Ausrichtung meiner Millionengefolgschaft gewidmet sein.«[4]

Und in der »Hitlerjugenddienstordnung« vom 25. März 1939 heißt es:

§ 1. *Dauer der Dienstpflicht*
(1) Der Dienst in der Hitlerjugend ist Ehrendienst am deutschen Volke.
(2) Alle Jugendlichen vom 10. bis zum vollendeten 18. Lebensjahr sind verpflichtet, in der Hitler-Jugend Dienst zu tun ...
§ 2. *Erziehungsgewalt*
Alle Jungen und Mädchen der Hitler-Jugend unterstehen einer öffentlich-rechtlichen Erziehungsgewalt nach Maßgabe der Bestimmungen, die der Führer und Reichskanzler erläßt ...
§ 9. *Anmeldung und Aufnahme*
(1) Alle Jugendlichen sind bis zum 15. März des Kalenderjahres, in dem sie das 10. Lebensjahr vollenden, bei dem zuständigen HJ-Führer zur Aufnahme in die Hitler-Jugend anzumelden ...
(3) Die Aufnahme in die Hitler-Jugend erfolgt am 20. April eines jeden Jahres [d. h. an Führers Geburtstag] ...
§ 12 *Strafbestimmungen*
(1) Ein gesetzlicher Vertreter wird mit Geldstrafe bis zu 150 Reichsmark oder mit Haft bestraft, wenn er den Bestimmungen des § 9 dieser Verordnung vorsätzlich zuwiderhandelt.
(2) Mit Gefängnis und Geldstrafe oder mit einer dieser Strafen wird bestraft, wer böswillig einen Jugendlichen vom Dienst in der Hitler-Jugend abhält oder abzuhalten versucht.
(4) Jugendliche können durch die zuständige Ortspolizeibehörde angehalten werden, den Pflichten nachzukommen, die ihnen aufgrund dieser Verordnung und der zu ihr ergangenen Ausführungsbestimmungen auferlegt worden sind.[5]

Die Vorgeschichte (1922–1933)

Als die Hitlerjugend 1936 obligatorisch wird, hat sie bereits eine vierzehnjährige Geschichte hinter sich. Ihre Anfänge können ins Frühjahr 1922 datiert werden. Damals publizierte der *Völkische Beobachter*, das offizielle Organ der ultranationalistischen und rassistischen NSDAP, einen Apell »an die deutsche Jugend«, in dem die jungen Patrioten aufgefordert werden, mit dem »Jugendbund« eine Gruppe innerhalb der Partei zu bilden. Im Mai 1922 wird die Gruppe tatsächlich gegründet und unter die Verantwortung eines gewissen Gustav Adolf Lenk gestellt. Ende 1923 fällt sie unter das allgemeine Verbot aller nationalsozialistischen Organisationen, das nach dem Münchner Putschversuch vom 9. November verhängt wird. Als »Großdeutsche Jugendbewegung« getarnt, entsteht die Parteiabteilung »Jugend« erneut nach der vorzeitigen Entlassung Hitlers (der nur wenige Monate unter sehr erträglichen Haftbedingungen in der Festung Landsberg absitzen muß) und führt dann geraume Zeit eine eher dürftige Existenz. Auf dem ersten Parteitag der neugegründeten NSDAP im Juli 1926 tritt sie unter dem Namen »Hitlerjugend, Bund deutscher Arbeiterjugend« auf und hat einen neuen Chef, den aus Plauen gebürtigen Kurt Paul Gruber, der sich »Reichsführer HJ« und »Referent für Jugendarbeit in der Reichsleitung« nennt. Trotz solcher bombastischen Titel zählte die Hitlerjugend damals nur einige Hundert Mitglieder in ganz Deutschland. Gruber war ein typisches Produkt der unmittelbaren Nachkriegsgeneration: 1904 geboren und zu jung, um an der Front gestanden zu haben, hatte er sich bei nationalistischen und »völkischen« (d. h. rassistischen und antisemitischen) Agitationen im Umkreis der Freikorps und anderer Geheimbünde betätigt. Während Hitlers Gefangenschaft und der nachfolgenden Monate hatte er den Versuchen anderer extremistischer Gruppen, sich die embryonale Organisation der Nazijugend einzuverleiben, kräftig entgegengewirkt, namentlich denen der »Schill-Jugend« des Ex-Hauptmanns Roßbach, dessen Name im Zusammenhang mit den Verschwörungen und Attentaten der extremen Rechten während der turbulenten Anfangsjahre der Weimarer Republik bekanntgeworden war. Roßbach war zwar ein Mann der Rechten, antidemokratisch und nationalistisch, aber von Grund auf konservativ und elitär. Der Name seiner Vereinigung erinnerte an den »Major« Schill, einen patriotischen Offizier, der 1809, als Österreich nach der preußischen Niederlage von 1806/7 die Hoffnungen der deutschen Nation wiederbelebte, die Waffen gegen Napoleon ergriffen hatte. Wie Adolf Hitler entschlossen war, sich nicht von der traditionellen, monarchistischen Rechten als »Trommler« benützen zu lassen, zumal er ihr die Niederlage von 1918 und ihre Kompromisse mit dem bürgerlich-christlichen Humanismus nicht verziehen hatte, so wollte auch Gruber, daß die Hitlerjugend sich als plebejische und revolutionäre Organisation an die Masse der Arbeiterjugend wandte, um diese dem Zugriff des »jüdischen Marxismus« zu entreißen.

Aber Gruber mit seinen paar hundert Jugendlichen wurde nicht einmal innerhalb der Partei ernstgenommen. Mit dem ungebildeten, talentlosen Manne war ja auch nicht viel Staat zu machen. Er

war schon lange vor dem endgültigen Sieg nur eine Notlösung, die Parteiführung mußte ihn loswerden. 1931 schickte sie ihn für immer in die Obskurität zurück. Doch bereits 1926 wurde die Hitlerjugend, um jede Unabhängigkeitsanwandlung Grubers zu unterbinden, dem direkten Kommando des höchsten SA-Führers, des Ex-Hauptmanns Pfeffer von Salomon unterstellt, der damals eine wichtige Rolle bei Hitler spielte, half er ihm doch, sich der traditionellen Rechten zu erwehren, welche die extremistischen Nazis gern in die Rolle einer untergeordneten Hilfstruppe gedrängt hätten, und sich gleichzeitig gegen die Bestrebungen jener Idealisten und Ehrgeizlinge in der Partei durchzusetzen, die mit den sozialistischen Bestandteilen des Programms ernstmachen wollten. Anders als die Jugendgruppen anderer Parteien (ausgenommen der Kommunisten) sollte die Hitlerjugend weder in ihrer Organisation noch in ihren Aktivitäten selbständig sein, sondern nur den Parteinachwuchs sicherstellen. Hitler und seine engsten Mitarbeiter wollten vor allem verhindern, daß die HJ innerhalb der Partei einen radikalen Flügel bildete. Zwar sollte sie durchaus das Vokabular und die Phraseologie der »nationalen Revolution« im Munde führen, aber sich dabei einer strengen und permanenten politischen Kontrolle unterwerfen. Unter dieser Bedingung konnte sie sich dann gefahrlos an die »aktiven revolutionären Elemente der deutschen Jugend« wenden, wie ein Text aus dem Jahr 1927 verkündet, und sowohl gegen »die Feigheit des Bürgertums« als auch gegen die »marxistische Lüge« zu Felde ziehen. Die Unterordnung der HJ unter die SA implizierte insbesondere ein Vetorecht der SA-Führer aller Grade bei der Ernennung von HJ-Führern und die obligatorische Überführung – jeweils am 9. November, dem Jahrestag des Münchner Putsches – aller achtzehn Jahre alt gewordenen HJ-Mitglieder in die SA-Formationen, also automatischen Übertritt.
Während der Konsolidierungsphase der Weimarer Republik, die bis zur großen Krise von 1929 dauerte, machten die NSDAP und ihre Unterorganisationen nur langsame Fortschritte. Auch die Hitlerjugend war in dieser Zeit ein Verband von geringer Bedeutung im Vergleich zu den katholischen und protestantischen Bewegungen, die Millionen von Jugendlichen mobilisieren konnten, oder auch zu den sozialistischen und kommunistischen Jugendverbänden mit Hunderttausenden von Mitgliedern oder schließlich auch im Vergleich zu den zahlreichen »Bünden«, die um die Jahrhundertwende aus der romantischen Wandervogelbewegung entstanden waren. Auf dem Nürnberger Reichsparteitag

1929 standen 2000 Jugendliche in den Reihen der Hitlerjugend. 1931 hatte sie 900 lokale Gruppen in 35 Gauen mit insgesamt 18 000 Mitgliedern, zu denen noch die 3000 Jugendlichen der nationalsozialistischen Untergrundorganisationen in Österreich hinzukamen. Neben den Jugendlichen zwischen vierzehn und achtzehn Jahren gab es die »Jungmannschaften« für Kinder zwischen zehn und vierzehn Jahren und die »Schwesternschaften« für Mädchen. Aber wenn diese kleine Welt sich auch konsolidierte und langsam vorankam, blieb sie doch in sich abgeschlossen und hielt sich abseits der zahlreichen Bünde, die damals den Großteil der von den Mythen und Gefühlen des »völkischen Aufbruchs« durchzogenen deutschen Jugend organisierten. Die HJ-Führer mißtrauten dem bürgerlichen und elitären Charakter dieser anderen Formen des Revolutionären innerhalb der Rechten. Dort gab es starke und charismatische Persönlichkeiten, Talente in Hülle und Fülle, und sie nutzten ihren Einfluß auf eine romantische, oft gegen Eltern und Lehrer protestierende, aber von eben diesen für rassistische und imperialistische Irrlehren, für Mythologien des Blutes und Todes empfänglich gemachte Jugend. Die HJ tat sich schwer, mit diesen »Bünden« zu rivalisieren: Sie hatte keine ruhmreichen Führer mit Erfahrung in den »Techniken« des gemeinsamen Singens und Spielens, mit Geschick bei Wanderungen oder »auf großer Fahrt«. Wenn ein Führer der bündischen Jugend in die HJ übertrat, machte er meistens sehr rasch Karriere.

1928 taucht in dieser Geschichte zum erstenmal der Name eines jungen Studenten der Kunstgeschichte und Germanistik an der Universität München auf, den die NSDAP-Führung zum »Reichsführer« des »NS-Studentenbundes« ernannt hat. Baldur von Schirach ist erst zwanzig Jahre alt, hat aber seit seiner frühesten Jugend einem paramilitärischen nationalistischen Bund angehört. Mit sechzehn lernte er Hitler kennen; mit achtzehn trat er in die Partei ein. Er ist alles andere als ein Proletarier: er kommt aus einer im 18. Jahrhundert geadelten Familie von Universitätsprofessoren, Juristen und Militärs. Seine Mutter und seine Großmutter entstammen dem amerikanischen Großbürgertum, sein Vater, ein ehemaliger preußischer Offizier, war Kämmerer des Großherzogs von Weimar und Intendant des Hoftheaters (in dieser Eigenschaft ein ferner Nachfolger Goethes) gewesen. Aber durch den Sturz der Monarchie war die Familie von Schirach verarmt; der ältere Bruder Baldurs hatte 1919 Selbstmord begangen – neunzehnjährig –, um das Unglück des Vaterlandes nicht überleben zu müssen. Baldur von Schirach, ein hübscher Junge mit etwas weichen

Zügen, hat keine Zeit, sich ernsthaft um seine Studien zu kümmern. Er profitiert vom Snobismus Hitlers, der eine Vorliebe für die ihm zugetanen großbürgerlichen Salons und vor allem für Damen wie Winifred Wagner oder Frau von Schirach hegt, und macht in den Naziorganisationen rasch Karriere, wobei ihm zweifellos auch eine seltene, manchmal bis ins Diplomatische reichende Begabung als Intrigant, eine hemmungslose Skrupellosigkeit und ein robuster Ehrgeiz zugute kommen. In kürzester Zeit gelingt es dem jungen Mann, sich in der studentischen Welt nach vorn zu drängen. Der erbittertste Nationalismus, der wildeste Rassismus herrschen hier praktisch uneingeschränkt. Die sozialistischen, kommunistischen und liberalen Elemente sind in der Minderheit, und die Anwesenheit einer nicht unbeträchtlichen Zahl von jüdischen Studenten macht es nur um so leichter, den Bannfluch auf sie zu schleudern. Für die Masse der armen Studenten aus dem Mittel- und Kleinbürgertum, für die Söhne und Töchter von Beamten, die einen großen Teil der Studentenschaft ausmachen, ist der Antisemitismus eine Hoffnung und bald auch ein Mittel, eine große Zahl oft brillanter Konkurrenten aus dem Weg zu schaffen. Der 1925 gegründete »Nationalsozialistische Deutsche Studentenbund« (NSDStB) stellte sich anfangs als Auffangbecken für »sozialrevolutionäre« Tendenzen dar, nicht zuletzt durch seine feindselige Haltung gegen die Couleur tragenden und Mensuren schlagenden Corps-Studenten, also gegen die bürgerlichen und elitären Universitätstraditionen. Baldur von Schirach, ein Schüler Rosenbergs und seiner nebulösen Rassen- und Herrenmenschen-Ideologie, wirft das Ruder herum und wird – zweifellos eben deshalb – von Hitler zum Chef des NS-Studentenbundes ernannt. Er macht sich die Mentalität der Jungakademiker zu eigen und ersetzt den Sozialismus durch den Antisemitismus als künftigen Hauptantrieb der NS-Studentenpolitik (die Zeitung des NSDStB, die bisher »der junge Revolutionär« hieß, wird umgetauft in »Akademischer Beobachter«). Dank dieser neuen Orientierung macht die strikt das »Führerprinzip« befolgende Nazi-Organisation rasche Fortschritte an den Universitäten und erhält in den meisten Studentenvertretungen, auch in ihrem Dachverband, die Mehrheit. Schirachs Erfolge stechen erheblich von den bisher durch die Hitlerjugend erzielten Ergebnissen ab. Zudem hatte die Revolte der Nazi-»Linken« unter der Führung Otto Strassers Hitler gegen nationalrevolutionäre Tendenzen in den eigenen Reihen allergisch gemacht. Gruber, der diesen Tendenzen treu geblieben ist, wird verdächtig. Im Oktober 1931 wird er abgesetzt,

und Schirach am 31. Oktober zum »Reichsjugendführer der NSDAP« ernannt. Er vereint von nun an unter seinem Kommando den NS-Studentenbund, die Hitlerjugend und den NS-Schülerbund. Der Sitz des »Reichsjugendführers« wird nach Berlin verlegt, neben Hitler und den SA-Führer Röhm. Sofort macht sich Schirach daran, die HJ zu reorganisieren, die oberen Ränge mit ihm ergebenen Männern zu besetzen und die Jugendorganisationen der konservativen Rechten und der »Bünde« für die Sache der Nazis zu gewinnen. Vertraut mit der Welt des Theaters und besonders mit den Wagner-Opern (seine Schwester ist eine Sängerin von Ruf), verbreitet er in den Publikationen der HJ und in seinen Reden die emotionale und mystische Sprache des Kampfes, des Blutes, des Sieges und des Todes: die ganze pseudochristliche Religiosität, deren Quelle Hitler im *Parsifal* fand. Große Massenzeremonien (die »Totenwache« am 9. November und die feierliche »Fahnenweihe«) verlegen die Wagnerinszenierungen auf die Straße. Die Mythen vom »Dienst«, von der »Treue« und von der »Ehre« werden ständig bemüht. Uniformiert und mit allen möglichen Orden und Bändern, Dolchen und bombastischen Titeln geschmückt, werden die jungen Leute aufgesogen, aufgefressen und entpersönlicht. Im Schatten des großen »Rattenfängers« ist Schirach ein höchst wirkungsvoller kleiner Verführer.
Bei den Wahlen von 1930 hat die Partei 107 Abgeordnete durchgebracht. Wo lange Zeit Resignation und Routine geherrscht hatten, läßt die Krise nun erstmals den Sieg aufblitzen. Die Verbote, mit denen Brünings Regierung die republikanische Legalität verteidigen zu können hofft, schärfen den Nazis nur den Appetit. Die HJ braucht sich nicht mehr zu tarnen: schon nach wenigen Monaten macht die Regierung Papen sie wieder legal. Schirach, seit Juli 1932 Abgeordneter, kann nun das Reich durchpflügen und auf Kosten des Steuerzahlers seine Truppen organisieren. Jetzt kann er auch den Widerstand der anderen Organisationen überwinden, die der HJ bisher den Eintritt in den repräsentativen Verband, den »Reichsausschuß der Deutschen Jugendverbände« verwehrt hatten. In seinem Aufnahmeantrag hält er mit seinen totalitären Ansprüchen keineswegs hinter dem Berg. »Der Verein deutsches Jugendwerk e. V.«, verkündet er, »hat die Aufgabe, die gesamte deutsche Jugendarbeit ... im Sinne der nationalsozialistischen Weltanschauung zu betreiben.«[6]
Am 1. Oktober 1932 organisiert Schirach in Potsdam, der ehemaligen Residenz der preußischen Könige und dem Kultort des Preußen-Mythos (vom Dienen, vom Sparen, vom blinden Gehor-

sam, vom neuen Sparta, dessen Tugenden für das Volk, das »Reichsvolk«, aufgeboten werden) einen großen »Reichsjugendtag« der HJ. 70000 Jungen und Mädchen in Uniform defilieren sieben Stunden lang an Adolf Hitler vorbei. Die Krise neigt sich dem Ende zu. Bei den Novemberwahlen sinkt zwar die Zahl der Nazistimmen, aber die konservativen Kreise um den alten Präsidenten glauben die Nazis zu brauchen, um die Weimarer Republik, die Demokratie und den doch so braven Sozialismus der SPD endgültig zu erledigen. Hitler wird an die Macht gerufen. Er hat alle Garantien gegeben, die von ihm verlangt wurden. Nur drei von zwölf Ministern kommen aus der NSDAP, deren verschwommen »sozialistischer« Flügel unter Otto Strasser inzwischen liquidiert worden ist. Am Abend des 30. Januar 1933 nimmt die HJ am Aufmarsch teil, an jenem grandiosen Fackelzug, der stundenlang unter den Fenstern des Präsidentenpalastes vorbeizieht. Sie umfaßt zwar noch immer nur 1% der im »Reichsjugendausschuß« vertretenen deutschen Jugend, aber mit der nationalen Revolution hat auch ihre Revolution begonnen.

Die Zeit der »Gleichschaltung« (1933 bis 1936)

Es war eine Massenbewegung. Plötzlich füllten sich die Gymnasial- und Volksschulklassen mit Braunhemden. »Aufbruch« und »Umbruch«, all jene Worte, die in den Ohren der an die jugendbewegten Lieder und Sprüche Gewöhnten so großartig klangen, schienen plötzlich Gestalt anzunehmen in einem historischen Vorgang ohnegleichen. Protestanten und Katholiken wurden mitgerissen, auch junge sozialistische und kommunistische Arbeiter, ja sogar Juden, die einen Verband namens »Deutscher Vortrupp, Gefolgschaft deutscher Juden« gründeten, in der Hoffnung, an der allgemeinen Aufwärtsentwicklung ein wenig teilhaben zu können (der Gründer dieses seltsamen Verbandes, Hans Joachim Schoeps, der später selbst emigrieren mußte, ist seinen patriotischen Überzeugungen treu geblieben: nach seiner Rückkehr 1945 wurde er als Professor in Erlangen zum prominenten Verteidiger Preußens und des preußischen Konservativismus).
Da ist zunächst die Kapitulation der Eltern. Wieviele bleiben in diesen ersten Tagen des neuen Regimes bei ihrer Verdammung des Nationalsozialismus und bei ihrer Ansicht, das ganze werde zu einer totalitären und barbarischen Diktatur führen? Die Überzeu-

gungen sinken in sich zusammen, Eigeninteresse und Konformismus verkehren den Sinn der Wörter ins Gegenteil. Als erste werden die KPD und ihre Jugendorganisation verboten. Im Parlament verweigern allein die Sozialdemokraten ihre Zustimmung zur Übertragung der Macht an Hitler, der den Mantel der Legalität nun ablegt und Schluß macht mit Demokratie und Rechtsstaat. Doch die im Lande verbliebenen Mitglieder des SPD-Vorstands werden es ihren ins Ausland geflohenen Genossen bald zum Vorwurf machen, daß sie die Naziverbrechen öffentlich anprangern. Die christlichen und die sozialdemokratischen Gewerkschaften versuchen sich anzupassen, aber ihr moralischer Selbstmord rettet sie nur zwei Tage lang vor dem Verbot, vor Zerschlagung, Gefängnis oder Ermordung. Die Kirchen feiern den christlichen Sinn der nationalen Wiedergeburt. Der Papst unterzeichnet das Konkordat mit Hitler, dem Liquidator aller politischen Katholikenverbände, im Vertrauen auf Garantien, die sich sehr bald schon in nichts auflösen (doch in der ganzen Welt erscheint das Konkordat als eine moralische Ehrenbescheinigung, ausgestellt vom Heiligen Stuhl für einen Mann und eine Partei, die zwei Jahre zuvor von den deutschen Bischöfen exkommuniziert worden waren!).
Wie hätten die jungen Leute nicht empfänglich sein sollen für den Überschwang dieser Fest- und Siegestage, für das Gefühl kollektiver Macht, an der die Sieger sie anscheinend teilhaben ließen, für die mannhafte Geradheit der triumphierenden Machteroberer angesichts des entwürdigenden Schauspiels so vieler Gewissensumschwünge? »In dieser Stunde«, verkündet die Leitung der Evangelischen Jugend Deutschlands, »soll die evangelische Jugend Deutschlands wissen, daß ihre Führerschaft ein freudiges Ja zum Aufbruch der deutschen Nation sagt.«[7] Und katholische Verbände sprechen mit Befriedigung von der »Überwindung des Parteienstaates ..., des Klassenstaates« durch den neuen Staat, der »die echte deutsche organische Reichsidee gegenüber den westlichen Verabsolutierungen eines abstrakten Staates wieder zur Geltung« bringe.[8]
Schirach, bestärkt durch Hitler, ist nun entschlossen, die ganze deutsche Jugend ohne Rücksicht auf die bestehenden Verbände in einer einheitlichen Organisation zusammenzufassen. Hauptantrieb dieser Zusammenfassung muß ihm zufolge eine Idee sein, eine »Weltanschauung«, die von der jungen Generation als »Gesetz des Lebens« empfunden wird. Und Träger dieser Idee ist für ihn »nur die Hitlerjugend«.[9]
Was die großen nationalistisch und konservativ gesonnenen

»Bünde«, die Verbände des rechten Flügels der Jugendbewegung, vom Nationalsozialismus trennt, ist oft nur ihre Abneigung, sich dem Gesetz einer plebejischen und ein wenig verachteten Bewegung zu unterwerfen. Sie versuchen, dem erwarteten Schlag auszuweichen, indem sie sich dem »Großdeutschen Bund« unter Admiral von Trotha, einem der Reichswehrführung nahestehenden Ex-Offizier zusammenschließen. Dieser stellt sich zwar in den »Dienst des Führers«, aber sein Angebot wird nicht honoriert. Bereits im April 1933 wird der »Großdeutsche Bund« aufgelöst; seine Mitglieder werden geschlossen in die HJ »überführt«. Andere »Bünde« ereilt in den folgenden Monaten dasselbe Schicksal, oder sie lösen sich selber auf. Manche Vorstände treten mitsamt ihrer jungen Gefolgschaft in die HJ ein und versuchen dort, den Geist und die Traditionen ihres Bundes aufrechtzuhalten – zuweilen nicht ohne Erfolg, werden doch noch 1937 Strafen für solche Versuche verhängt. Man geht äußerst systematisch vor: das Verbot der »Bünde« wird nicht öffentlich bekanntgegeben. Daher kommt es noch Jahre später vor, daß Angeklagte, die wegen »Neugründung aufgelöster Vereinigungen« verfolgt worden sind, von den Gerichten freigesprochen werden, da man niemanden eines Verstoßes gegen Maßnahmen, die von den Behörden geheimgehalten wurden, für schuldig befinden kann. Erst 1937 wird das Verbot der »Bünde« in der Presse bekanntgegeben.
Dann kommen die jungen Protestanten an die Reihe. Sie sind in zahlreichen Verbänden und Vereinigungen organisiert. Einige verweigern den Anschluß, aber die meisten, darunter die größten, fügen sich rasch. Auch die protestantischen Kirchen, in deren Synoden sich die pro-nationalsozialistische Gruppe der »Deutschen Christen« durchgesetzt hat, drängen sich in die Knechtschaft und akzeptieren den ihnen aufgezwungenen Rahmen einer neuen vereinten »Reichskirche«, deren oberster Bischof der ehemalige Heeresgeistliche und Hitler völlig ergebene Ludwig Müller wird. Dieser »Reichsbischof« selber schlägt Schirach vor, die Evangelische Jugend in die HJ einzugliedern, was dann durch eine am 19. November 1933 unterzeichnete Vereinbarung auch geschieht. Bestimmte Garantien in bezug auf religiöse Betätigung bei Versammlungen und in Lagern und die dazu erforderliche Beurlaubung der jungen Protestanten werden gewährt und eine Zeitlang auch eingehalten. Später ist davon dann nicht mehr die Rede. Evangelische Jugendgruppen, die sich widersetzen, müssen sich selbst auflösen. Selbständige Aktivitäten gibt es bald nur noch auf lokaler Ebene, in den Pfarreien und unter Ausschluß aller

nichtreligiösen Fragen. Übrigens hatte Schirach bereits am 29. Juli die doppelte Mitgliedschaft verboten: HJ-Mitglieder durften nicht gleichzeitig einer konfessionellen Vereinigung angehören.
Die kommunistischen und sozialistischen Jugendverbände, die gleich zu Beginn untertauchen mußten, wurden zu einem Reservoir für Widerstandsaktionen im Untergrund. Freilich konnten das nur Aktionen winziger Minderheiten sein, und der verzweifelte Widerstand dieser Jugendlichen blieb vereinzelt, unkoordiniert und folgenlos. Gruppen der konservativen Rechten versuchten in den ersten Wochen des neuen Regimes, die »Waisenkinder des Marxismus« an sich zu ziehen, um sie sich nicht selber zu überlassen und um ihr eigenes Gewicht zu vergrößern. Das machte es Schirach nur um so leichter, diese Gruppen, denen er nun »marxistische Unterwanderung« vorwerfen konnte, zu liquidieren.

Bereits Anfang April 1933 hatte Schirach den sogenannten »Reichsausschuß für Jugendfragen« aufgelöst und sich selbst zum Chef einer neuen, dem »Führerprinzip« unterworfenen Organisation ernannt. Einige Tage später ernannte er sich überdies zum Vorsitzenden des Jugendherbergsverbandes. All das war vollkommen illegal. Doch der Staat tolerierte es, die Verbände fügten sich und bestätigten schließlich den Ausschluß ihrer sozialistischen und jüdischen Mitglieder. Am 17. April schafft der Reichskanzler eine »Dienststelle« mit dem Namen »Jugendführer des Deutschen Reiches« und besetzt sie mit Schirach. »Der Jugendführer des Deutschen Reiches steht an der Spitze aller Verbände der männlichen und weiblichen Jugend ... Gründungen von Jugendorganisationen bedürfen seiner Genehmigung.«[10] Schirach ist nun sozusagen Beauftragter der Partei und des Staates für die Gleichschaltung der Jugendverbände. Doch damit ist das Problem seines Verhältnisses zu den einschlägigen Ministerien noch nicht gelöst. Zunächst ist Schirach nur Hitler verantwortlich, aber bald häufen sich die Streitfälle derart, daß seine Dienststelle im Juli 1933 der Behörde des Innenministers Frick unterstellt wird, und dieser ordnet an, daß der »Jugendführer« keine Exekutiventscheidungen treffen darf. Praktisch dauern die Kompetenzstreitigkeiten bis zum Erlaß des HJ-Gesetzes vom 1. Dezember 1936, das im Prinzip die von Schirach gewünschte Richtung einschlägt, und teilweise sogar noch länger.
Mit der Auflösung der wichtigsten Pfadfinderorganisation, der sogenannten »Reichsschaft der Pfadfinder«, ist die Gleichschal-

tung praktisch abgeschlossen. Eine im Dezember 1933 vereinbarte »Abgrenzung« soll Kompetenzstreitigkeiten zwischen der HJ und der »Deutschen Arbeitsfront« verhindern. Letztere war an die Stelle der Gewerkschaften getreten, und zwar durch die gleiche Mischung aus List, Gewalt und Drohung, die Schirach bei den Jugendbewegungen so erfolgreich angewandt hatte. Ähnliche Vereinbarungen sollten später (1934) die Integration der Land- und der Sportjugend in die HJ sicherstellen. Doch damit war die Aufgabe nur erst äußerlich abgeschlossen. Das Jahr 1934 wurde zum »Jahr der Schulung« ausgerufen. Von nun an ging es um die wirkliche, nämlich die *innere* »Gleichschaltung«. In Zusammenarbeit mit der neuen politischen Polizei wurden die aus anderen Verbänden übergetretenen HJ-Führer einer ständigen Überwachung unterzogen, um diejenigen eliminieren zu können, die noch versuchten, eine »Fraktionsarbeit« zu betreiben. Sogenannte »Führerschulen« wurden errichtet, um neue Kader auszubilden und zugleich die Vereinheitlichung und Integration von Elementen verschiedener Herkunft zu sichern – Elementen, die man hatte übernehmen müssen, um der massiven und raschen Aufblähung der Organisation gewachsen zu sein. Im Frühjahr 1934 wurde erstmals ein »Reichsberufswettkampf der HJ« veranstaltet, der Hunderttausende von Jugendlichen durch die Hoffnung auf ehrenvolle Auszeichnungen und schöne, in feierlichen Veranstaltungen überreichte Urkunden mobilisierte. Zugleich schuf man auch ein »Leistungsabzeichen der HJ«, das die Jugend auf den verschiedensten Gebieten (Ideologie, Sport, Disziplin usw.) zu höheren Leistungen anspornen sollte, sowie ein »goldenes« HJ-Abzeichen, das die Treue all derer belohnte, die schon vor dem 1. Oktober 1932 der Organisation angehört hatten. Dem tiefsten Zweck der HJ (Zurichtung der Jugend für die Bedürfnisse des Staates) diente die Einrichtung der schulfreien Samstage: an ihnen wurde der für alle Jungen obligatorische »Wehrertüchtigungssport« getrieben.

Im Juni 1934 löste sich schließlich der alte Konflikt zwischen den obersten Naziführern, die mit den Stimmen der Rechten und mit der ebenso finanziellen wie politischen Unterstützung der Großindustrie an die Macht gekommen waren, und den Teilen der NSDAP, die dem Gedanken einer national-sozialen Revolution verbunden geblieben waren. Unmöglich kann man diesen Konflikt als bloß ideologischen ansehen: die Anhänger der »revolutionären« Tendenz im Nationalsozialismus, Söhne deklassierter Kleinbürger und ungelernter Arbeiter, waren zumeist alles andere als Intellektuelle.

Ein unbestimmtes Verlangen nach Sturz der herrschenden Klassen oder Schichten, eher nach einer allgemeinen Enteignung, von der sie dann selbst, als die neue Elite, zuerst profitieren würden, ein von Neid und enttäuschtem Ehrgeiz genährter wilder Haß auf die offizielle Armee und das Offizierskorps (in dem der Einfluß und die Präsenz des Adels noch immer mächtig waren), eine schwammige Aversion gegen die abstrakten und komplizierten Formen moderner Wirtschaftsstrukturen, wie sie bei Leuten herrscht, die aus dem untersten Kleinbürgertum der Händler und Handwerker kommen oder aus Bauernfamilien, in denen man bei dem Wort »Kapitalismus« nur an die – zumeist auch noch jüdischen – Figuren des Wucherers und des Roßtäuschers denkt: das war es, was in der plebejischen Welt der SA-Führer als »Sozialismus« galt. Auch sie, sie vor allem, hatten sich freudig im Sieg und in der unbegrenzten Machtfülle eingerichtet. Sie fanden sich nicht damit ab, daß die »nationale Revolution« nun auf einmal, wie Hitler erklärte, zu Ende sein sollte und daß die hohen Beamten, die monokelbewehrten adligen Offiziere, die Bankiers und die Industriellen auf ihren Posten bleiben, sie selbst aber wieder Gesetze einhalten sollten, die nicht die ihren waren.
In dem Konflikt zwischen Hitler und der SA-Führung (wenn man das Wort Konflikt hier überhaupt anwenden kann, denn in Wirklichkeit kam die Repression schon vorher und war präventiv) stand Schirach selbstredend nicht auf seiten der alten Haudegen und Bauernlümmel des Hauptmanns Röhm. Die HJ machte sich die Säuberungsaktion zunutze, um sich aus der Vormundschaft der SA zu befreien und eine selbständige Parteiorganisation zu werden. Im Oktober 1934 schloß Schirach mit seinem alten Verbündeten Himmler ein Abkommen über die Zusammenarbeit zwischen HJ und SS auf verschiedenen Gebieten, etwa beim freiwilligen Arbeitsdienst auf dem Land (dem sog. »Landdienst«) und bei der Erschließung brachliegender oder schlecht ausgenützter Böden, also bei Tätigkeiten, denen die Tradition der rechtsorientierten »Bünde« hohen moralischen und nationalen Wert beimaßen. Die Vereinbarung legte vor allem fest, daß die HJ beauftragt war, die männlichen Jugendlichen zum Eintritt in die SS zu erziehen, um so deren Nachwuchs sicherzustellen. Gleichzeitig errichtete die HJ eine Art interne Polizei, den sog. »Streifendienst«, der in enger Zusammenarbeit mit der SS und der gleichfalls inzwischen von Himmler geführten politischen Polizei die Jugendlichen überwachen und kontrollieren sollte.
Das Jahr 1935 wurde »Jahr der Ertüchtigung« getauft. Auf natio-

naler Ebene wurde die allgemeine Wehrpflicht wiedereingeführt und ein »Arbeitsdienst« obligatorisch gemacht. Die Funktion der HJ als Schule zur Einübung in diese beiden »Dienste« trat nun klarer hervor. Ein typischer Lehrgang in den HJ-Lagern oder »Führerschulen« umfaßte, verteilt auf drei Wochen, 105 Stunden (von 170) für Leibeserziehung, Sport und vormilitärische Ausbildung und 65 für »weltanschauliche« Schulung. Um den »Wehrertüchtigungssport« zu perfektionieren, wurden den großen HJ-Einheiten Offiziere der Wehrmacht als Ratgeber zugeteilt. So fungierte auch Oberstleutnant Rommel eine Zeitlang als »Berater« Schirachs. Aber der künftige Feldmarschall ertrug die Starallüren des jungen Emporkömmlings nicht, und so endete ihre Zusammenarbeit mit einem gewaltigen Krach und dem nachfolgenden Rücktritt Rommels.

Im Juni 1935 wurde zum erstenmal das »Reichsjugendfest« gefeiert, an dem in Haupt- und Provinzstädten über dreieinhalb Millionen Jugendliche teilnahmen. Reichsschulen für Geländedienst- und Schießausbildung wurden geschaffen (1938 hatten schon 1,2 Millionen HJ-Mitglieder eine Schießausbildung erhalten), dazu in Zusammenarbeit mit den zuständigen Organen der Partei und der Wehrmacht Sondereinheiten wie die Motor-HJ, die Flieger-HJ, die Marine-HJ und die Nachrichten-HJ. Die Hitlerjugend bekam auch ihre eigene Gerichtsbarkeit, und sukzessive wurde geregelt, daß niemand ohne einen vierjährigen HJ-Dienst in die Partei eintreten und niemand, der diese Bedingung nicht erfüllte, sich um ein öffentliches Amt bewerben konnte. 1935 übernahm die HJ auch definitiv die Jugendorganisationen der deutschen Minderheiten im Ausland, die so zahlreich im Baltikum, in Polen, in der Tschechoslowakei und auf dem Balkan, aber auch in Brasilien, in Südafrika und in den Vereinigten Staaten lebten. Die Arbeit der NS-Organisationen unter diesen Minderheiten verfolgte ein dreifaches Ziel: Kampf gegen die Absorption der Auslandsdeutschen durch das Volk des Gastlandes, ihre Erziehung zu politischen Propagandisten im fremden Volk und vor allem bei dessen herrschenden Schichten, Teilnahme an der Nachrichtenbeschaffung und an den Kriegsvorbereitungen.

1936, im »Jahr des Jungvolks« (d. h. der Zehn- bis Vierzehnjährigen), wurde die Eliminierung der noch zu stark vom idealistischen oder konservativen Einfluß der alten »Bünde« geprägten Kader im gleichen Tempo vorangetrieben, in dem die Ausbildung neuer Führer die alten entbehrlicher machte. Um sie loszuwerden, verwickelte man sie oft nach derselben Methode, die von der

Polizei mit Vorliebe gegen katholische Geistliche angewandt wurde, in homosexuelle Affairen. Einige beruhten auf Tatsachen, andere waren von Anfang bis Ende erfunden. Um die Säuberungen besser begründen zu können, erhielt die HJ vom Justizministerium das Recht auf Zugang zu den Gerichtsakten. Eine Disziplinarordnung wurde erlassen, und am 20. April 1936 (»Führers Geburtstag«) legte das ganze Führungskorps der HJ den folgenden Eid ab: »Ich verspreche, in der Hitler-Jugend allezeit meine Pflicht zu tun in Liebe und Treue zum Führer und zu unserer Fahne. So wahr mir Gott helfe!«[11] 190 000 Jungen und Mädchen verschrieben derart ihre Existenz.
Im gleichen Jahr wurde in Braunschweig eine »Reichsakademie für Jugendführer« gegründet, die allerdings erst kurz vor dem Krieg tatsächlich eröffnet werden sollte. Aber schon im Mai 1936 fanden in Braunschweig Ausbildungskurse für HJ-Führer aus ganz Deutschland statt. Beim »Jungvolk« wurde die jahrgangsmäßige Gliederung eingeführt; dadurch konnten spontane Gruppierungen um Persönlichkeiten, die oft aus den Bünden gekommen waren, definitiv unterbunden werden. So wurde alles eingegliedert, vereinheitlicht, gleichgeschaltet. Der totalitäre Staat triumphierte auf allen Gebieten des deutschen Lebens. Nichts behinderte mehr die Umwandlung der Hitlerjugend zu einem offiziellen und obligatorischen Teilstück des Staates, jener gewaltigen Maschinerie, die man errichtete, um Europa und die Welt zu erobern. »Heute gehört uns Deutschland«, verkündete eins der populärsten HJ-Lieder, »und morgen die ganze Welt.«

Die beinahe gelungene Perfektionierung (1937 bis 1945)

Das Jahr 1937 wurde das »Jahr der Heimbeschaffung« genannt. Die Gemeinden wurden vom Staat gezwungen, der Hitlerjugend Räume für ihre Tätigkeit zur Verfügung zu stellen. Trotz einiger Widerstände und Schwierigkeiten bekamen die Jugendgruppen für ihre Arbeit Tausende von Häusern und »Heimen« (viele davon überstanden den Krieg und die Bombardierungen und konnten nach 1945 die von den Besatzungsmächten ins Leben gerufenen demokratischen Jugendorganisationen beherbergen). Im Rahmen dieser Kampagne entstanden zugleich auch die »Adolf-Hitler-Schulen«, Internate zur ideologischen und fachlichen Ausbildung, die gemeinsam von der HJ und dem zentralen Organisationsbüro

der Partei, dem sog. »Reichsorganisationsamt« gegründet wurden. Auf ihnen trimmte man Kinder zwischen vierzehn und achtzehn Jahren, die man nach strengen »Rassenkriterien« ausgesucht hatte (Sprößlinge aus Familien »alter Kämpfer« wurden bevorzugt). Die Absolventen dieser Eliteschulen schickte man auf die »Ordensburgen«, wo die künftigen Offiziere der Waffen-SS, die künftigen Führungskader, die künftigen Aristokraten des neuen Reiches erzogen wurden – jene neue Krieger- und Herrenrasse mithin, die man durch eine Politik der Eugenik und der biologischen Selektion aus den am wenigsten »unreinen« Elementen der »nordischen Rasse« züchten wollte. Im Zuge des Aufbaus dieser neuen Blut- und Pflichthierarchie erließ Schirach 1938 eine »Ausbildungsordnung für das höhere Führerkorps der HJ«, in der das Amt des »Jugendführers« zum offiziellen Beruf erhoben wurde.
Die Annexion Österreichs und des Sudetenlandes im selben Jahr brachte der HJ zusätzlich die 35 000 Mitglieder der (bisher illegalen) österreichischen Hitlerjugend und die 200 000 Anhänger der »Sudetendeutschen Turnerjugend« ein. Bald darauf wurde die Zwangsmitgliedschaft in der HJ auf alle jungen Deutschen in den »erlösten« Gebieten ausgedehnt. So hatte die Organisation Ende 1938 nahezu neun Millionen Mitglieder. Zur Vervollständigung ihrer Aktivitäten schuf man zu dieser Zeit das »BDM-Werk Glaube und Schönheit«, eine Organisation für die Mädchen von achtzehn bis einundzwanzig, deren Tätigkeit sich zum einen auf Leibeserziehung und Sport, zum anderen auf Haushaltsführung konzentrierte. Der Gedanke war, auch die jungen Frauen im nationalsozialistischen Geist zu bilden, damit die künftigen Mütter als zuverlässige ideologische Erzieherinnen ihrer Kinder fungierten. Gleichzeitig erleichterte diese Institution die Auswahl der dem biologischen und ästhetischen Kanon der »Aufnordung« entsprechenden Mädchen und künftigen Gebärerinnen, die Himmler zur Züchtung seines neuen Blutadels brauchte.
In den Aktivitäten der Jungen trat zu dieser Zeit die Einübung in den Krieg immer mehr in den Vordergrund. 1939 institutionalisierte ein Vertrag zwischen Wehrmacht und Hitlerjugend, unterzeichnet von General Keitel und Schirach, die Rolle der HJ als Vorschule des Krieges. Sie verfügte inzwischen schon über 30 000 in den erwähnten »HJ-Schießschulen« ausgebildete »Schießwarte«. Bereits 1938 hatte ein Abkommen mit dem »Reichsführer SS« die Zusammenarbeit der »HJ-Streifendienste« mit der SS und der Polizei perfektioniert. Zu jedem »Banner« (d. h. jeder Einheit von 3000 Mitgliedern) gehörten 150 »Streifendienstler«, kontrol-

liert von Sonderinspektoren. Es gab Verbindungsoffiziere der SS bei der »Reichsjugendführung«. Parallel dazu bestimmten Himmler und Schirach die HJ zur Rekrutierungsreserve für die sog. »Wehrdörfer« (Siedlungen gleichzeitig landwirtschaftlicher und militärischer Art nach dem Muster der altösterreichischen Grenzbefestigung gegen die Türken, ähnlich denen, die später die israelische Armee an den arabischen Grenzen errichten sollte), die Himmlers SS in den zu erobernden Ostgebieten aufzubauen gedachte.

Himmlers Konzeption eines militärischen und biologisch selektionierten Zuchtordens, aus dem die neue nationalsozialistische Aristokratie hervorgehen sollte, war auch bestimmend für die Erste Durchführungsverordnung zum Gesetz über die Hitlerjugend vom 25. März 1939, die einen Unterschied machte zwischen der »allgemeinen Hitlerjugend«, zu der alle jungen Deutschen zwangsweise gehörten, und der »Stamm-Hitlerjugend«, zu der einerseits die vor dem 20. April 1938 eingetretenen Jugendlichen gehörten und andererseits diejenigen, die nach einjährigem Dienst in der »allgemeinen« HJ eigens dazu auserwählt wurden. Nur die »Stamm-HJ« sollte zu den Organen der NSDAP gehören. So trat neben die obligatorisch rekrutierte Staatsjugend eine »freiwillige«, d. h. selektionierte Minorität, eine aus dem riesigen Reservoir der Jugend geschöpfte Aristokratie, die den Grundstock eines privilegierten Adels bilden sollte – genauso wie die aus der Masse der Wehrpflichtigen ausgesonderten Mitglieder der Waffen-SS und der »Totenkopf«-Verbände. Grundsätzlich sollten die Angehörigen der »Stamm-HJ« nur in Sondereinheiten dienen, und nur aus ihnen sollten sich die künftigen Führer rekrutieren. So zeichnete sich das Bild einer künftigen deutschen Gesellschaft ab, in der die Kommandostellen einer neuen Adelsschicht vorbehalten bleiben, einer Elite, die sich ständig neu auffüllt durch selektive Rekrutierungen aus einer »abzusahnenden« Basis. Faktisch verhinderte freilich der Krieg die Realisierung der solcherart theoretisch proklamierten Zweiteilung der Gesellschaft.

Eine dritte Durchführungsverordnung zum Gesetz über die Hitlerjugend erschien am 11. November 1939, als der Krieg bereits ausgebrochen war. Sie stellte der »Reichsjugendführung« sämtliche Mittel des Öffentlichen Dienstes zur Realisierung der Zwangsmitgliedschaft aller Jugendlichen in der HJ zur Verfügung. Gestärkt durch diese Bestätigung seiner Rechte, mobilisierte Schirach im Frühjahr 1940 alle Jugendlichen über zehn Jahre zur Ableistung ihrer Dienstpflicht in der HJ und im BDM; im August erweiterte er die Verpflichtung auf den Jahrgang 1923, der nun der Wehrmacht und den mit der Führung des »Wirtschaftskrieges« betrauten Instanzen zur Verfügung gestellt wurde. Schirach selbst ging Ende 1939 in die Wehrmacht und übte sein Amt als »Reichsjugendführer« fortan nicht mehr unmittelbar aus. Nach seiner Teilnahme am Frankreichfeldzug wird er zum »Gauleiter« und »Reichsstatthalter« in Wien ernannt. Er behält zwar den Titel »Reichsleiter der Partei für die Jugenderziehung«, spielt aber faktisch kaum noch eine Rolle auf dem Gebiet, das er fast ein Jahrzehnt lang beherrscht hatte. Sein Nachfolger Arthur Axmann, bisheriger Chef des Sozialamts in der »Reichsjugendführung« und Schwerkriegsversehrter, ist eine viel blassere Figur als Schirach und hat längst nicht so gute Kontakte zu Hitler.[12] Von nun an und für die ganze Dauer des Krieges werden die Jugendfragen immer mehr den militärischen Erfordernissen und den großen Zukunftsplänen der SS untergeordnet.

Im Laufe des Krieges werden die Mitglieder der HJ immer ausschließlicher in den Dienst der Partei, des Staates und der Wehrmacht gestellt. Das mochte anfangs noch wie ein großes Spiel erscheinen, das den Jungen, da die Erwachsenen es ja ernstnahmen, das angenehme Gefühl gab, zu etwas nütze zu sein. Doch mit der Zeit wurde es immer ernster: Die Partei benützte die Jugendlichen als Kuriere, als Wachtposten und als Propagandisten; der Staat setzte sie im Luftschutz, in der Brandbekämpfung, im Nachrichten- und Meldedienst ein; bei der Post, bei der Eisenbahn, ja sogar bei der Polizei mußten die Halbwüchsigen immer öfter als Aushilfen für die eingezogenen Beamten einspringen. Selbst die Wehrmacht bediente sich ihrer zur Nachrichtenübermittlung, zur Organisierung des Nachschubs und zu Transportaufgaben. Die Mädchen wurden in Lazarette und Krankenstationen geschickt. In den Waffenfabriken und bei der Ernte auf dem Lande, wo die Männer eingezogen und statt dessen Kriegsgefangene eingesetzt worden waren, gehörten die großen Hitlerjungen zu den nützlichsten Arbeitskräften. 1942 wurden 600 000 Jungen und 1,4 Millionen Mädchen, also insgesamt 2 Millionen Jugendliche in der Landarbeit eingesetzt. Zugleich übernahm die HJ auch die Betreuung der Kinder, die aus den bombenbedrohten Städten evakuiert worden waren. So hatte man 1944 achthunderttausend Kinder in »Kriegsverschickungslagern« auf dem Lande oder in Gegenden außerhalb der Reichweite der alliierten Bomber untergebracht. Die Partei fing damit zwei Fliegen auf einen Schlag: einerseits waren die Kinder physisch in Sicherheit, andererseits waren sie, fern von ihren Eltern und ihren normalen Lehrern, ausschließlich den jungen Fanatikern der HJ und den von der Partei ernannten »NS-Vertrauenslehrern« ausgeliefert. Auch hier wieder zeichnete sich ein Aspekt der für die Zeit nach dem »Endsieg« geplanten Nazi-Gesellschaft ab, in der den Eltern das Recht auf Erziehung ihrer Kinder entzogen worden wäre, ebenso wie die christliche Ehe, die man zugunsten rassistischer Polygamie und staatlicher Selektion abgeschafft hätte, durch die Institutionen einer neuen kollektivistischen und elitären, biologisch fundierten und totalitären, militärischen und materialistischen Moral ersetzt worden wäre.

Doch die Einbeziehung der Kinder in den totalen Krieg ging noch weiter: 1942 wurden sogenannte »Wehrausbildungslager« errichtet, militärische Trainingslager unter dem Kommando von HJ-Führern, in denen Offiziere und Unteroffiziere der Wehrmacht als Ausbilder fungierten. Ganze Schulklassen wurden in diese Lager geschickt, um dort den »K-Ausbildungsschein« zu erwerben, eine Bescheinigung über erfolgreich abgeleistete Kriegsvorbereitungslehrgänge, deren Inhaber nach der Einberufung rascher an die Front gehen »durften«. Später zog man die Hitlerjungen ein, um sie als Hilfskräfte bei Armee-Einheiten zu verwenden. Sie wurden der Luftabwehr als Sonderabteilungen, den Regimentern als Sonderbrigaden und sogar der Waffen-SS als »Division Hitlerjugend« zugeteilt. Gegen Ende des Krieges schließlich mobilisierte der blutige Wahnsinn der Nazi-Führung die dritte Reserve des »Volkssturms«: fünfzehn- bis sechzehnjährige Kinder, denen Gewehre, MGs und Panzerfäuste in die Hand gedrückt wurden. Kinder, von denen Hitler irrsinnigerweise erwartete, sie würden ihn aus dem bereits zur Hälfte besetzten Berlin befreien. Tatsächlich kämpften Hunderttausende von solchen Halbwüchsigen mit dem Mute und mit der Verzweiflung der frühesten Jugend, mit den Ängsten und Tränen von kleinen Jungen, die plötzlich gepackt werden von der unerbittlichen Grausamkeit der Erwachsenenwelt und nach der Mutter schreien. Tausende von toten, sinnlos geopferten Kindern markieren die letzte Etappe in der Geschichte der »Hitlerjugend«: Moloch frißt die Kinder des Landes.

Schon in der Gewißheit der Niederlage, träumten HJ-Führer noch davon, mit »ihren« Jungs den künftigen »Widerstand« in den vom Feinde besetzten Gebieten zu organisieren und so den kommenden Generationen die »Substanz« der nationalsozialistischen »Botschaft« aus dem Untergrund zu überbringen. So wurden die »Werwolf«-Gruppen geplant, deren zu erwartende Untaten den alliierten Besatzungsbehörden anfangs schlaflose Nächte bereiteten. Doch aus diesen Plänen wurde nichts. Mit Hitlers Tod und dem Fall des »Dritten Reiches« verschwand die Hitlerjugend mitsamt ihren Kadern, ihren Plänen und ihrer Ideologie wie durch Zauber. Es gab keine »Werwölfe«, und die alten HJ-Führer tauchten im allgemeinen Schicksal des geschlagenen Deutschland unter – eines grauen, ausgebluteten und dennoch so sehr zum Weiterleben entschlossenen Deutschland. Die Besatzungsbehörden bemühten sich mancherorts, diese Jungen und Mädchen ausfindig zu machen, um ihnen zu helfen, sich in der neuen Lage zurechtzufinden. Hier und da kündigten sich in jenen Generationen, unter den ehemaligen Führern der Staatsjugend, unter den einstigen Anhängern Hitlers und Schirachs, unter den besonnensten und erfahrensten Kadern bereits die neue Demokratie des Westens und die neue kommunistische Ordnung des Ostens an. Scheinbar hat sich die ganze immense »Bewegung«, diese riesige Organisation mit Millionen von Anhängern und vielen Tausenden Kadern, spurlos im Sand der Geschichte verlaufen. Scheinbar ..., doch es bedürfte anderer Untersuchungen mit eingehenderen Methoden, als sie in dieser knappen Skizze möglich waren, um zu erforschen, wie es in Wirklichkeit damit steht. Für jeden, der hinsehen will, bleibt das mahnende und auch drohende Beispiel einer beinahe gelungenen totalitären Vereinnahmung der Jugend durch einen Staat mit zugleich elitärer und kollektivistischer, inhumaner und biologisch-rassistischer Moral. Und was einmal versucht worden ist, kann morgen ein anderer mit noch perfekteren Mitteln erneut versuchen.

Jugendliche im Widerstand

Man sollte jedoch die Tragweite und Effizienz dieser totalitären Vereinnahmung der Jugend auch nicht überschätzen. An einem großen Teil der jungen Dienstverpflichteten glitt die Teilnahme an sehr gewöhnlichen oder sehr langweiligen, da von unfähigen Führern schlecht geleiteten Jugendveranstaltungen mehr oder weniger spurlos ab oder wirkte sogar abstoßend.
Ferner gab es eine beträchtliche Anzahl, wenn auch natürlich nur eine Minderheit, von renitenten Jugendlichen. Zunächst die, die sich instinktiv und aus Widerspruchsgeist gegen die »Gleichschaltung« wehrten, die lieber allein oder unter Freunden sein wollten

oder andere Interessen hatten. In den Akten der Gestapo und der HJ wimmelte es von »Umtrieben« wilder »Banden« und »Cliquen«, die sich spontan außerhalb der HJ und gegen sie bildeten, vor allem während der letzten Kriegsjahre, als die Erwachsenen selber zu schwanken anfingen und man die Jugendlichen in den zerbombten Städten und in den vaterlosen Familien nicht mehr so wirksam wie früher kontrollieren konnte. Immerhin kamen derart anarchisch-spontane Verweigerungen so häufig vor, daß sich die Gestapo und die HJ gezwungen sahen, besondere Internierungs- und Straflager für widerspenstige Jugendliche, Konzentrationslager für junge Deutsche einzurichten.

Ferner gab es den Widerstand aus moralischen, ethischen, religiösen oder politischen Gründen. Außer bei den katholischen Verbänden, die sich unter zunehmend schwierigen und unsicheren Bedingungen bis 1937 halten konnten, fand dieser Widerstand keinerlei Unterstützung bei legalen, offiziell bestehenden Gruppen. Oft übrigens war der Ausgangspunkt dessen, was sich dann später zu regelrechtem Widerstand auswuchs, nur ein diffuses Verlangen nach Freiheit, ein Abscheu vor einem unfähigen oder unwürdigen Vorgesetzten, eine Freundschaft für ein jüdisches Kind oder ein anderes, das selber oder dessen Familie einer wie immer gearteten Repression ausgesetzt war. Oft konnte der Widerstandswille sich nur in isolierten und hoffnungslosen Aktionen von reinem Zeugnischarakter äußern, wie etwa 1943 im Fall der Münchner Studentengruppe »Weiße Rose«, deren Mitglieder ihr Leben für ein paar auf die Stufen der Universität geworfene Flugblätter opferten.

Zwei von ihnen, Hans Scholl und Willi Graf, waren freilich auch vorher schon wegen »subversiver« Tätigkeit in mehr oder minder illegalen konfessionellen Gruppen verhaftet worden. Die Gewißheit, bloß ein »verlorener Haufe« zu sein (und dieser Ausdruck, der über die historisierende Romantik der bündischen Jugend bis auf die Landsknechte des 16. Jahrhunderts zurückgeht, zeugt von dem langen Weg, den die jungen Leute zurücklegen mußten, um sich von alldem zu befreien, was sie für den Nationalsozialismus anfällig machte), diese Gewißheit verhinderte nicht, daß Hunderte und Tausende junger Deutscher den Weg eines scheinbar ganz nutzlosen Widerstands gingen.

Aus der gesamten Zeit des Nazi-Regimes gibt es Beweise in Hülle und Fülle für einen zwar nur sporadischen, aber doch immer wieder aufflackernden Widerstand der »bündischen« Organisationen; für einen Widerstand, der 1936 den Innenminister zu einem rückwirkenden Verbot aller »Bünde« nötigte (die meisten waren bereits seit drei Jahren aufgelöst), das den Behörden die legale Verfolgung der »Opponenten« erleichtern sollte, und der später sogar die Gestapo zwang, eine Sonderkommission zur Kontrolle und Aufdeckung der »subversiven Machenschaften der Bündischen« zu bilden. Manche Führer von widerspenstigen bündischen Gruppen, darunter solche mit demokratischen Neigungen, aber auch Teile der traditionell nationalistischen und sozialrevolutionären Rechten, emigrierten und wirkten im Ausland für ihre Freunde in Deutschland. Einige fielen der Polizei in die Hände, teils im Reich, teils später auch in den Niederlanden, in Belgien oder in Frankreich: Sie bezahlten mit ihrem Leben für ihre Treue zu ihren alten Idealen. Zwischen 1937 und 1938 wurde sogar versucht, eine Einheitsfront der deutschen Jugend im Exil zu bilden, die zwar nur sporadisch bestand, aber die Jugendorganisationen der Gastländer mit Materialien zur Anprangerung der Naziverbrechen versorgte.

Immer wieder während der ganzen Dauer der Diktatur bildeten sich kommunistische oder sozialistische Arbeiter-Jugendgruppen. Noch 1933 gelang es der Organisation »Roter Stoßtrupp« in Sachsen, 20 000 Exemplare ihrer Schriften zu verbreiten, aber kurz danach wurden die Verantwortlichen verhaftet. Das gleiche widerfuhr der sozialdemokratischen Gruppe »Neubeginn«, die von Fritz Erler inspiriert worden war, demselben, der später – nach Jahren der Haft – in der Bonner Sozialdemokratie eine große Rolle spielen sollte. Harro Schulze-Boysen, der aus der bündischen Jugend kam, war einer der Gründer und Führer der großen kommunistischen Widerstandsorganisation »Rote Kapelle«. Aber die Parteien waren zersprengt, es gelang ihnen nicht, sich neu zu sammeln. So blieb auch der Widerstand der Arbeiterjugend zersplittert in isolierte, räumlich und zeitlich nicht koordinierte Einzelaktionen.

Die Regimegegner unter den jungen Katholiken und Protestanten hatten es insofern etwas leichter, als die kirchliche Jugendarbeit länger geduldet (und die der Pfarreien nie gänzlich verboten) wurde, so daß sich die Widerständler oft unter dem Schutzschirm einer der offiziellen Kirchen verbergen konnten. Aber diese, d. h. ihre kleinmütigen, vorsichtigen, tief von der antibolschewistischen Propaganda und von den Nazi-Mythen der nationalen Einheit durchdrungenen Vorstände, machten sich ebensooft auch schuldig, »ihre« Jugendlichen nicht vom Weg des Mitläufertums und der Gleichschaltung abgebracht zu haben. Bei den Protestanten verschmolz der Widerstand der Jugendlichen zumeist mit der organisierten Absage, die die Männer der »Bekennenden Kirche« den regimetreuen »Deutschen Christen« und ihrer »Reichskirche« unter dem Militärpfarrer Ludwig Müller erteilten. Martin Niemöller, der bekannteste Wortführer dieser innerkirchlichen Opposition, der selber anfangs aus dem gewöhnlichsten konservativen Nationalismus kam, war Leiter der »Bibelkreise«, in denen sich junge Protestanten zusammenfanden. Dietrich Bonhoeffer, der 1944 der Repression zum Opfer fiel, hatte der Jugendarbeit viel Zeit gewidmet. Kurt Gerstein, Leiter einer der größten Gruppen der Evangelischen Jugend, war jener unerschrockene Zeuge, der in die SS eintrat, um den Völkermord aufzudecken, den der päpstliche Nuntius Pacelli nicht wahrhaben wollte.[13] Auch auf katholischer Seite zeugen unzählige Verbote und spektakuläre Prozesse wie der gegen jene Leiter der illegalen Jugendorganisation »Grauer Orden«, die 1938 zu schweren Strafen und Zwangsarbeit verurteilt wurden, von Verweigerungen und Widerstandshandlungen, die weder das Werk der Kirche als solcher waren (das ganz gewiß nicht), noch auch nur das Werk vollkommen isolierter Minderheiten.

Versucht man, all diese Widerstandsphänomene zu interpretieren, so ist man beeindruckt von ihrer im Zuge der Naziherrschaft wachsenden Zahl und Vielfalt. Zu Anfang, als noch nicht alle Freiheiten abgeschafft waren, als die Tarnung noch leichter fiel und der Druck des totalitären Regimes noch nicht so schwer lastete, traten die Widerstandsakte und -handlungen weniger häufig hervor – vielleicht auch nur, weil es schwerer war, sie von der konformistischen Haltung und von der stillschweigenden Unterwerfung jener Zeit zu unterscheiden. Sie erschienen im gleichen Maße klarer, reiner und exemplarischer, wie die Sanktionen härter und grausamer wurden und sich die Widerständler aus der nationalen Gemeinschaft ausgeschlossen fühlen mußten. Heute ist es leicht, diese Kämpfer im Dunkeln und im Schweigen, dieses oft anonyme Heldentum zu bewundern und zu verherrlichen. Aber »der Schoß ist fruchtbar noch, aus dem das kroch«, um mit Brecht zu sprechen, und solange das gilt, ehrt man die Freiheitskämpfer am besten dadurch, daß man sich selbst und die Umwelt auf neue, ebenso schwere Prüfungen vorbereitet.

Anmerkungen

1 Eine sehr differenzierte Darstellung des nationalsozialistischen Regierungssystems findet sich in dem Buch des Historikers Martin Broszat, *Der Staat Hitlers,* München 1969 (dtv

Nr. 4009). Wichtige Ausführungen und Interviews auch in: Karl Dietrich Bracher, *Die deutsche Diktatur*, 2. Aufl., Köln 1969.

2 Baldur von Schirach, *Ich glaubte an Hitler*, Hamburg 1967.

3 Baldur von Schirach, *Die Hitlerjugend: Idee und Gestalt*, Leipzig 1936, S. 130.

4 Erklärung Baldur von Schirachs am Tag nach dem Erlaß des Gesetzes vom 1. Dezember 1936, zitiert in: Hans Joachim Gamm, *Führung und Verführung, Pädagogik des Nationalsozialismus*, München 1964, S. 207.

5 Vgl. Hans Christian Brandenburg, *Die Geschichte der HJ*, Köln 1968, S. 308–311.

6 *Ebenda*, S. 122.

7 *Ebenda*, S. 140.

8 *Ebenda*, S. 143.

9 Baldur von Schirach, *Die Hitlerjugend*, a. a. O., S. 34.

10 Brandenburg, a. a. O., S. 150.

11 *Ebenda*, S. 178.

12 Arthur Axmann, geb. 1913, war der Organisator der »Reichsberufswettkämpfe« in der HJ.

13 Rolf Hochhuth hat die Gestalt Kurt Gersteins in seinem Stück *Der Stellvertreter* verarbeitet.

Außer den genannten Werken seien vor allem die Bücher von Arno Klönne erwähnt, namentlich seine Arbeit *Hitlerjugend. Die Jugend und ihre Organisation im Dritten Reich*, Hannover und Frankfurt a. M. 1955. Dort und in dem jüngeren Buch von Brandenburg findet sich auch eine reiche Bibliographie. Hinzuweisen ist schließlich auf die soeben erschienene wichtige Studie von Hans Heindl, *Die totale Revolution oder die neue Jugend im III. Reich*, Augsburg 1976.

Jacques Nobécourt
Die Enzyklika ›Mit brennender Sorge‹

Die drei Worte »mit brennender Sorge« umreißen eine Etappe in den Beziehungen zwischen katholischer Kirche und Nationalsozialismus. Für welchen der beiden Antagonisten wogen sie schwerer? Dem Anschein nach für die Kirche, begann doch mit ihnen jene Enzyklika vom 14. März 1937, die Papst Pius XI. vier Jahre nach Unterzeichnung des Konkordats der »Lage der katholischen Kirche im Reiche« widmete.

Für das Naziregime klangen sie wie eine Herausforderung, und in der Tat verlas der katholische Klerus den Text am 21. März in allen deutschen Kirchen während des Gottesdienstes. Der Vatikan hatte das Dokument der apostolischen Nuntiatur in Berlin übersandt, die es an die Bischöfe weitergab. Von dort aus gelangte es, heimlich gedruckt, in die einzelnen Pfarrämter, ohne daß Polizei und Naziorganisationen, trotz ihres engmaschigen Kontrollnetzes, davon Wind bekommen hatten. Die Verbreitung und öffentliche Verlesung waren ein mutiger Akt, der die Gläubigen in Deutschland und in der Welt dazu bewog, die Enzyklika als eine Verurteilung des Nationalsozialismus auszulegen. Und als die katholische Kirche nach dem Kriege Rechenschaft über ihre Haltung zum Nationalsozialismus ablegen mußte, präsentierte sie diese Enzyklika als Beweis ihrer Widerstandshaltung und als Rechtfertigung ihres Dramas.

Aus der Sicht der Reichsregierung und zur Zeit der Veröffentlichung war diese Auslegung freilich zu relativieren. Denn obgleich die Enzyklika direkt auf Deutschland Bezug nahm, war sie doch vor allem als theologisches Dokument bedeutsam und zielte ebensosehr auf allgemeine Aussagen wie auf eine bestimmte Situation. Für den Vatikan stand sie in engem Zusammenhang mit einem anderen Rundschreiben gleicher Art: mit der Enzyklika *Divini Redemptoris* vom 18. März 1937, die sich gegen den »atheistischen Kommunismus« richtete. Und dieser Zusammenhang wurde auch ausdrücklich unterstrichen in einer Note an die Reichsregierung, die Kardinal Pacelli, der vatikanische »Außenminister« und spätere Papst Pius XII., am 30. April 1937 dem Repräsentanten des Reiches am Heiligen Stuhl überreichte, und in der er den Kommunismus als »abwegiges und revolutionäres System« bezeichnete, während er »anderen politischen und weltanschau-

lichen Bewegungen ... innerhalb der antibolschewistischen Abwehrfront« nur »gewisse Irrtümer« zum Vorwurf machte.
Wurde folglich der Kommunismus in *Divini Redemptoris* namentlich genannt, so wurde dagegen der Nationalsozialismus in der Enzyklika *Mit brennender Sorge* nirgends erwähnt – ja, man konnte sich sogar fragen, welche Doktrin es denn eigentlich sein sollte, die da »Machenschaften« betrieb, die »von Anfang an kein anderes Ziel kannten als den Vernichtungskrieg«.
Die bewußte Auslassung unterstrich den allgemeinen Charakter des Dokuments, obschon die Thesen über das »neue Heidentum« und die Rückkehr zu einem »Germanentum« nur auf Deutschland gemünzt sein konnten. Ansonsten gehört die Anprangerung präzise benannter Repressionssituationen durchaus zur üblichen Haltung des Vatikans, wenn es gilt, politische Mächte zu tadeln, die katholische Minderheiten so kontrollieren, daß ihre alltägliche Existenz von einer geschmeidigen Taktik abhängt.
An der praktischen Auslegung der Enzyklika wirkten drei weitere Kräfte mit: die deutschen Bischöfe, die Katholiken an der Basis und die Reichsregierung. Die Autorität, die der Vatikan gegenüber dem Episkopat und der Laienschaft ausübte, war durchaus nicht so streng, wie man gemeinhin annimmt, aber auch die Staatsgewalt handelte nicht so konsequent, wie es von einem totalitären Regime zu erwarten wäre, und die Taktiken variierten von Fall zu Fall.
Wenn also die Worte »mit brennender Sorge« in der Geschichte der Kirche – nach Jahren der Anpassung, der Zugeständnisse und Kompromisse – einen Wendepunkt bezeichnen, so führen sie, was die Geschichte des Nationalsozialismus betrifft, zu der Frage, ob dessen antichristlicher Charakter wirklich nur sekundär war. Fest steht jedenfalls, daß die christliche Kirche von allen deutschen Institutionen die einzige war, die der Nationalsozialismus niemals ganz in den Griff bekam, wenn er sie auch zur Anpassung zwang – und die einzige auch, deren führende Köpfe, ob Katholiken oder Protestanten, ihrer Widerstandshaltung öffentlich Ausdruck zu geben vermochten.

Hitler und der Katholizismus

Hitler: katholisch. Himmler: katholisch. Goebbels: katholisch ... Keiner von ihnen hat jemals den ersten logischen Schritt eines antireligiösen Verhaltens vollzogen: den »Austritt aus der Kirche«

als öffentliche Bekundung der Absicht, sich fortan nicht länger als Angehöriger der betreffenden Konfession zu betrachten und keine Kirchensteuern mehr zu zahlen. Im Gegenteil, sie zahlten brav weiter. Nachlässigkeit, Ironie, Herausforderung? Goebbels stellte den Widerspruch fest und lachte darüber. Hitler appellierte bis zum Schluß immer wieder an »Gott« – an einen Gott ohne qualifizierendes Beiwort, aber doch wohl an den der christlichen Mythologie, wie ihn die traditionelle Inschrift auf dem Koppelschloß der deutschen Wehrmachtsuniform anrief: »Gott mit uns.« Konsequenzen oder Rückschlüsse auf Hitlers Metaphysik waren daraus kaum abzuleiten. Übrigens wohnte kein Naziführer je einem Gottesdienst in einer Kirche bei, außer in der Potsdamer Garnisonkirche, doch nur, weil Friedrich der Große dort begraben lag. Und sie vermieden es auch, an irgendwelchen Gebeten teilzunehmen.

Doch lange vor diesen Verhaltensweisen des Staatsoberhauptes gab es Texte, schriftlich fixierte Verpflichtungen. Artikel 24 des Programms der NSDAP vom 24. Februar 1920 besagte: »Wir fordern die Freiheit aller religiösen Bekenntnisse im Staat, soweit sie nicht dessen Bestand gefährden oder gegen das Sittlichkeits- und Moralgefühl der germanischen Rasse verstoßen. Die Partei als solche vertritt den Standpunkt eines positiven Christentums, ohne sich konfessionell an ein bestimmtes Bekenntnis zu binden. Sie bekämpft den jüdisch-materialistischen Geist *in* und *außer* uns und ist überzeugt, daß eine dauernde Genesung unseres Volkes nur erfolgen kann von *innen* heraus auf der Grundlage: *Gemeinnutz vor Eigennutz.*«

Zweifellos waren das Banalitäten, doch sie enthielten Formeln, aus denen später die »religiösen Philosophien« des Nationalsozialismus hervorgehen sollten. »Positives Christentum« – was war das genau? Es war, wie sich erst sehr viel später herausstellen sollte, das Gegenteil des »politischen Katholizismus« – und dieser der Feind des neuen Staates. In den Anspielungen auf die »germanische Rasse« als Quelle eines besonderen »Sittlichkeits- und Moralgefühls« und auf den Kampf gegen einen »jüdisch-materialistischen Geist« steckten schon die Keime des folgenschweren Rassismus und Antisemitismus der späteren Jahre, doch 1920 verwiesen solche Ausdrücke noch auf Denkrichtungen und Behauptungen, die in den Kreisen der Rechten geläufig waren, gerade auch unter den stark vom Wiener Antisemitismus um die Jahrhundertwende beeinflußten Katholiken. Und 1920 erschien die nationalsozialistische Partei noch nicht als eins jener mächtigen und kohärenten

Gebilde, deren Weltanschauung die Aufmerksamkeit der katholischen Hierarchie verdient.
Dieselben Begriffe fanden sich auch in *Mein Kampf*, der programmatischen Schrift, die Hitler einige Jahre später im Gefängnis verfaßte. Das »Christentum«, zu dem sich der NSDAP-Chef bekannte, band ihn in keiner Weise an eine Kirche. Es verdiente das Beiwort »positiv« nur in dem Maße, wie die Kirchen sich nicht gegen den von Hitler betriebenen totalitären und allumfassenden »nationalen Aufbruch« stellten. Duldung der Kirchen gab es für ihn nur innerhalb eines Bündnisses, einer Autonomie der Bereiche, die einer Begrenzung der kirchlichen Hierarchie und der Gläubigen auf eine sehr eng gefaßte Ausübung der Religion gleichkam.
In den Jahren vor der Machtergreifung hütete sich der Politiker Hitler, Angriffe oder Drohungen gegen das Christentum vorzubringen (höchstens gegen die vom Christentum inspirierte Partei, das Zentrum). Seine ganze Taktik zielte darauf ab, die Führung der katholischen Kirche glauben zu machen, daß die Gewährung der religiösen Freiheiten lediglich von der Beendigung aller – auch indirekten – kirchlichen Eingriffe in das politische Leben abhinge. Die katholische Kirche störte Hitler, dem religiöse Fragen im Grunde recht gleichgültig waren, weniger – wenn überhaupt – in ihrer Eigenschaft als Zeuge und Träger einer Weltanschauung und Metaphysik, denn in ihrer Rolle als Organisationsapparat einer in Jahrhunderten errichteten und gefestigten und in der ganzen Nation verwurzelten Macht mit der Fähigkeit, die Menschen mitsamt ihren Seelen ganz und gar zu erfassen. Die Kirchen bezögen ihre Kraft aus ihrer Rolle als »organisierte Vertretung der Religion«, sagte er während des Krieges einmal.
Was die Ludendorffschen Träume von einem »neuen Heidentum« oder die Idee der »germanischen Rasse« anging, als deren Prophet Alfred Rosenberg in seinem *Mythos des 20. Jahrhunderts* auftrat, so benutzte Hitler sie nur als Mittel zur Brechung des Christentums; nie engagierte er sich direkt für die SS-Mystik der Kriegsjahre. Es war die Erfahrung der Macht, die ihn zu der Überzeugung brachte, daß keinerlei Zwischending möglich sei: Man sei »entweder Christ oder Deutscher, niemals beides zugleich«, erklärte er 1941. Vermutlich war dies auch schon 1933 seine Grundhaltung, nur war das Hindernis damals zu groß, um auf Anhieb genommen zu werden.
Erst als der nationalsozialistischen »Weltanschauung« eine handfeste *politische* Kraft zuwuchs, d. h. nach den Reichstagswahlen

vom 14. September 1930, erhob sich die Kirche gegen sie. Nun proklamierte der Klerus so gut wie geschlossen den »Aufstand der Gewissen« und verdammte den Rassismus, die Verherrlichung des Germanentums und das angeblich »positive Christentum« als unannehmbar. Zwei Wochen nach der Wahl untersagte der Bischof von Mainz den Katholiken jede Mitgliedschaft in der Nazipartei, bei Strafe einer Verweigerung der Sakramente.

Diese Verdammung wurde auch in den nächsten zwei Jahren nicht widerrufen, während die Hitlerbewegung ihre Kampagne gegen »Rom und Juda«, gegen »die Schwarzen, die den Juden Quartier machen«, noch verschärfte – mit begrifflichen Assoziationen, die dazu beitragen sollten, den geistigen Widerstand zahlreicher Katholiken zu untergraben: all jener nämlich, die ohnehin erfüllt waren von einem Antisemitismus, dessen religiöse Motivationen, ausgedrückt in der Liturgie, als Rechtfertigung ihrer sozialen Implikationen dienten. Die bischöflichen Verdammungen blieben trotz ihrer Heftigkeit bloß partiell, da sie den Nationalsozialismus im Grunde auf ein und dieselbe Ebene wie den Liberalismus, den Sozialismus und all jene Ideologien stellten, die der Kirche das Recht bestritten, ihr »Wort der Wahrheit« zu sagen. Sie erkannten nicht die realen Folgen des Rassenwahns, sie mißbilligten nicht den Willen zum Umsturz der legitimen demokratischen Ordnung, sie brandmarkten nicht die von den Volksvertretern ratifizierten Aufrufe zur Zerschlagung der internationalen Ordnung.

In einer Logik, die ihnen zwingend erscheinen mußte aufgrund der deutschen Geschichte und der damaligen Analysen des Verhältnisses von Kirche und Politik (und die ihnen heute zum Vorwurf zu machen daher anachronistisch wäre), betonten die Bischöfe gleichzeitig, daß es die tiefste Gewissenspflicht aller Gläubigen sei, die Zentrumspartei zu wählen. Eine Losung, die politisch wohl richtig gewesen wäre, hätte man damals schon die Gefahr eines nationalsozialistischen Sieges in ihrem ganzen Ausmaß erkannt.

Doch diese Losung wurde nicht durchweg befolgt. Bei den Wahlen im Juli und im November 1932 erhielt das Zentrum nur etwa ein Drittel der katholischen Stimmen, während acht Millionen andere Katholiken ihre Stimme den konservativen Parteien und den Nazis gaben.

Denn Hitler verstand es bestens, alle Hebel in Bewegung zu setzen, um den katholischen Block zu sprengen. Die deutschen Katholiken, seit Generationen in der Minderheit, waren bestrebt, sich in die großen politischen Strömungen der Nation einzufügen und wollten – in einem nach dem Versailler Vertrag ohnehin schon diskriminierten Reich – nicht auch noch eine konfessionell bedingte Diskriminierung hinnehmen. Die konservativsten von ihnen träumten von einem blühenden Großreich, von einer Erneuerung jener mystischen Staatengemeinschaft aller Nationen deutscher Zunge, in der einst der Mythos vom christlichen Abendland seinen vollendetsten Ausdruck gefunden hatte. Und niemals hatte es diesem Mythos, der in einer klassischen Sicht der deutschen Geschichte verwurzelt war, an Kirchenmännern gefehlt, die ihn theologisch rechtfertigten.

So glaubten denn zahlreiche Häupter der katholischen Welt, Intellektuelle und andere, und ohne dabei den antichristlichen oder eindeutig heidnischen Charakter der Aussagen mancher Hitler-Adepten zu übersehen, daß dieser Österreicher mit seinem bayerischen Anhang dem habsburgisch-katholisch inspirierten »Großdeutschland« die Revanche für Königgrätz bringen werde, wo es 1866 von dem preußisch-protestantischen »Kleindeutschland« besiegt worden war.

Das war der geistige Hintergrund, auf dem Hitler sämtliche imperialistischen und nationalistischen Nostalgien amalgamierte. Er erklärte sich zum Vorkämpfer der Befreiung aus den »Ketten von Versailles«, und das mit Begriffen von solcher Faszination (und mit Argumenten von solch unmittelbarer Durchschlagskraft), daß jeder, der dagegen anging, auf die Dauer das Nationalgefühl selbst zu verleugnen schien.

Verglichen damit bot das Zentrum nur halbe Lösungen an. Und während die deutschen Bischöfe die Prinzipien der nationalsozialistischen »Weltanschauung« verdammten und exorzierten, gaben die Katholiken den Nazis ihre Stimme in der Meinung, Hitler werde den rüden Ton schon ablegen, wenn er erst an der Macht sein würde, und ein »vernünftiger Staatsmann« werden. Es war das alte Vertrauen der Gemäßigten in die Möglichkeit, den Gegner, nachdem sie ihn erst in den Sattel gehoben haben, in ihrem Sinne zu bändigen. Dabei hatten doch schon die italienischen Katholiken mit Mussolinis Faschismus zu spüren bekommen, wohin das führt. Übrigens waren die Katholiken durchaus nicht die einzigen, die in Deutschland so dachten. Zahlreiche Liberale hatten sich ebenso verkalkuliert. Und in den folgenden Monaten redeten alle sich ein, es gebe gar keine andere Wahl mehr als zwischen Nationalsozialismus und Kommunismus.

So waren denn alle Bedingungen bestens vereint, um zunächst den »politischen Arm« des Katholizismus zu brechen: die Zentrumspartei. Das Verlangen nach einem »starken Mann«, die Gelähmtheit des Parlamentarismus und all dessen, was sich mit dem Namen »Weimarer Republik« verband, erzeugten schließlich ein Klima, das die unermüdlichen Warnungen des Episkopats im Leeren verhallen ließ. Aber das war noch nicht alles.

Von der Verführung zur Erdrosselung

Als Präsident Hindenburg am 31. Januar 1933 Hitler die Macht übergab und dieser vom Parlament eine unbeschränkte Handlungsvollmacht – zunächst für die Dauer eines Jahres – verlangte, versagte das Zentrum ihm seine Zustimmung. Anfang März, unmittelbar vor den Neuwahlen, die nur die bereits vollendeten Tatsachen nochmals bestätigen sollten, empfahlen die Priester den Gläubigen, die Kandidaten des Zentrums zu wählen. Und trotz des Terrors, der nach dem Reichstagsbrand auf den Straßen einsetzte, gewann die Katholikenpartei tatsächlich drei Sitze hinzu.

Mithin stieß Hitler hier auf eine Kraft, die solider war, als es die Auflösungserscheinungen des »politischen Katholizismus« in den vergangenen Jahren hatten erwarten lassen: Ohne die 92 Stimmen der beiden katholischen Parteien, des Zentrums und der Bayerischen Volkspartei, würde er im Reichstag nicht die Zweidrittelmehrheit erhalten, die für Verfassungsänderungen wie das von ihm gewünschte »Ermächtigungsgesetz« erforderlich war.

Seine Gegentaktik hatte zwei Seiten: einerseits und vor allem Terror – und die militanten Nazis widmeten sich seiner Ausbreitung. Die Abgeordneten sollten erfahren, wenn sie es nicht bereits wußten, was sie erwartete, wenn sie nicht für die Ermächtigung stimmten. Und sie fragten sich, ob eine Zustimmung es ihnen nicht ermöglichen würde, das Wesentliche zu retten. Aber was war das Wesentliche?

So fragten sich nicht nur die katholischen Reichstagsmitglieder, sondern auch die Bischöfe und – unabweisbarer Bürge in den Augen der einen wie der anderen und der ganzen katholischen Welt – sogar der Papst. Zumindest wurde die Sache so hingestellt, daß die deutschen Gläubigen meinen konnten, der Papst lasse ihnen eine nur sehr begrenzte Wahlfreiheit.

Die andere Seite der Hitlerschen Taktik bestand in Versprechungen und Beteuerungen – als ob die Nazischläger, die in den Straßen die Knüppel schwangen, ganz ohne sein Zutun agierten. Seine

Regierungserklärung vom 1. Februar 1933 beteuerte: »Die nationale Regierung ... wird das Christentum als Basis unserer gesamten Moral, die Familie als Keimzelle unseres Volks- und Staatskörpers in ihren festen Schutz nehmen.« Und nach der Abstimmung vom 23. März präzisiert seine zweite Erklärung mit einem drohenden Unterton: »Die nationale Regierung sieht in den beiden christlichen Konfessionen wichtigste Faktoren der Erhaltung unseres Volkstums ... Sie kann aber niemals dulden, daß die Zugehörigkeit zu einer bestimmten Konfession oder einer bestimmten Rasse eine Entbindung von allgemeingesetzlichen Verpflichtungen sein könnte ... Die nationale Regierung wird in Schule und Erziehung den christlichen Konfessionen den ihnen zukommenden Einfluß einräumen und sicherstellen. Ihre Sorge gilt dem aufrichtigen Zusammenleben zwischen Kirche und Staat.«

Das war die Antwort auf die neuen Entwicklungen in der Haltung des Vatikans und zielte vor allem auf die beiden nächsten Operationen: die Liquidierung des Zentrums und die Unterzeichnung des Konkordats. Wann und in welchem Sinne hatte der Papst sich geäußert?

Der Überbringer der päpstlichen Botschaft – oder jedenfalls derjenige, der sich als solcher ausgab – war Kardinal Faulhaber, der Erzbischof von München, der sich Anfang März, anläßlich eines zum 13. März einberufenen Konsistoriums, gerade in Rom aufgehalten hatte. Am 12. März hatte ihn Papst Pius XI. in Privataudienz empfangen. Zwölf Tage später berichtete er darüber den bayerischen Bischöfen in Worten, die den Meinungsumschwung des Papstes kennzeichnen und seine Motive verdeutlichen: »Ich muß mir aber nach dem, was ich an höchsten Stellen in Rom erlebt habe, hier aber nicht mitteilen kann, vorbehalten, trotz allem mehr Toleranz gegen die neue Regierung zu üben, die heute nicht bloß im Besitz der Macht ist, was unsere Grundsätze nicht umstoßen könnte, sondern rechtmäßig wie noch keine Revolutionspartei in den Besitz der Macht gelangte. Man denke sich einmal das Wort des Hl. Vaters aus, der in einem Konsistorium, ohne den Namen zu nennen, vor aller Welt Adolf Hitler als den Staatsmann bezeichnet, der als erster nach dem Hl. Vater gegen den Bolschewismus seine Stimme erhoben hätte.«

Kein damals oder später veröffentlichtes Dokument hat diese Aussage Kardinal Faulhabers je bestätigt. Doch er selbst verbürgte sich mehrmals für ihre Richtigkeit und hat die deutschen Bischöfe überzeugt. Diese erinnerten übrigens Hitler zwei Jahre später in

einem Memorandum: »Millionen im Ausland, Katholiken und Nichtkatholiken, haben auf diese Vertrauenskundgebung des Papstes hin das anfängliche Mißtrauen überwunden und Vertrauen zu Ihrer Regierung gefaßt.«
Mithin war der Vatikan bereit, die vollendete Tatsache hinzunehmen, und diese Bereitschaft, die in Berlin natürlich schon vor der Abstimmung über das Ermächtigungsgesetz bekannt geworden war, verschaffte Hitler am 23. März das Ja des Zentrums und damit seine Handlungsfreiheit. Am 28. März nahm die in Fulda tagende Bischofskonferenz zur Kenntnis, daß die neue Regierung »den christlichen Konfessionen den ihnen zukommenden Einfluß« in Schul- und Erziehungsfragen »einräumen und sicherstellen« wollte, und hob daher alle kirchlichen Verdammungen des Nationalsozialismus auf, ja erlaubte sogar den Einzug der Hakenkreuzfahnen in die Gotteshäuser.
So konnte Hitler befriedigt feststellen, daß die Staatsform, die er sich schuf, und die Spielregeln, die er für sie bestimmte, akzeptiert und anerkannt wurden. Aber noch hatte sich sein Regime, obgleich nun verfaßte Macht und Garant der Ordnung geworden, nicht den Konsens der kirchlichen Kräfte gesichert: Die Realität seines Kampfes gegen das Zentrum war noch nicht eingedrungen bis in den Kern der katholischen Organisation, die noch immer hierarchisch gegliedert war und vor allem die Jugend, das wichtigste Pfand der nationalsozialistischen Zukunft, mehr oder minder fest in der Hand hatte.
Von seinen zwei Gegenspielern – dem Vatikan und dem deutschen Episkopat – wußte Hitler nun, daß der zweite trotz seiner recht weitgehenden Autonomie letztlich nur auf Anweisung des ersten handelte. Die Verantwortlichen des deutschen Katholizismus, ob Kleriker oder Laien, waren anscheinend bereit, die Eingrenzung ihrer Verantwortlichkeiten dem Papst anheimzustellen, wie um sich von ihnen zu befreien angesichts eines katholischen Volkes, dessen Mehrheit erwartete, daß seine Bischöfe endlich aufhörten, ihr Ja zum neuen Regime abzuwägen.
»Es ist leicht, einen Glaubenskrieg zu beginnen«, sagte damals Kardinal Pacelli, »aber es ist sehr schwer, ihn durchzuhalten, und die Katholiken der betreffenden Länder müssen davon überzeugt sein, daß die oberste Kirchenführung alles versucht hat, um den Kampf abzuwenden.«
Praktisch äußerte sich diese Einstellung in der gespaltenen Haltung des Vatikans und des deutschen Episkopats zwischen Ende März und Juli 1933: Während der eine das Konkordat aushandelte,

nahm der andere die Liquidation katholischer Organisationen und der Zentrumspartei stillschweigend hin.
Vizekanzler von Papen wurde beauftragt, das Konkordat mit Rom abzuschließen, nachdem zwei frühere Entwürfe in den Jahren 1922 und 1924 trotz der Bemühungen Pacellis, damals Nuntius in München und dann in Berlin, gescheitert waren. Doch die Kontakte waren nie abgerissen. Welchen Wert Hitler diesem Vertrag beimaß, der seine internationale Anerkennung bestätigen und die deutschen Katholiken endgültig beruhigen sollte, läßt sich an seinen Konzessionen ermessen: von den 33 Artikeln des Textes, den der Vatikan entworfen hatte, akzeptierte er 21, darunter auch den Abschnitt über die Beibehaltung der Konfessionsschulen. Aber nicht weniger evident war der Wille des Heiligen Stuhles, sich des juristischen Instruments zu versichern, das dem Schutz der religiösen und weltanschaulichen Interessen der Kirche als Grundlage dienen sollte; stimmte er doch dem von Hitler ausdrücklich zur Bedingung gemachten Absatz über die Nichteinmischung der Priester ins öffentliche Leben zu (ohne ihn übrigens jemals näher zu präzisieren – womit es den Priestern freigestellt blieb, sich in den Reihen der Nazis zu engagieren). Mehr noch: Weder Pius XI. noch sein »Außenminister« unternahmen irgendetwas, um die ohnehin zum Untergang verurteilte Zentrumspartei zu retten, deren Auflösung denn auch wenige Tage vor der Paraphierung des Konkordats am 8. Juli erfolgte. Dazu gab es schon einen Präzedenzfall: Nach Mussolinis Machtübernahme Ende Oktober 1922 hatte Pius XI. die (katholische) italienische Volkspartei schlicht und einfach fallengelassen.
In beiden Fällen beschränkte die Kirchenführung sich lediglich darauf, den *Folgen* des Aufstiegs einer Partei vorzubeugen und sich selbst instandzusetzen, vor allem die *eigenen* Leute zu retten.
»Die deutsche Regierung hatte größere Zugeständnisse angeboten, als jede frühere deutsche Regierung akzeptiert hätte«, erkärte der Kardinal Pacelli im August 1933 gegenüber dem britischen Geschäftsträger am Hl. Stuhl, und der Vatikan »hatte zu wählen zwischen einer Vereinbarung über die großen Linien und einer möglichen Eliminierung der katholischen Kirche im Reich ... Das geistige Wohl von zwanzig Millionen katholischen Seelen war unsere erste und einzige Sorge. Wenn die deutsche Regierung das Konkordat verletzen würde – und es war uns klar, daß sie das tun würde –, dann hätte der Vatikan einen Vertrag als Grundlage seines Protests.«

Das ließ an Deutlichkeit nichts zu wünschen übrig. Auf das Thema der »rechtlichen Verteidigungsposition« kam Pius XII. auch später immer wieder zurück, unabhängig von seinen Stellungnahmen zum Wesen des Nationalsozialismus. Er hatte fast zwölf Jahre darauf verwandt, eine solche Verteidigungsposition zu errichten und den Vertrag nicht mit einem Regime, sondern mit einem Staat abzuschließen. Daher scheute er auch 1946 keine Mühe, um von den Siegermächten zu erreichen, daß sie das Konkordat von 1933, den ersten aller vom »Dritten Reich« unterzeichneten internationalen Verträge, in seiner Gültigkeit bestätigten, obgleich der eine der beiden Vertragspartner – eben der deutsche Staat – zu diesem Zeitpunkt nicht mehr existierte, weder real noch rechtlich.

Die »juristische« Versöhnung, mochte sich auch Kardinal Pacelli keine Illusionen über ihre Dauer machen, trieb die deutschen Katholiken in die Arme des Reichs, allen voran die Bischöfe. Das Nationalgefühl, die Erleichterung, nicht länger wegen ihres Bekenntnisses abseits stehen zu müssen, die Befriedigung, sich nun unbedroht von kirchlichen Strafen der gesetzlichen Autorität unterordnen zu können, die Angst vor dem »Kommunismus« und vor der »Unmoral« – das alles waren Gefühle, die dabei sicherlich in der Masse der Gläubigen mitwirkten.

Bei den Bischöfen und Theologen überwog offenbar neben administrativen Opportunitätserwägungen ein subtileres Kalkül, das sie zu gewissen exzessiven Beifallsbekundungen und überschwenglichen Predigten inspirierte. Es äußerte sich in einer Formel des Jesuiten Karl Adam, der behauptete, Katholizismus und Nationalsozialismus gehörten zusammen wie die Natur und die Gnade. Das Blatt der Gesellschaft Jesu, die Zeitschrift *Stimmen der Zeit*, übernahm das Bild und erklärte, zwischen Hakenkreuz und christlichem Kreuz sei keine Feindschaft vonnöten, »im Gegenteil: das Symbol der Natur findet im Symbol der Gnade erst seine Vollendung und Erfüllung«.

Gewiß, zur selben Zeit, im Dezember 1933, hielt der Erzbischof von München, Kardinal Faulhaber, seine berühmten Adventspredigten über das Thema »Judentum und Christentum, Christentum und Deutschtum«. In ihnen prangerte er die Rückkehr zum Heidentum an und verurteilte den Antisemitismus, doch eher in seinen Exzessen als in seinem Wesen selbst – und jedenfalls ohne auf seine spezifisch nationalsozialistischen Ausprägungen einzugehen. Denn in diesem ersten Jahr des Hitlerregimes fand der Rassismus, weit davon entfernt, die katholischen Deutschen gegen sich aufzubringen, in zahlreichen religiösen Schriften noch seine Rechtfertigung.

Beklagt wurden nicht die Prinzipien, sondern die »Auswüchse«. Nach den Vorstellungen des Theologen Karl Adam und nicht weniger Bischöfe ging es darum, mehr oder minder bewußt den Nationalsozialismus zu »vereinnahmen«, ihn zu besänftigen – um nicht zu sagen: zu taufen. War nicht seit Bonifazius, dem Christianisierer Deutschlands, die Vereinnahmung »heidnischer Werte«, in denen man das Naturgesetz am Werke sah, und ihre Verkleidung zu christlichen Werten das Leitmotiv aller Missionspolitik der Kirche? Ein exemplarisches Beispiel dafür wird man auch noch in der Enzyklika *Mit brennender Sorge* finden. Wie also hätten die Nazi-Ideologen Empfehlungen wie die folgende, die sich in den bischöflichen Direktiven für den Religionsunterricht vom Februar 1936 fanden, nicht freudig begrüßen sollen? »Rasse, Boden, Blut und Volk sind kostbare natürliche Werte, die der Herrgott geschaffen und uns Deutschen zur Obhut anvertraut hat.«

Doch nein: diese Anpassung ging denn doch wohl zu weit, um glaubhaft zu sein. Dieser Drang, sich die von den Ausschweifungen des Rosenbergschen Denkens »gereinigten« Nazithemen anzueignen, ließ den Gedanken an einen Schachzug des »politischen Katholizismus« aufkommen, an eine Strategie zur Unterwanderung und Bekehrung des Nationalsozialismus. Ein Bericht der Gestapo vom Juni 1936 vermutete denn hier auch prompt einen wohlüberlegten Plan.

Doch wenn es hier einen gab, dann war er falsch. Weder die Massenpartei noch die totalitäre Regierung waren empfänglich für Versuche, ihre geistige Inspiration zu zersetzen. Nach ein paar Monaten relativer Ruhe als Folge des Konkordats begann der Nazistaat mit dem systematischen Abbau genau derjenigen Strukturen, deren Erhaltung der Zweck des Vertrages gewesen war. Die Auflösung der kirchlichen Jugendverbände und der Katholischen Aktion, deren Leiter Erich Klausener am 30. Juni 1934 ermordet wurde, die Knebelung und bald darauf Abschaffung der Konfessionsschulen, das Verbot für Priester, in der Predigt politische Themen anzusprechen (und welches Thema war nicht politisch?), die Verfolgung der religiösen Orden, die des Devisenschmuggels und sexueller Perversionen bezichtigt wurden, die Erdrosselung der katholischen Presse – all diese Maßnahmen folgten nun Schlag auf Schlag.

So erzwang der Nationalsozialismus seine Annahme schließlich mit der Staatsgewalt selbst, indes die Abwiegelungspolitik der

Kirche das Aufbegehren der Katholiken schwächte. Aber war diese Politik überhaupt noch möglich, und welches Echo hätte sie gefunden? Die Bischöfe, denen es vornehmlich um den Schutz ihrer Gläubigen ging, wurden sogar in Sachen Verteidigung der Moral in die Passivität gedrängt: Sie schwiegen zu den Säuberungsaktionen vom 30. Juni 1934, sie protestierten nicht einmal, als die Existenz von Konzentrationslagern für Regimegegner bekannt wurde.
Neben dieser öffentlichen Zurückhaltung gab es allerdings eine lange Reihe von nichtöffentlichen Dokumenten: diplomatische Noten und Memoranden, größtenteils von seiten des Vatikans, in denen die vielfältigen Verstöße gegen das Konkordat aufgedeckt wurden. Im März 1937 waren es schon über hundert. Da endlich intervenierte der Papst persönlich und offen mit seinem Rundbrief *Mit brennender Sorge ...*

Die Geburt einer Enzyklika

Pius XI. intervenierte auf ausdrücklichen Wunsch der deutschen Bischöfe. Diese hatten am 18. August, auf ihrer Jahreskonferenz in Fulda, einen gemeinsamen Brief an den Papst verfaßt, in dem sie ihn baten, eine Enzyklika zu erlassen, die »in den klarsten Worten die Übel beschreiben müßte, denen die Religion im heutigen Deutschland begegnet – den Atheismus, die Beschränkung der Religionsfreiheit, die Gefahren, denen die Erziehung unterliegt, die antireligiösen Machenschaften –, um auf diese Weise Mahnungen zu erteilen, die selbst die Blinden erleuchten und die Schlafenden wecken«.
Die Antwort des Vatikans wurde durch die im folgenden Herbst einsetzenden scharfen Spannungen zwischen Episkopat und Regierung beschleunigt: Restriktionen gegen die Seminaristen, Zwangsmitgliedschaft aller Jugendlichen in der HJ, Behinderung der freien Verbreitung von Hirtenbriefen. Zur selben Zeit machte Hitler Friedensangebote und lud den Kardinal Faulhaber zum 4. November 1936 nach Berchtesgaden ein. Er wechselte ständig zwischen Drohungen und großspurigen Gesten, verlangte von der Kirche die Anerkennung der Rassengesetze, bekundete seine Absicht, das Land vom »politischen Katholizismus« zu befreien, ließ schließlich durchblicken, er halte das Konkordat für überholt.
Daraufhin rief Pacelli die Kardinäle Betram, Schulte und Faulha-

ber sowie die Bischöfe Preysing und Galen zu einer Konferenz nach Rom. Er traf sich mit ihnen am 16. Januar 1937 und nahm ihren Wunsch entgegen: ihre Bitte um eine Intervention des Heiligen Stuhls, der allein imstande sei, die deutsche Regierung zu beeinflussen, aber nicht durch einen persönlichen Brief des Papstes an Hitler, sondern durch einen öffentlichen Akt. Am folgenden Tag empfing der erkrankte Pius die Repräsentanten des deutschen Episkopats und erklärte sich mit ihnen darin einig, daß die Kirche am Konkordat als einer »sehr wertvollen Rechtsgrundlage« unbedingt festhalten müsse.

Der Münchner Erzbischof Kardinal Faulhaber war es dann, der auf Bitten Pacellis die erste Skizze einer Enzyklika zu Papier brachte. Am Morgen des 21. Januar überreichte er seinen Entwurf, ein elfseitiges Papier, aus dem die Grundzüge und einige Ausführungen in den endgültigen Text übernommen wurden. Kardinal Pacelli vervollständigte ihn, namentlich in den Bezugnahmen auf die Geschichte und in den Anspielungen auf die Politik, in drei weiteren Arbeitsgängen.

Der erste Teil des Dokuments erinnert an die Ursprünge des zur »Befriedigung« der deutschen Katholiken von der Reichsregierung »angeregten« und »trotz mancher schwerer Bedenken« vom Heiligen Stuhl angenommenen Konkordats. Das Versagen bei dessen Anwendung wird lediglich auf Verletzungen der »Vereinbarungstreue« durch »Vertragsumdeutung«, »Vertragsumgehung« und »Vertragsaushöhlung« zurückgeführt. Die Hoffnung das vertraglich gesicherte Recht wiederherzustellen, veranlaßt den Heiligen Stuhl, »die etwa noch vorhandenen, wenn auch geringen Aussichten auf Rückkehr zur Vertragstreue und zu verantwortbarer Verständigung nicht unberücksichtigt zu lassen«.

Auf die »tausend Formen organisierter religiöser Unfreiheit« antwortet die Enzyklika dann im zweiten Teil mit der Auslegung eines »Wortes der Wahrheit«. So stellt sie der »angeblich altgermanisch-vorchristlichen Vorstellung« den »wahren Gottesglauben« gegenüber: »Wer die Rasse oder das Volk oder den Staat oder die Staatsform, die Träger der Staatsgewalt oder andere Grundwerte menschlicher Gemeinschaftsgestaltung – die innerhalb der irdischen Ordnung einen wesentlichen und ehrengebietenden Platz behaupten – aus dieser ihrer irdischen Wertskala herauslöst, sie zur höchsten Norm aller, auch der religiösen Werte macht und sie mit Götzenkult vergöttert, der verkehrt und fälscht die gottgeschaffene und gottbefohlene Ordnung der Dinge. Ein solcher ist weit von wahrem Gottesglauben und einer solchem Glauben entsprechenden Lebensauffassung entfernt.«

Anschließend werden der Mißbrauch des Namens Gottes und die Irrlehre einer »nationalen Religion« gebrandmarkt.

Der dritte Teil definiert den »reinen Christusglauben«. Die göttliche Offenbarung, erschienen in Jesus Christus, »kennt keine Nachträge durch Menschenhand, kennt erst recht keinen Ersatz und keine Ablösung durch die willkürlichen ›Offenbarungen‹, die gewisse Wortführer der Gegenwart aus dem sogenannten Mythus von Blut und Rasse herleiten wollen«.

Im vierten Teil, der dem »reinen Kirchenglauben« gewidmet ist, wird das »Menschlich-Allzumenschliche« getadelt, das sich in die »göttliche Sendung« der Kirche einmischt; desgleichen werden jene gerügt, »die aus der Beschäftigung mit dem Menschlichen in der Kirche einen Beruf, vielfach sogar ein niedriges Geschäft machen«. Es wird an die Notwendigkeit erinnert, »ein lebendiges Glied dieser Kirche« zu sein, »im Geist und in der Wahrheit«, den Menschen »die seelische Erneuerung und Verjüngung zu bringen, deren sie ... dringender bedürfen als je zuvor«, und zwar ohne jede »Veräußerlichung und Verweltlichung«. Die Vorstellung, ein Austritt aus der Kirche sei »eine besonders überzeugende und verdienstvolle Form des Treuebekenntnisses zu dem gegenwärtigen Staate« wird als mit dem »Treueverhältnis zur Kirche« unvereinbar erklärt.

Der »reine Glaube an den Primat« des Bischofs von Rom wird im folgenden Abschnitt dem »Wunsch- und Lockbild einer deutschen Nationalkirche« entgegengehalten, die nichts sei als eine »Verneinung der einen Kirche Christi«. Dann werden die deutschen Oberhirten aufgerufen, darüber zu wachen, daß nicht »religiöse Grundbegriffe«, wie Offenbarung, Glaube, Unsterblichkeit, Erbsünde, »ihres Wesensinhalts beraubt und in einem profanen Sinne umgedeutet« werden.

Es folgt eine strenge Verurteilung aller Versuche, »Sittlichkeit und Religion zu trennen«. Denn: »Die Preisgabe der ewigen Richtlinien einer objektiven Sittenlehre zur Schulung der Gewissen, zur Veredlung aller Lebensbereiche und Lebensordnungen ist eine Sünde an der Zukunft des Volkes, deren bittere Früchte die kommenden Geschlechter werden kosten müssen.«

Im Abschnitt »Anerkennung des Naturrechts« wird daran erinnert, daß »das wahre Gemeinwohl letztlich bestimmt und erkannt wird aus der Natur des Menschen« und daß es einem Naturgesetz widerspreche, wenn das »unverlierbare Recht, seinen Glauben zu bekennen«, unterdrückt wird. An die Jugend gerichtet, folgt eine eindringliche Ermahnung, den Antagonismus zwischen Staat und Gott nicht zu akzeptieren. Den »Priestern und Ordensleuten« wird der »Dienst an der Wahrheit, und zwar der ganzen Wahrheit, die Entlarvung und Widerlegung des Irrtums, gleich in welcher Form, in welcher Verkleidung, in welcher Schminke er einherschreiten mag«, anempfohlen. Die »Getreuen aus dem Laienstande« indessen sind aufgerufen, »wachsames Mißtrauen ... und mißtrauische, durch bittere Erfahrung aufgerüttelte Wachsamkeit« zu üben.

»Jedes Wort dieses Sendschreibens haben Wir abgewogen auf der Waage der Wahrheit und zugleich der Liebe. Weder wollten Wir durch unzeitgemäßes Schweigen mitschuldig werden an der mangelnden Aufklärung, noch durch unnötige Strenge an der Herzverhärtung irgend eines von denen, die Unserer Hirtenverantwortung unterstehen und denen Unsere Hirtenliebe deshalb nicht weniger gilt, weil sie zurzeit Wege des Irrtums und des Fremdseins wandeln.«

Und der lange, von Pacelli verfaßte Schluß fordert die »Getreuen Christi« zu »Bekennerwille und Leidensbereitschaft« auf und bekräftigt noch einmal die Entschlossenheit der Kirche, ihre »Rechte und Freiheiten« zu verteidigen.

Diese zweifellos langwierige, aber notwendige Analyse verdeutlicht vielleicht ein wenig das Drama, um dessentwillen das Schreiben verfaßt worden ist. Trotz seines ekklesiastischen Stils und seiner instinktiven oder taktischen Zurückhaltung wird in ihm durchaus klar, was die brennendste Sorge des Vatikans und des deutschen Episkopats war: die Furcht vor einem inneren Zerfall des deutschen Katholizismus unter dem ideologischen Druck einer Doktrin, die immer mehr dazu neigte, sich zur Staatsdoktrin zu erheben. Denn nicht wenige der politischen Ziele dieses Staates fanden durchaus die Zustimmung dieses Katholizismus. Und die kirchliche Hierarchie hatte dem nichts anderes entgegenzusetzen als die Erinnerung an die Glaubensgrundsätze. Wäre sie weitergegangen, hätte sie etwa längst anachronistisch gewordene Strafen wie die Exkommunikation verhängt, so hätte sie dadurch womöglich mehr Brüche als Berufungen zum Heroismus bewirkt.

Verunsichert durch die Verbreitung der Enzyklika, zog die deutsche Regierung sämtliche noch erreichbaren Exemplare aus dem Verkehr, konfiszierte zwölf Druckereien und protestierte beim Heiligen Stuhl gegen das, was sie eine Verletzung des Konkordats und einen Aufruf zum Aufstand gegen die legitime Staatsgewalt nannte. Der anläßlich der Olympischen Spiele angeordnete (relative) Burgfrieden wurde aufgehoben, und die Prozesse gegen Geistliche setzten erneut ein. Als Hitler im Mai 1938 nach Rom reiste, verzichtete er auf den protokollarischen Besuch beim Papst. Pius XI. zog sich derweilen auf seine Sommerresidenz nach Castel Gandolfo zurück.
Die äußeren Ereignisse brachten schließlich die Lösung des Dilemmas der deutschen Katholiken: Als der Krieg ausbrach, setzten sie ihre Ehre darein, sich nicht minder patriotisch als alle anderen zu zeigen, und ihre Loyalität zur »legalen Regierung« brachte die Vorbehalte zum Schweigen, die ihnen das päpstliche Rundschreiben gegenüber der Nazi-Ideologie empfohlen hatte. Trotz mutiger Stellungnahmen einiger Bischöfe im Laufe der nächsten Jahre vermied es die überwiegende Mehrheit der Priester und Laien, die Untaten und Verbrechen des Naziregimes zur Kenntnis zu nehmen. Man stellte sich blind gegenüber der Judenvernichtung: Es galt vor allem, die Gemeinde der Gläubigen so gut wie möglich zu schützen.
Zudem stoppte Hitler bei Ausbruch des Krieges alle systematischen Verfolgungen innerhalb des deutschen Reichsgebietes, ließ jedoch seine Statthalter in den besetzten Gebieten, vor allem in Osteuropa, eine systematische Entwurzelung des Katholizismus betreiben. Die entscheidende Kraftprobe war freilich nicht vergessen, sondern nur auf die Zeit nach dem Kriege verschoben. Einstweilen sollten die Christen durch ständiges Mißtrauen weich gemacht werden: Selbst ihr Patriotismus galt als verdächtig, und die Loyalitätsbekundungen der Kirche wurden als Zeichen ihres Machtstrebens interpretiert.
Doch selbst wenn die Kirchen sich völlig ergeben hätten und aufgelöst worden wären, selbst wenn alle Christen ihren Glauben verleugnet hätten – die Herren des Dritten Reiches hätten, auch wenn sie draußen überall Sieger geblieben wären, noch immer den Sieg eines unvergleichlichen Apparats gefürchtet, einer Macht, die auf die Gemüter eine Faszination auszuüben vermochte, deren innerstes Wesen der Naziideologie entging. War diese Furcht

nicht aus jenen Richtlinien herauszulesen, die der Gestapochef Reinhard Heydrich im September 1941 an die Spezialisten für Kirchenfragen in den Landesabteilungen seiner Polizei erließ? Das »Nahziel« sei, so heißt es dort, zu verhindern, daß die Kirche »auch nur einen Daumenbreit ihres verlorenen Bodens zurückgewinnt«. Und das »Fernziel« sei die Zerschlagung der konfessionellen Kirchen durch den Nachweis, daß sie »sich hochverräterischen Tätigkeiten hingaben, während sich Deutschland im Kriege befand«.

Während die Regierungsstellen eine – sehr relative – taktische Mäßigung empfahlen, drängten die eigentlichen Parteiführer, namentlich Martin Bormann, zum offenen Bruch. Denn ungeachtet der Zurückhaltung und der Ausflüchte, die man der Kirche als Institution zur Last legen kann, regte sich geistiger Widerstand bei einer Reihe von Kirchenmännern, Bischöfen, denen ihr Amt einen gewissen Schutz gab: Graf von Galen, Bischof von Münster, Propst Lichtenberg von der Berliner St. Hedwig-Kirche, der im KZ Dachau starb, waren einige in der kleinen Zahl derer, die diesem Widerstand Ausdruck gaben. Fünfundzwanzig zum Tode verurteilte Priester, Hunderte von gefangenen Katholiken, Arbeiter, Akademiker und Offiziere, beteiligten sich direkt an Versuchen, das Regime zu stürzen.

Als der Nationalsozialismus zusammenbrach, war das, was da den »Aufstand der Gewissen« gegen sich mobilisiert hatte, längst nicht mehr nur ein theoretischer und verblasener, sondern ein angewandter Rassismus, längst nicht mehr nur eine heidnische Weltanschauung, sondern ein antichristliches System.

In diesem Sinne, so scheint es, haben gewisse Themen der Enzyklika *Mit brennender Sorge* die Kohärenz und den Einfluß der Nazi-*Doktrin* überschätzt. Wer von den obersten Naziführern hat jemals im Ernst an die altgermanischen Flausen und nordischen Mythen geglaubt. Die »Weltanschauung«, die daraus hervorging, bot keinerlei Anleitung zu einer ernsthaften politischen Analyse noch gar zu einem entsprechenden Handeln. Viel besser erklärt sich die systematisch betriebene antikirchliche Repressions- und Verfolgungspolitik des Nationalsozialismus als Kampf einer totalitären Macht gegen konfessionelle Strukturen, die seit Jahrhunderten fest verwurzelt und durch die zahlreichen Widerstände im Laufe ihrer Geschichte nur immer noch weiter gestärkt worden waren. Und dies war gewiß auch die Sicht, in welcher die Kirchenregierung, der Vatikan und der deutsche Episkopat, diesen großen Kampf sahen – wobei sie dann nur verkannten, welche Rückwirkungen er auf andere Minoritäten hatte, auf konfessionelle oder politische, in Sonderheit auf die deutsche Judengemeinde.

Der Protestantismus

Konfrontiert mit dem Nationalsozialismus, wiesen die protestantischen Kirchen nicht den gleichen institutionellen Zusammenhalt wie die katholische Kirche auf und waren ebenso schlecht wie diese darauf vorbereitet, kraft ihrer Lehre standzuhalten. Sie zerfielen in 28 Landes- und Regionalkirchen und in drei große Konfessionen.

Theologisch übrigens hatte der Lutheranismus ohnehin keine Vorbehalte gegen die Vorherrschaft der Staatsraison. Es gab keine umfassende Institution, die, wie die katholische Bischofskonferenz, der Staatsmacht als Verhandlungspartner gegenübertreten konnte, und auf der internationalen Ebene verfügte der deutsche Protestantismus erst recht über keinerlei organisierten Rückhalt von der Art des Heiligen Stuhls.

Bereits vor der Machtergreifung hatte die NSDAP versucht, die protestantischen Kirchen nach nationalsozialistischen Vorstellungen in einer »Glaubensbewegung deutscher Christen« zusammenzufassen, die dann später in eine »Reichskirche« einmünden sollte. Die ersten Grundsteine dazu wurden im Herbst 1933 gelegt – in Gestalt einer Abschaffung der bisherigen Kooperationsorgane und der Wahl eines »Reichsbischofs«.

Doch sofort erhob sich Widerstand. Am 21. September 1933 gründete der Dahlemer Pastor und ehemalige U-Boot-Kommandant Martin Niemöller einen »Pfarrernotbund«, dessen Mitglieder eine Erklärung unterzeichneten, die mit den Worten begann: »Ich verpflichte mich, mein Amt als Diener des Wortes auszurichten allein in der Bindung an die Heilige Schrift und an die Bekenntnisse der Reformation als die rechte Auslegung der Heiligen Schrift.«

Die Unterzeichner lehnten es ab, den sogenannten »Arierparagraphen« – eine Art Berufsverbot für Menschen »nichtarischer Abstammung« – in die Dienstordnung der evangelischen Kirche zu übernehmen. Innerhalb weniger Monate traten nahezu siebentausend Pfarrer diesem Notbund bei, dessen Oppositionspolitik sich strikt auf die theologischen Grundprinzipien berief und in keiner

Weise auf die Erhaltung der weltlichen Institutionen der Kirche bedacht war.

Gegen die Bemühungen des Reichsbischofs Müller, der die vereinigten evangelischen Kirchen zu einem Werkzeug des Staates und der Partei machen wollte, errichteten die Gemeinden, die man seither die »bekennenden« nannte, auf der Synode von Barmen eine solidere Organisation. Diese nannte sich die »Bekennende Kirche« und verstand sich als konstitutives Element der evangelischen Kirche im Ganzen. Ihre stark von Karl Barth beeinflußte theologische Grundsatzerklärung sprach dem Staat jede Kompetenz zur Bestimmung der kirchlichen Aufgaben ab. Doch zugleich verbot sich die Kirche selbst, in die Funktionen des Staates einzugreifen und mithin sein Funktionieren zu ändern.

Der Gegensatz zwischen der Bekennenden Kirche, die mitunter halb illegal arbeiten mußte, und der regimetreuen Reichskirche verschärfte sich parallel zu den immer schärferen und gegen sämtliche Konfessionen gerichteten Maßnahmen zur Beschränkung der Religionsfreiheit: Prozesse, Verhaftungen und Verfolgungen, auch durch die Finanzämter, nationalsozialistische Vereinnahmung und »Gleichschaltung« der Jugend, Knebelung des Religionsunterrichts in den Schulen, zunehmender Abbau der öffentlichen Aktions- und Evangelisierungsmöglichkeiten auf administrativem Wege, all das gehörte zu einer allgemeinen Politik, die sich bis Ende 1938 kontinuierlich entfalten konnte. Im September 1939 wurde sie für die Dauer des Krieges förmlich suspendiert – prinzipiell, aber nicht de facto.

Nach eigenen Aussagen eines Gestapoleiters, der bei den Verhören der wegen des Attentats vom 20. Juli 1944* Angeklagten beteiligt war, hat »die Art, wie die Kirchenfrage im nationalsozialistischen Staat behandelt wurde, die Haltung der Angeklagten stark beeinflußt«. Religiöse Überzeugungen spielten tatsächlich eine bedeutende Rolle bei jenem Entschluß der Verschwörer, ihren Widerstand gegen Hitler bis zum Attentat zu verschärfen – ein Schritt, dem alle ihre geistigen Traditionen entgegenstanden. Ihre Reflexionen über die Rechtmäßigkeit von Gewaltanwendung und Rebellion mußten sie nahezu ausnahmslos auf sich selbst gestellt vorantreiben, ob als Protestanten oder als Katholiken. Die Ausnahme war der Fall des Pastors Dietrich Bonhoeffer, der die theologische Reflexion über diese Fragen mit direkter Teilnahme

* Zu diesem Attentat vgl. das Schlußkapitel.

an der Aktion verband. Er wurde am 9. April 1945 im Konzentrationslager Flossenbürg hingerichtet.
Man könnte geneigt sein, aus alldem zu folgern, daß die deutschen Protestanten und evangelischen Pfarrer, die keiner verbindlichen, hierarchisch und institutionell abgesicherten Auslegung des Evangeliums unterworfen waren, es schwerer hatten, ihren Weg gegenüber dem Nationalsozialismus zu finden. Zweifellos schwächten die auch innerhalb der Bekennenden Kirche noch vorhandenen Divergenzen im Denken und Handeln die Entstehung einer breiteren Oppositionsbewegung. Aber auch der viel strengere Aufbau der katholischen Kirche hat keine solche Bewegung hervorgebracht. Letzten Endes blieb jede Entscheidung dem Gewissen des Einzelnen überlassen, seiner von praktischen Erwägungen mitbestimmten politischen Einschätzung des jeweiligen Augenblicks.
Konfrontiert mit dem Phänomen einer Massenpartei, die einer entschieden antichristlichen Ideologie als Mittel diente (*das* war das Neue an Hitlers Partei, was sie von Mussolinis Partei unterschied und was der Papst kaum erkannte), reagierten die christlichen Kirchen mit Reflexen, die sich in ihrer bisherigen Geschichte bewährt und gefestigt hatten, die aber der neuen Situation nicht angemessen waren. Ihre Führungen glaubten, sie hätten es mit einer, wenn man so sagen darf, klassischen Verfolgung zu tun: mit einer, die sich im Grunde (zumindest in ihren Methoden, wenn nicht auch in ihrer Schärfe) kaum von der Verfolgung durch Bismarck während des »Kulturkampfs« unterschied oder von der durch die Fürsten zur Zeit der Gegenreformation.
Es fehlten mithin die Mentalitäten und vor allem die Suche nach neuen theologischen Ausdrucksformen für die Substanz des Glaubens, die eine mehr auf das Wesentliche und seine Verteidigung konzentrierte Widerstandshaltung hätten hervorbringen können. Doch die Prüfung war nicht vergeblich: Wer wollte bezweifeln, daß die tiefe Gewissensforschung, der sich die deutschen Christen nach dem Krieg unterzogen und die auch den Christen der anderen Nationen nicht erspart blieb, mitgewirkt hat an der Klärung jener fundamentalen Neubestimmung des christlichen Denkens und Handelns gegenüber den weltlichen Mächten, die nicht zufällig Anfang der sechziger Jahre zum Vorschein kam, als ganz Europa über das problematische »Schweigen« des Vatikans diskutierte.

Paul Stehlin
Das Münchner Abkommen vom September 1938

Der Verfasser dieses Kapitels, der 1975 verstorbene General der französischen Luftwaffe Paul Stehlin, war als Hauptmann und Adjutant des Luftwaffenattachés an der Französischen Botschaft in Berlin Zeuge der Ereignisse, die er hier berichtet, und oft auch Akteur bei den dramatischen Geschehnissen in den vier Jahren vor Ausbruch des Zweiten Weltkrieges. Sein Bericht ist der eines Nachrichtenspezialisten, der nur in seinen Aufzeichnungen und in seinem Gedächtnis zu schöpfen brauchte.

Prolog: der große Plan

Durch ein Dokument aus der Anklageakte des Sondergerichtshofes, der ab November 1945 in Nürnberg tagte, um über die Kriegsverbrechen der Nazis zu urteilen, wurde folgendes bekannt: Am 5. November 1937 fand unter strengster Geheimhaltung in der Reichskanzlei eine Art »oberster Kriegsrat« unter Vorsitz Adolf Hitlers statt, in dem der künftige Verlauf der deutschen Außenpolitik beschlossen wurde. An der Beratung nahmen teil: Kriegsminister Marschall von Blomberg, die drei Kommandanten des Heeres, der Marine und der Luftwaffe, General von Fritsch, Admiral Raeder und General Göring, sowie Außenminister Baron von Neurath. Am Konferenztisch vernahmen die vier Oberkommandierenden der Armee und der Verantwortliche für die Diplomatie, wie Hitler ihnen die Grundzüge seines Handelns darlegte und sie aufforderte, diese als seine unverrückbaren Ziele und falls er sterben sollte, als seinen Letzten Willen zu betrachten.
Hitler sagte im wesentlichen, das Dritte Reich habe in fast fünf Jahren einen solchen Stand an wirtschaftlicher Entwicklung und Aufrüstung erreicht, daß nun der Augenblick gekommen sei, beides für die Ausweitung des deutschen »Lebensraums« einzusetzen. Er stellte fest, daß die deutschen Streitkräfte zwar sowohl zahlenmäßig als auch an taktischem Wert und technischer Qualität denen jeder anderen europäischen Macht überlegen seien, aber dennoch von denen der eventuellen Feinde Deutschlands bald

eingeholt, ja überholt werden könnten. Mit anderen Worten, Hitler gab zu, daß Deutschland sich einen militärischen Aufwand gleichen Ausmaßes nicht noch einmal leisten könne, und erklärte, daß es keinesfalls über die Mittel verfüge, um autark zu leben. Also müsse man rechtzeitig handeln. »Deutschland«, so betonte er, »hat in einer langen Friedensperiode nichts zu gewinnen.« Aber noch vor einer Eroberung hauptsächlich landwirtschaftlich ergiebiger, aber auch rohstoffreicher Gebiete wie Polen und der Ukraine sei die nächste Aufgabe, immer laut Hitler, die Verwirklichung des »großdeutschen Reichs« – und das bedeutete die Annexion Österreichs und der Tschechoslowakei. Die von seinen Gesprächspartnern geäußerten Befürchtungen, Länder wie Frankreich, Großbritannien, die Sowjetunion oder sogar Italien könnten sich der Errichtung dieses großdeutschen Reiches womöglich mit Waffengewalt widersetzen, schob er beiseite. Frankreich und Großbritannien, so meinte er, würden für Österreich keinen Krieg riskieren und zweifellos auch nicht für die Tschechoslowakei. Deren Fall müsse ohnehin »durch blitzartiges schnelles Handeln« geregelt werden, um ein Eingreifen der Russen zu verhindern. In bezug auf Italien rechnete er mit seinen Beziehungen zu Mussolini, um bei einer Annexion Österreichs jedes Hindernis zu beseitigen. Er erwog sogar die Möglichkeit eines Konflikts im kommenden Sommer 1938 zwischen England und Frankreich einerseits und Italien andererseits, der die mutmaßlichen Gegner seiner Pläne neutralisieren könnte. Hitler schloß die Beratung mit der Versicherung, das »deutsche Problem« sei nicht anders als durch Gewalt zu lösen, und das bringe unvermeidliche Risiken mit sich. Zu erinnern sei aber an diejenigen, die Friedrich d. Gr. eingegangen war, um Preußen zu vergrößern, und Bismarck, um Deutschland zu schaffen.

So wurde das Los Österreichs und der Tschechoslowakei, die Schaffung des großdeutschen Reiches und die Ausweitung seines Lebensraums über Weißrußland und die Ukraine bis ans Schwarze Meer beschlossen.

Hitler war die Risiken, von denen er sprach, bereits im März 1936 eingegangen, als die neue deutsche Wehrmacht sich zur Besetzung des Rheinlandes anschickte. Er hatte damals einen doppelten Sieg errungen, und nur aufgrund dieses Sieges konnte er die »große Strategie« vorbereiten, die er auf der Konferenz vom 5. November 1937 seinen engsten militärischen und diplomatischen Mitarbeitern bekanntgab: Es gelte zuerst, den Sieg über Frankreich und England zu erringen, da sie unfähig seien, sich auf ein gemein-

sames Vorgehen zu einigen, wie sich gezeigt habe an ihrem Stillhalten angesichts des deutschen Einmarsches in die entmilitarisierte Zone des Rheinlands – vor dem damals das Wehrmachtskommando gewarnt hatte, da es den Zusammenstoß mit der im Ersten Weltkrieg siegreichen französischen Armee fürchtete. Mithin wäre den beiden westlichen Großmächten Europas im Frühjahr 1936 die letzte Chance entglitten, einen entscheidenden Schlag gegen das Naziregime zu führen und so den Frieden zu erhalten.
Wie dem auch sei, Hitlers erstes strategisches Würfelspiel war ein voller Erfolg für ihn gewesen, und zwanzig Monate lang hatte er überlegt, wie er ihn ausnützen könnte. Dieser Zeitraum schien ihm auch nötig zu sein, um die durch die Besetzung des Rheinlandes geweckten Befürchtungen wieder abklingen zu lassen und seine Gegner einzuschläfern in der Illusion, etwas Ähnliches werde sich nicht noch einmal wiederholen. Wenn das Jahr 1937 auch keine unangenehmen Überraschungen brachte und in der Tat zu Ende ging, ohne direkten Anlaß zu neuen Beunruhigungen zu geben, so hatte es Deutschland doch eine Reihe politischer Vorteile eingebracht, die es Hitler gestatteten, das Jahr 1938 mit dem Willen zu einer beschleunigten Verwirklichung seiner Absichten zu beginnen und dabei, sooft es nötig war, auf seine neue Militärmacht zu pochen, von der er bei Bedarf Gebrauch machen könnte. Die verschiedenen Versuche einer Verständigung zwischen Deutschland und den Westmächten im Hinblick auf einen allgemeinen Sicherheitsvertrag für Europa waren gescheitert. Dagegen hatten sich die Bande zwischen Deutschland und Italien durch Mussolinis Besuch in Deutschland gefestigt. Der Duce hatte den vom Dritten Reich geschaffenen ungeheuren Militärapparat einschätzen können. Das politische Abkommen von 1937, die berühmte »Achse Rom-Berlin«, hatte zu einem Militärbündnis zwischen den zwei eng verwandten Regimen geführt. Italien war dem ein Jahr zuvor zwischen Deutschen und Japan geschlossenen Abkommen beigetreten und zugleich, dem Beispiel Deutschlands folgend, aus dem Völkerbund ausgetreten.
Es war dies übrigens auch die Zeit, als Deutschland sich über die Schwächung der Sowjetunion freuen, ja sich dazu gratulieren konnte. Gut unterrichtet über alles, was dort vorging – waren doch die Luftwaffenschulen aus jenen heimlichen Ausbildungszentren hervorgegangen, die Deutschland bis 1933 in Rußland unterhalten konnte –, wußten die deutschen Führer durchaus, daß die sowjetischen Streitkräfte erheblich an Wert eingebüßt hatten, seit ihre besten Befehlshaber durch Schauprozesse und blutige Säuberun-

gen aus ihnen entfernt worden waren. Gleichzeitig erschien Japan Hitler als ein wertvoller Bundesgenosse der deutschen Strategie: Mit seiner Militärmacht stellte es eine Bedrohung der Sowjetunion dar, während es gleichzeitig die Besitzungen Frankreichs und Großbritanniens im Fernen Osten gefährden konnte.
In Spanien schließlich hatte Deutschland während des ganzen Jahres 1937 General Franco eine ansehnliche militärische Unterstützung im Bürgerkrieg gewährt. Sie war vor allem eine Gelegenheit für die Wehrmacht gewesen, ausgewählte Einheiten und Kriegsmaterial im Kampf zu erproben.
Nichts resümiert die Zukunftsaussichten Europas zu Beginn des Jahres, das das Jahr des Münchener Abkommens werden sollte, besser als die Warnung, die der französische Botschafter in Berlin, André François-Poncet, in einem Bericht über die Möglichkeit eines von Deutschland geplanten bewaffneten Konflikts an seine Regierung sandte:
»Haben die nationalsozialistischen Führer die Absicht, einen solchen Konflikt heraufzubeschwören? Wünschen sie in der Lage zu sein, eine günstige Gelegenheit zu nutzen, die sich ihnen womöglich bietet? Glauben sie, wenn sie den Vorsprung ihrer militärischen Überlegenheit noch vergrößern, könnte sich eines Tages niemand mehr ihren Ansprüchen widersetzen?
Wie dem auch sei: die Haltung des Dritten Reiches und die beunruhigenden Äußerungen einiger seiner führenden Persönlichkeiten zwingt die auf die Erhaltung des Friedens bedachten Regierungen zu größter Wachsamkeit und verlangt von den Völkern, die sich den Kult der Freiheit bewahrt haben, stark und einig zu sein.«
Von den Völkern, die sich »den Kult der Freiheit« bewahrt hatten, waren Frankreich und England am direktesten betroffen und auch als einzige fähig, die Verwirklichung der Ambitionen Hitlers zu verhindern, vorausgesetzt, daß sie stark und einig waren. Einig waren sie aber nur durch scheinbar sehr herzliche Beziehungen. Faktisch gingen die Wege ihrer Außenpolitik gegenüber Deutschland in entgegengesetzte Richtungen.
Die britische Regierung setzte sich für eine Politik der Beschwichtigung ein (heute würden wir sagen: für eine Entspannungspolitik). Sie hatte Ende 1937 eines ihrer Mitglieder, Lord Halifax, nach Deutschland geschickt, um dort die wichtigsten Naziführer zu treffen. Den ersten Kontakt hatte er mit Göring in dessen fabulösem Haus »Karinhall« nördlich von Berlin. Der Marschall eröffnete ihm ohne Umschweife, die unmittelbaren Ziele des Dritten

Reiches seien der »Anschluß« Österreichs und des Sudetenlandes sowie die Rückkehr Danzigs nach Deutschland mit einer »vernünftigen« Lösung für den polnischen »Korridor«, der die Stadt von Ostpreußen trennte. Hitler, der Lord Halifax in Anwesenheit von Neuraths in Berchtesgaden empfing, gab zwar einen ausführlichen Überblick über die Lage, sagte aber ungefähr dasselbe, nur daß es sich im Fall Österreich, seiner Ansicht nach, um eine »innere Angelegenheit« Deutschlands handelte, die im Prinzip bereits geregelt sei.

Der britische Premierminister Sir Neville Chamberlain war über dieses Gespräch sehr befriedigt. In seinem Tagebuch ist tatsächlich zu lesen: »Der Besuch von Lord Halifax in Deutschland war meiner Meinung nach ein großer Erfolg, weil er sein Ziel erreicht hat, nämlich ein Klima zu schaffen, in dem ein Gespräch mit Deutschland über die praktischen Fragen im Sinne einer europäischen Regelung möglich wird ... Ich sehe nicht ein, warum wir den Deutschen nicht sagen, sie sollten uns zusichern, gegen die Österreicher und Tschechoslowaken nicht mit Gewalt vorzugehen, während andererseits wir ihnen zusichern, daß wir keine Gewalt anwenden werden, um die von ihnen gewünschten Veränderungen zu verhindern, falls sie auf friedlichem Wege zu erreichen sind.«

Frankreich zeigte sich kaum weniger leichtgläubig als England, obwohl es, wenigstens offiziell, keine ähnlichen Kontakte mit den Naziführern gesucht hatte. Aufgrund ihrer Uneinigkeit waren die zwei großen westlichen Demokratien auch nicht so stark, daß sie gegebenenfalls in der Lage gewesen wären, ihre Verpflichtungen einzuhalten und der Nazi-Gefahr, die den Frieden Europas bedrohte, entgegenzutreten. Es wäre richtig gewesen, wenn Frankreich nach dem deutschen Kraftakt der Besetzung des Rheinlandes militärische Anstrengungen unternommen und dadurch bekundet hätte, daß es Hitlers Strategie einer Herrschaft über Europa nicht passiv hinnehmen werde. Statt dessen maß es den Warnungen derer, die mit der Berichterstattung über Deutschland beauftragt waren, ebensowenig Gewicht bei wie England den dringenden Appellen Winston Churchills, der mit außerordentlicher Klarsicht die Größe der aufziehenden Gefahr erkannte. Jedes der beiden Länder verfolgte auf eigene Faust eine Militärpolitik, die der Bedrohung nicht angemessen und ihr vor allem nicht angepaßt war.

Am 5. Februar fand ein Theatercoup statt, dem selbst die deutsche Presse das gleiche Gewicht beimaß wie der Machtergreifung durch die NSDAP vor fünf Jahren. Die deutsche Öffentlichkeit, noch euphorisch von den Neujahrswünschen und Versicherungen Hitlers über eine anbrechende Ära des Friedens und der Prosperität, erfuhr plötzlich die Entlassung von sechzehn Generalstabsoffizieren, darunter Marschall von Blomberg und General von Fritsch, sowie einer Anzahl höherer Offiziere, dazu auch das Ausscheiden des Außenministers von Neurath, der durch Ribbentrop ersetzt wurde. Mit dieser Säuberung »an der Spitze« ging eine lange Reihe von Versetzungen »im Mittelbau« der Streitkräfte und der Verwaltung einher. Gleichzeitig wurde die nationale Verteidigung umorganisiert. Hitler selbst übernahm den Oberbefehl über die Wehrmacht, d. h. die Gesamtheit der Land-, See- und Luftstreitkräfte.

Einige Tage später erklärte Hitler in einer Rede vor dem Reichstag – das Parlament war nur noch eine Kammer zur feierlichen Entgegennahme der Diktate des Regimes – dem deutschen Volk und der Welt, was diese Entscheidungen bedeuteten:

»Es gibt keine Institution in diesem Staat, die nicht nationalsozialistisch ist. Vor allem aber hat die nationalsozialistische Partei in diesen fünf Jahren nicht nur die Nation nationalsozialistisch gemacht, sondern sich auch selbst jene vollendete Organisation gegeben, die für alle Zukunft die Selbst- und Forterhaltung gewährleistet. Die größte Sicherung dieser nationalsozialistischen Revolution liegt führungsmäßig nach innen und außen in der restlosen Erfassung des Reiches und all seiner Einrichtungen durch die nationalsozialistische Partei. Sein Schutz der Welt gegenüber aber liegt in der neuen nationalsozialistischen Wehrmacht.«

Die Phase der Ausführung der auf der Konferenz vom 5. November getroffenen Entscheidungen begann unverzüglich. Hitler hatte sich des Ministers, des Marschalls und der Generäle entledigt, die durch ihren Rat zur Vorsicht seine Befähigung, seinen Weitblick und sein Genie in Zweifel gezogen hatten. Mit der Erinnerung an das Beispiel Friedrichs des Großen und Bismarcks, mit denen er sich verglich und denen er sich an die Seite stellte, gab Hitler zu verstehen, daß er aus eigener Kraft die Ziele erreichen wollte, die er sich gesteckt hatte. Auf das um Schlesien und erste Teilstücke von Polen vergrößerte Preußen, auf das Deutsche Reich von 1871 sollte Adolf Hitlers Großdeutsches Reich folgen, der nationalsozialistische Staat, der seine Herrschaft nach Osten und Südosten über weite, seiner Macht und Prosperität dienstbar gemachte Gebiete ausdehnen würde. Die von den Zögernden, Bedenklichen und vor allem von den Nazi-Gegnern gesäuberte, seinem Oberbefehl von nun an direkt unterstellte Wehrmacht würde diejenige Kraft sein, welche die äußeren Feinde durch Überzeugung und nötigenfalls durch Krieg seinem Willen gefügig machen sollte.

In dieser Rede, die die endgültige Absegnung des total nationalsozialistischen Staats darstellte, hatte Hitler auch von Österreich gesprochen und von seiner nur wenige Tage zurückliegenden Begegnung mit dem Kanzler Kurt von Schuschnigg. Doch was Hitler hier als herzliche Unterredung zwischen den Regierungschefs der zwei »Bruderstaaten« hinstellte, war in Wirklichkeit durch ein regelrechtes Herbeizitieren des österreichischen Kanzlers nach Berchtesgaden zustandegekommen, und Hitler hatte Schuschnigg bei dieser Gelegenheit brutal seinen Entschluß über die wirtschaftliche und militärische »Zusammenarbeit« der beiden Länder mitgeteilt. Schuschniggs dramatische Proteste, sein pathetischer Aufruf ans Volk änderten nichts an Hitlers Beschluß. Einen Monat später rückten die deutschen Truppen in den frühen Morgenstunden des 12. März 1938, einem Samstag, in Österreich ein. Frankreich war in diesem Augenblick ohne Regierung; Großbritannien, wo eben Lord Halifax Anthony Eden im Foreign Office abgelöst hatte, bekundete nicht die geringste Absicht, weiterzugehen als bis zur Entrüstung und zum Protest. Am Sonntag, dem 13. März, nahm der österreichische Botschafter in Berlin im Großen Dienstanzug an der Feier zum Heldengedenktag teil und grüßte wie alle anwesenden Deutschen mit »Heil Hitler«. Der tschechoslowakische Militärattaché seinerseits erklärte: »Für mein Land ist Hitler in Wien besser als die Habsburger.« So kamen Verzicht, Verrat und Verblendung Hitler bei dem geglückten Versuch einer territorialen Eroberung ohne Krieg zu Hilfe. Die Besetzung Österreichs erforderte nur die Zeit eines triumphalen Siegeszugs durch das Land. Kein Schuß fiel. Fast auf den Tag zwei Jahre nach dem Einmarsch der Wehrmacht ins Rheinland hatte Hitler vor den Augen der verblüfften, beunruhigten, empörten und bewundernden Welt seinen zweiten großen strategischen Sieg errungen.

Er verweilte nicht lange dabei. Schon in den ersten Maitagen berichtete die deutsche Presse in heftigstem Ton von angeblichen

Zwischenfällen zwischen Sudetendeutschen und tschechoslowakischen Soldaten. Das Propagandabüro des Dr. Goebbels begann, die Öffentlichkeit auf eine baldige »Abrechnung« mit der Tschechoslowakei vorzubereiten. Mit einer psychologischen Taktik, die er sich für Österreich zurechtgelegt hatte, eröffnete Hitler den Nervenkrieg durch Truppenbewegungen nahe der tschechoslowakischen Grenze, durch fieberhafte Aktivität in den Garnisonsstädten und durch intensive Zirkulation von Stoßtrupps der Partei in Berlin – in der Absicht, die von dem bevorstehenden Konflikt betroffenen diplomatischen Vertreter in Unruhe zu versetzen. Tatsächlich ergriff die britische Botschaft Maßnahmen zur Evakuierung aller waffenfähigen englischen Staatsangehörigen und ihrer Familien, nahm sie dann aber wieder zurück, sobald sie vom deutschen Außenminister Beruhigendes erfahren konnte. In der letzten Maiwoche rief eine neue Welle von Gerüchten noch einmal Unruhe hervor. Aber Deutschland war faktisch noch nicht bereit, militärisch gegen die Tschechoslowakei vorzugehen: Bei der Annexion Österreichs, der ersten großen Probe zum Einsatz der Wehrmacht, hatten sich – selbst ohne Kampfhandlungen – Mängel an einigem kürzlich erst in Betrieb genommenen Material gezeigt.

Hitler nutzte den Aufschub, den er sich zur Perfektionierung der gegen die Tschechoslowakei gerichteten Operation »Fall Grün« gewähren mußte. Um die deutsche und die ausländische Öffentlichkeit über seine wahren Pläne zu täuschen, entrüstete er sich darüber, daß ihm Aggressionsabsichten unterstellt worden waren, beschuldigte die tschechoslowakische Regierung, ihre westlichen Freunde – Franzosen und Briten – gegen Deutschland aufgehetzt zu haben, und informierte sich über deren Reaktionen, die, wie erwartet, praktisch ausblieben. Um aber auf jeden Fall einen Überraschungsangriff Frankreichs und seines britischen Verbündeten auf die deutsche Westgrenze zu vermeiden, ordnete Hitler zu dieser Zeit den Bau einer Verteidigungslinie von der Nordsee bis zur Schweizer Grenze an. Zweifellos glaubte er nicht an die Effizienz und Nützlichkeit militärischer Befestigungswerke solchen Ausmaßes. Nach den Worten eines seiner engsten Mitarbeiter sah er darin vor allem ein Mittel, um Frankreich und Großbritannien von seinen friedlichen Absichten zu überzeugen. Die darüber von ihrer Berliner Botschaft pflichtgemäß informierte französische Regierung und das Oberkommando der französischen Streitkräfte zeigten sich skeptisch, zogen aber nicht den klar zutage liegenden – und ihnen auch nahegelegten – Schluß, daß es

Hitler darum ging, das Risiko eines Angriffs auf die Westflanke Deutschlands genau in dem Augenblick zu verringern, in dem er sich anschickte, gegen die Tschechoslowakei und darüber hinaus gegen die Ukraine vorzugehen, um die Sowjetunion zu erobern.
Zudem ließ die deutsche Aufmarschordnung, die vom »Nachrichtendienst« der französischen Botschaft in Berlin permanent ermittelt wurde, seit Juni 1938 die unmittelbaren Ziele der Wehrmacht klar erkennen. Ein beträchtlicher Teil – etwa die Hälfte – der Landstreitkräfte und ein ebenso großer Teil der Luftwaffe wurden längs der seit dem »Anschluß« Österreichs sehr langen Grenze zwischen dem deutschen Reich und der Tschechoslowakei gestaffelt, während die Truppenstationierungen im Westen auf anfangs hauptsächlich defensive Absichten hinwiesen. Frankreich und Großbritannien waren also durchaus in der Lage vorauszusehen, daß sie angesichts dieser Verteidigungslinie nur mit ihrer offensiven Luftwaffe der Tschechoslowakei zu Hilfe kommen und wirksam in die Schlacht eingreifen könnten. Hitler wußte jedoch genau, daß Frankreich gerade auf diesem Gebiet am schwächsten war, und in bezug auf Großbritannien war er so gut wie sicher, daß es seine ohnehin nicht große Bomberflotte nicht für die Tschechoslowakei und gegen die mächtige deutsche Luftwaffe aufs Spiel setzen würde.
Zum besseren Verständnis des Münchener Abkommens ist es nicht ohne Interesse, in diesem Zusammenhang auf ein Ereignis hinzuweisen, aus dem hervorgeht, wie gut es Hitler gelungen war, Furcht vor der deutschen Wehrmacht und insbesondere vor der Luftwaffe zu erwecken.
In der zweiten Augusthälfte 1938 kam der Generalstabschef der französischen Luftstreitkräfte, General Vuillemin, für einen einwöchigen Besuch nach Deutschland. Die Deutschen versuchten ihn zu beeindrucken, indem sie ihm großzügig Einblick in Umfang und Qualität der Aufrüstung ihrer Luftwaffe gaben, und sie beeindruckten ihn auch so sehr, daß Vuillemin zuerst dem Botschafter François-Poncet und dann, nach seiner Rückkehr nach Frankreich, auch dem Ministerpräsidenten Edouard Daladier erklärte, wenn die französische Luftwaffe in intensiven Einsätzen gegen die deutsche Luftwaffe antreten müßte, »wäre sie in zwei Wochen dahingeschmolzen«. Der französische Regierungschef durfte die Ansicht des Chefs der französischen Luftstreitkräfte schlechterdings nicht übergehen, schon gar nicht zu einem Zeitpunkt, als die deutsche Kampagne gegen die Tschechoslowakei vehement wieder einsetzte. In seiner Schlußrede auf dem Nürn-

berger Parteitag, gehalten am 12. September, sprach Hitler eingehend über die von ihm angeordnete »außerordentliche« Verstärkung des Heeres und der Luftwaffe sowie von dem »sofortigen Ausbau unserer Festungsanlagen im Westen«. Er ließ keinen Zweifel an seiner Entschlossenheit, in Kürze das Sudetenproblem durch »Anschluß« auch dieses Landes an Deutschland endgültig zu lösen. Die Kriegspsychose war ausgelöst, der diplomatische Prolog zum Drama von München stand bevor.

Das Vorspiel zur Kapitulation

Am 15. September bestieg der britische Premierminister Neville Chamberlain das Flugzeug nach München (es war sein erster Flug). Von hier aus, wo er von seinem Berliner Botschafter Neville Henderson, von dem deutschen Außenminister von Ribbentrop und von Hitlers berühmtem Dolmetscher Paul Schmidt empfangen wurde, setzte er seine Reise per Bahn nach Berchtesgaden fort. Der Empfang beim Führer war sehr schlicht. Wie viele ausländische Besucher, die den deutschen Diktator zum ersten Mal sahen, war auch Chamberlain von der Erscheinung des Mannes enttäuscht: »Sein Haar ist dunkelbraun, aber nicht wirklich braun, seine Augen sind blau und sein Gesichtsausdruck eher unangenehm, vor allem, wenn er sich gehenläßt. Und bei alledem ist er gänzlich unscheinbar. In der Menge würde er völlig unbemerkt bleiben – man würde ihn für den Anstreicher halten, der er früher war.«
Die beiden Männer führten zuerst ein Gespräch, bei dem nur der Dolmetscher anwesend war. Nach einigen einleitenden Worten des britischen Premierministers gab der Reichskanzler einen langen historischen Abriß der deutsch-tschechoslowakischen Krise. Alles kam darin vor, vom Versailler Vertrag bis zum Appell der Sudetendeutschen an ihre Brüder im Reich, sie »aus den unerträglichen Lebensbedingungen zu befreien«, denen die Tschechoslowakei sie unterworfen habe. Auf die Frage, ob er eine Zerstückelung der Tschechoslowakei wolle, antwortete Hitler (was er übrigens im Verlauf der Münchner Konferenz wiederholte), er wolle durchaus keine Tschechen in seinem Reich, »um gar keinen Preis«. Umgekehrt gebe er aber auch zu, daß er sich nicht sicher fühle, solange der Pakt zwischen der Tschechoslowakei und der Sowjetunion bestehe. Aber sobald die Sudetendeutschen ins Reich zu-

rückgekehrt sein würden, sei es klar, daß auch die anderen Minoritäten sich separieren würden, »und was bliebe dann noch von der Tschechoslowakei übrig?« Brüsk verwarf Hitler den britischen Vorschlag einer Versöhnung der beiden Parteien: »Ich lasse mir das nicht länger bieten. Ich werde in kürzester Frist diese Frage – so oder so – aus eigener Initiative lösen.«
Sehr erregt, ja zornig drohte Chamberlain, er werde abreisen. Sicherlich überrascht von einer Reaktion, die er nicht erwartet hatte, änderte Hitler den Ton und versicherte seinem Gesprächspartner in größter Ruhe, er sei bereit, über Selbstbestimmung zu reden – eine Lösung, die, wie er in Anspielung auf die »private« Mission Lord Runcimans im Frühjahr vergangenen Jahres sagte, nicht er erfunden habe. Chamberlain fing den Ball im Fluge auf, bat das Gespräch hier abzubrechen, damit er sich mit dem britischen Kabinett beraten könne, und schlug vor, die Unterredung einige Tage später fortzusetzen. »Wir könnten uns in der Nähe von Köln wiedersehen«, antwortete Hitler, um seine Zustimmung zu bekunden.
Sofort nach seiner Rückkehr nach London am 16. September berichtete Chamberlain dem britischen Kabinett von seiner Begegnung mit dem deutschen Kanzler. Auch Lord Runciman war bei der Sitzung zugegen, jener private Vermittler, dessen »Vermittlung« im wesentlichen darin bestand, die deutsche These vom schlichten und uneingeschränkten »Anschluß« des Sudetenlandes zu unterstützen. Den Bericht über seine Erkundungsmission, die er hauptsächlich auf deutscher Seite und in Begleitung des Sudetenführers Konrad Henlein verbracht hatte, schloß Lord Runciman mit der Behauptung, es gebe keine andere Möglichkeit, den Frieden zu erhalten, als die sofortige Abtretung des betreffenden Gebietes an das deutsche Reich.
Zwei Tage danach kamen auf Wunsch Chamberlains Edouard Daladier und sein Außenminister Georges Bonnet nach London in die Residenz des Premierministers, Downing Street 10. In seinem einleitenden Bericht über seinen Besuch in Berchtesgaden trat Chamberlain im Gegensatz zu der Ansicht Lord Runcimans für eine Volksabstimmung ein, der Hitler – ihm zufolge – zugestimmt habe.
Heute weiß man nach den inzwischen veröffentlichten Dokumenten und Memoranden, daß diese französisch-britische Unterredung sehr verworren war und daß die »Vereinbarung über die im Hinblick auf eine Erleichterung der friedlichen Lösung des tschechoslowakischen Problems einzuschlagende Politik«, wie es im

Kommuniqué hieß, für die beiden französischen Regierungsvertreter im wesentlichen eine »Abtretung eines bestimmten Gebietes« bedeutete und nicht eine Volksabstimmung, wie es Chamberlain zunächst meinte, aber im Verlauf der Diskussion dann selber fallen ließ. Was aber war unter »einem bestimmten Gebiet« zu verstehen? »Alle Gegenden des Sudetenlandes mit einer deutschen Mehrheit von über 50%«, hatte Chamberlain vorgeschlagen.

Die tschechoslowakische Regierung, die von dem französisch-britischen Plan einer Abtretung des Sudetenlandes an Deutschland unterrichtet worden war, weigerte sich zunächst standhaft, ihn anzunehmen. In dem Bewußtsein aber, daß weder Frankreich noch Großbritannien und schon gar nicht die Sowjetunion das Risiko eines Krieges gegen Deutschland auf sich nehmen würden, gab sie schließlich nach und überließ Chamberlain die weiteren Verhandlungen mit Hitler.

Am 22. September flog der britische Premierminister erneut zum deutschen Reichskanzler. Er hatte gute Gründe, zuversichtlich zu sein, da es ihm in weniger als einer Woche gelungen war, ein Angebot auszuarbeiten, das weit über den Punkt hinausging – das Selbstbestimmungsprinzip –, an dem das Gespräch in Berchtesgaden abgebrochen worden war. Der Empfang war, diesmal auf Kölner Boden, unvergleichlich viel imposanter als acht Tage zuvor in München. Die neue Begegnung fand in Godesberg, dem berühmten Thermalbad am Rheinufer statt, im Hotel Dreesen, wo Hitler sich eingerichtet hatte. Vertrauensvoll ergriff Chamberlain als erster das Wort, fast als wollte er einem Vorgesetzten über die Durchführung eines Auftrags Bericht erstatten. Er sprach von der Option der Sudetendeutschen für das Reich, von dem »vorbehaltlosen Anschluß« der Gebiete mit deutscher Mehrheit, von einer Entschädigung für staatlichen und privaten Besitz, von einem Sicherheitssystem und Garantien für die Grenzen, von einem Nichtangriffspakt.

Hitlers Antwort war kurz und bündig: »Es tut mir sehr leid, Herr Chamberlain, daß ich auf diese Dinge jetzt nicht mehr eingehen kann. Nach der Entwicklung der letzten Tage geht diese Lösung nicht mehr.« Und nun wiederholt sich die gleiche Szene in genauer Umkehrung dessen, was die unterschiedlichen Temperamente und Nationalitäten der beiden Männer erwarten ließen: Chamberlain, enttäuscht und wütend, protestiert empört, während Hitler ruhig und freundlich die territorialen Ansprüche Ungarns und Polens darlegt, die er übrigens schon früher hatte durchblicken lassen.

Aber genau wie in seinen öffentlichen Reden dauert Hitlers Ruhe auch hier nur so lange, bis er Atem geschöpft hat für einen langsam aufsteigenden und bis zur Raserei sich verschärfenden Wutausbruch. Drei Stunden später stehen die beiden Männer noch immer am selben Punkt totaler Nichtübereinstimmung. Jedes nochmalige Treffen scheint nun gegenstandslos. Chamberlain, »tief schockiert«, schickt sich zur Abreise an, während in der Tschechoslowakei der Zusammenstoß zwischen der neuen, eigens gegen die Nazis gebildeten Regierung und den Sudetendeutschen, die nach provozierten Zwischenfällen nun zur Aktion übergehen, unmittelbar bevorsteht.

Am Morgen des 23. September hat Chamberlain das britische Phlegma wiedergefunden, und statt erneut mit Hitler zusammenzutreffen, schreibt er ihm einen Brief, den Paul Schmidt in seinen Memoiren als »der Form nach ganz freundlich« bezeichnet*. Er bringt lediglich den französisch-britischen Plan in Erinnerung, der der Prager Regierung unterbreitet und von dieser, wenngleich widerstrebend, angenommen worden war. Die Antwort Hitlers ist wie gewöhnlich lang, verschwommen und drohend.

»Deutschland ist jedenfalls, wenn es – wie es jetzt den Anschein hat – für seine unterdrückten Volksgenossen in der Tschechoslowakei auf dem Verhandlungswege dem klaren Recht nicht zum Durchbruch verhelfen kann, entschlossen, die dann allein übrigbleibenden Möglichkeiten auszuschöpfen.« Verhandlung besagte, so wie Hitler das Wort gebrauchte: Billigung des Einfalls der deutschen Soldaten in die Tschechoslowakei und deren Besetzung bis zu einer von ihm festgelegten »Rassengrenze« als Vorbedingung. Danach war der Führer bereit, »im ganzen Gebiet Abstimmungen vornehmen zu lassen, durch die noch nachträgliche Korrekturen stattfinden können«.

Am späten Nachmittag des zweiten Tages schickt Chamberlain Hitler einen zweiten Brief und verlangt darin ein Memorandum über seine, Hitlers, Vorschläge sowie eine Landkarte mit Angabe derjenigen Gebiete, deren Anschluß an Deutschland er wolle.

Als schließlich jede neue Begegnung ausgeschlossen scheint, wird am Vormittag des dritten Tages die Unterredung in einem Klima der Gelassenheit wiederaufgenommen, das mit den Wortwechseln und Briefen des letzten und vorletzten Tages scharf kontrastiert. Nach einem Höflichkeitswettstreit zwischen den Gesprächspartnern übergibt Hitler seinem Gast das erbetene Memorandum und

* Paul Schmidt, *Statist auf diplomatischer Bühne 1923–45*, Bonn 1954, S. 409.

die Landkarte. Je weiter Paul Schmidt den Text übersetzt, desto mehr verdüstert sich Chamberlains Gesicht. Abermals bebend vor Zorn, ruft er aus: »Das ist ja ein Ultimatum ... ein Diktat.« Aber Hitler mit seinem angeborenen Talent für Theatercoups hält schon die große Schlußszene der Begegnung bereit: Mitten in die Konferenz platzt die sensationelle Nachricht, der tschechoslowakische Ministerpräsident Benesch habe den Befehl zur allgemeinen Mobilmachung gegeben. Hitler, der den Coup sorgfältig inszeniert hatte und auf seine Wirkung vertraut*, neigt sich zum Premierminister hinüber: »Meine Zusage, daß ich während der Verhandlungen nicht gegen die Tschechoslowakei vorgehen werde, halte ich trotz dieser unerhörten Provokation selbstverständlich aufrecht, zumindestens solange Sie, Herr Chamberlain, sich noch auf deutschem Boden befinden.«

Chamberlain kämpft noch einen Augenblick, gibt dann nach, fährt noch einmal auf, um sich zuletzt dann doch bereitzuerklären, der tschechoslowakischen Regierung die deutschen »Vorschläge« zu unterbreiten. Hitler treibt seine Kunstfertigkeit als Komödiant so weit, daß er noch einige rein formale Abschwächungen einbringt, und Chamberlain hätte ihm beinahe noch dafür gedankt. Bei einem letzten Tête-à-tête, ehe sie sich um zwei Uhr morgens trennen, sagt Hitler im Ton einer vertraulichen Mitteilung zu Chamberlain, »die Lösung der Sudetenfrage« sei das »letzte große Problem«, das ihm noch zu regeln bleibe.

Unterwegs nach München

Ein aufmerksamer Beobachter kann nun zu Recht annehmen, daß Neville Chamberlain in Voraussicht einer zumindest wahrscheinlichen, wo nicht gewissen Weigerung der tschechoslowakischen Regierung, Hitlers Diktat zu befolgen, gleich nach seiner Rückkehr nach London Maßnahmen ergriffen hätte, um Großbritannien auf die Eventualität eines Krieges vorzubereiten. Das Beispiel gab Frankreich, wo bestimmte Kategorien von Reservisten für eine Teilmobilmachung einberufen wurden. In seiner Verlegenheit schwankte das britische Kabinett zwischen zwei Extremen: entwe-

* In Wirklichkeit war diese Nachricht für Chamberlain keine Neuigkeit. Als er von der Mobilmachungsabsicht der tschechoslowakischen Regierung erfuhr, äußerte er die Ansicht, ein solcher Schritt könne ihm bei seinen Verhandlungen mit Hitler nur zustattenkommen.

der der Tschechoslowakei die Ablehnung des »Ultimatums« anraten oder sie drängen, es anzunehmen. Unentschlossen, zögernd, ratlos, bat Chamberlain seinen französischen Kollegen und Georges Bonnet noch einmal, nach London zu kommen. Am 25. September um neun Uhr abends versammelten sie sich mit den Mitgliedern des »engeren Kabinetts« in Downing Street 10 und vernahmen den bedrückenden Bericht des britischen Premiers über seine Unterredung in Bad Godesberg. Einerseits sagte Chamberlain, er habe angesichts der »grausamen und ungerechten Haltung« Hitlers der tschechoslowakischen Regierung die Mobilmachung angeraten*, andererseits stellte er die anwesenden französischen und britischen Minister vor die Gewissensfrage, die ihn selbst bedrückte: Wie kann man am besten den Ausbruch eines allgemeinen Krieges verhindern? Gegen Daladiers Frage, ob man nicht in kürzester Frist eine Konferenz aller an der Erhaltung des Friedens interessierten Länder einberufen könne, wandte Chamberlain ein, Hitler erwarte ein Ja oder ein Nein auf sein Memorandum, nichts sonst. »Im Fall einer tschechoslowakischen Weigerung«, fuhr Daladier daraufhin fort, »würde Frankreich seinem Verbündeten zu Hilfe kommen, und das wäre dann also der Krieg.« Das Risiko eines Krieges schien damit akzeptiert, und die Diskussion verlagerte sich auf die militärische Lage, die Daladier weniger ungünstig hinzustellen versuchte, als man annehmen mußte. Er glaubte an die Widerstandsfähigkeit der »gut ausgerüsteten und gut geführten« tschechoslowakischen Armee, er rechnete mangels eines bedeutenden Beitrags des britischen Landheeres mit der Offensivkraft der Royal Air Force, er hoffte, daß die Sowjets intervenieren würden. Kurioserweise ließ er ungeklärt, was Frankreich »in die Schlacht werfen« konnte. Aus diesem Grund wurde für den nächsten Tag – oder genauer für den gleichen Tag, da die Minister erst um drei Uhr morgens auseinandergingen – der General Gamelin gerufen.
Das Exposé, das der künftige Generalissimus am Morgen des 26. September über den militärischen Stand der verfügbaren Streitkräfte gab, war nicht dazu angetan, die beiden Regierungschefs vom Risiko eines Krieges abzubringen, und zwar um so weniger, als der General soeben von seinem sowjetischen Kollegen Marschall Woroschilow erfahren hatte, daß »dreißig Divisionen Infanterie, eine starke Kavallerie, zahlreiche Panzereinheiten und das Gros der Luftwaffe für eine Intervention im Westen bereitstanden«.

* Das war nicht ganz richtig, siehe die vorige Fußnote.

Ein am gleichen Tag an Hitler persönlich gerichtetes Telegramm des US-Präsidenten Franklin Roosevelt drängte vor allem zu Verhandlungen, unterstrich aber auch, daß »in irgendeiner Weise« keine Nation den Folgen eines allgemeinen Krieges entgehen würde.
Zur gleichen Zeit erfuhr Hitler in Berlin durch einen Brief Chamberlains, daß die tschechoslowakische Regierung den deutschen Vorschlag »absolut unannehmbar« fand. In rasender Wut ließ der deutsche Kanzler den Abgesandten des britischen Premiers wissen, er erwarte die Annahme seitens der Tschechoslowakei bis Mittwoch, den 28. September, spätestens vierzehn Uhr.
Die Rede, die Hitler am Abend des 26. September 1938 im Berliner Sportpalast hielt und die an sich schon überladen war mit dramatischen Ereignissen, war weniger ein Überblick über die »tschechoslowakische Angelegenheit« als vielmehr eine Vorbereitung der deutschen Öffentlichkeit auf den Krieg. Nach dieser Haßtirade konnte niemand mehr vernünftigerweise an eine friedliche Lösung der Krise glauben. Die dringenden Eingaben an Hitler – sie waren zahlreich –, die ihn zur Aufgabe seiner starren Haltung bewegen und ihm bewußt machen sollten, welches im Verhältnis zum Einsatz unermeßliche Unglück er heraufbeschwor, blieben allesamt wirkungslos. Hitler war bei dem geblieben, was er am 5. November 1937 bekräftigt hatte: er werde sogar den Krieg riskieren, um seine Absichten zu verwirklichen. Er hatte im Laufe der beiden Begegnungen den britischen Premierminister »ergründet« und fühlte, daß dieser vor einem bewaffneten Konflikt zurückscheute; Frankreich aber werde nicht allein in den Kampf für die Tschechoslowakei ziehen. So hatte er sich dafür entschieden, all diese diplomatischen »Rückzugsgefechte« gleichmütig zu betrachten. In seiner Vorstellung hatte er es mit Politikern zu tun, die in den letzten Zügen lagen; zu gegebener Stunde würden sie sich seinem Gesetz beugen.
Am frühen Nachmittag des 28. September 1938 telefonierte Marschall Göring mit dem französischen Botschafter und bat ihn, Ministerpräsident Edouard Daladier eine Einladung Hitlers zu einer Konferenz zwischen Deutschland, Italien, Frankreich und England zu übermitteln, die am nächsten Tag in München stattfinden sollte. Kaum eine Stunde später traf die Zusage der französischen Regierung beim Reichskanzler ein. Großbritannien klammerte sich mit der nämlichen Eile an den »Rettungsring«: unter Beifallsdonner und einem wahren Freudentaumel, der beim Publikum auf den Galerien bis zu Tränen ging, kündigte

Neville Chamberlain im Unterhaus seine Abreise nach München an.

Was war geschehen? Hitler selbst sollte es beiläufig zu dem englischen Botschafter Neville Henderson sagen: »Ich habe übrigens die deutsche Mobilmachung auf Wunsch meines großen italienischen Bundesgenossen Mussolini um vierundzwanzig Stunden verschoben.« In Wirklichkeit hatte der Kanzler einen zwischen Großbritannien und Italien ausgearbeiteten Vorschlag zu einer Konferenz angenommen. Was er Chamberlain abgeschlagen hatte, konnte er Mussolini nicht versagen. Es war nicht so sehr die militärische Unterstützung Italiens, die für ihn ins Gewicht fiel, als der Eindruck, den die Solidarität zweier totalitärer Regime in einer so kritischen Lage auf die deutsche Öffentlichkeit machen mußte. Sobald Mussolini fürchtete, in einen bewaffneten Konflikt hineingerissen zu werden, zog Hitler es vor, die letzte Chance zu einer gütlichen Regelung nicht außer Acht zu lassen. Auf jeden Fall würde die »Konferenz«, falls man sie überhaupt so bezeichnen konnte, rasch vorbei sein. Und sie würde nicht mehr sein als ein kurzes Zusammentreffen der wichtigsten europäischen Mächte (unter Ausschluß der Sowjetunion), die gekommen wären, den Willen des Führers entgegenzunehmen.

Mit militärischen Ehren recht diskret empfangen, trafen die französische und die britische Delegation am 29. September 1938 vormittags auf dem Münchner Flughafen ein, während Hitler und Mussolini, Seite an Seite im offenen Wagen, einen Triumphzug durch die bayerische Hauptstadt genossen.

Welche Haltung würde Frankreich bei dieser Konferenz einnehmen? Die Antwort ließ sich mit jenem einfachen Satz geben, den Edouard Daladier an den aus Berlin angereisten französischen Botschafter und seine Mitarbeiter richtete: »Alles wird von den Engländern abhängen, wir können ihnen also nur folgen.«

Gegen ein Uhr nachmittags trafen »die Vier« im »Führerbau«, dem Haus des deutschen Diktators, zusammen. Hitler und Mussolini, beide in Uniform, betraten gefolgt von Daladier und Chamberlain, in einer Art Einzug den Konferenzsaal. Kaum waren die Flügeltüren geschlossen, als Hitler mit einer wilden Anklagerede gegen die Tschechoslowakei loslegte. Als Daladier ihn unterbrach, wie zwei Wochen zuvor Chamberlain in Berchtesgaden, brauste Hitler wie damals auf und sagte mit denselben Worten, daß es ihm nicht um eine Zerstückelung der Tschechoslowakei gehe, wie der französische Ministerpräsident es ihm unterstelle, daß er keinerlei Absicht habe, die Tschechoslowakei zu annektieren, sondern »nur

ein überwiegend von Deutschen bewohntes Land ins Reich heimzuführen«. Es war der einzige Augenblick, wo der Ton laut wurde. Die übrige Zeit ließ Hitler, meist schweigend und unberührt, die Gäste sprechen und sich erschöpfen, bis sie seine Bedingungen resigniert angenommen hatten.
Während einer zweistündigen Unterbrechung der Sitzung, die dem Mittagessen vorbehalten war, prüften der französische und der britische Regierungschef den italienischen Vorschlag – er war von der Regierung in London angeregt, aber von den beiden Außenministern der »Achse«, Ciano und Ribbentrop, wesentlich verändert worden – und kehrten mit Zusatz- und Gegenvorschlägen in die Konferenz zurück. Abwechselnd entspannt, versöhnlich, verärgert, akzeptierte Hitler mehr durch Gesten denn durch Worte alles, was seine Grundbedingungen nicht veränderte. Hatte er nicht schon in Berchtesgaden, in Godesberg und in seiner Korrespondenz mit Chamberlain alles gesagt? Schweigende Beharrlichkeit richtete mehr aus als heftiges Reden. Und würden diese zwei Regierungschefs, die mit den heißen Wünschen und begeisterten Ermutigungen ihrer Landsleute nach München gekommen waren, mit einer Kriegserklärung abreisen? Hitler war ein zu guter Stratege und ein zu guter Spieler, ein zu guter Menschenkenner, als daß er auch nur für einen Augenblick an einen solchen Ausgang geglaubt hätte. Er nahm gleichsam nur aus Prinzip an der Diskussion teil, um die anderen noch etwas mehr zu erschrecken, indem er beiläufig auf noch andere »gerechte Forderungen« hinwies und damit zu verstehen gab, daß in seinen Augen das Los der Tschechoslowakei bereits vollständig besiegelt war. Und in der Tat war um zehn Uhr abends das Münchner »Abkommen« geschlossen. Hitler hatte alles erreicht, was er für die erste Etappe seiner geplanten Ausdehnung des »Großdeutschen Reichs« nach Südwesten erreichen wollte. Zwei tschechoslowakische Persönlichkeiten, Dr. Mastny, Leiter der diplomatischen Mission in Berlin, und Dr. Masaryk, ein hoher Beamter des Auswärtigen Amtes in Prag, die sich in einem Raum neben dem für die französische Abordnung reservierten Saal aufhielten, erfuhren als erste nach den Unterhändlern von der Verstümmelung, die ihrem Land bevorstand.
Es brauchte noch Zeit, um die nötigen »Instrumente des Abkommens« vorzubereiten. Die Wehrmacht hatte auf Befehl Hitlers nicht abgewartet, bis die Unterschriften unter den Text gesetzt waren, um die Operation »Fall Grün« zu starten. Als am 30. September 1938 um zwei Uhr morgens die Delegationen der vier

Signatarmächte auseinandergingen, waren die deutschen Truppen schon tief in die Tschechoslowakei eingedrungen, ohne einen einzigen Schuß abgefeuert zu haben und ohne auf Widerstand gestoßen zu sein. Die minutiös vorbereitete und in Manövern durchgeprobte Blitzoperation brauchte gar nicht mehr stattzufinden: in Ermangelung eines entschlossenen Gegners verkam sie zu einem militärischen Spaziergang. Für diejenigen, die im stillen noch gehofft hatten, eine Reaktion der tschechoslowakischen Armee – einer, wie man glaubte, starken, relativ zahlreichen, gut geschulten und in schwer zugänglichem, befestigtem Gelände aufgestellten Armee – würde trotz allem das Eingreifen Frankreichs und Großbritanniens nach sich ziehen, war es eine gewaltige Enttäuschung. Die militärische Kapitulation, Abbild der diplomatischen Niederlage der Westmächte, bestätigte Hitler in seinem Willen, alles auszuführen, was er beschlossen hatte. Das Sudetenland wurde bis zur äußersten Grenze besetzt, um ein schnelles Vorrücken der Wehrmacht zu gewährleisten, sobald die gesamte übrige Tschechoslowakei zu einem für Hitler genehmen Zeitpunkt besetzt werden sollte. Von München blieb bald nur noch die Chimäre eines Abkommens übrig, ein »Fetzen Papier«, die Illusion Frankreichs und Großbritanniens, den Frieden gerettet zu haben. Die Zeit der großen Eroberungen Hitlers war angebrochen.

Epilog: Der Krieg

Muß man heute aus dem zeitlichen Abstand das Münchner Abkommen verurteilen? Ja, wenn man darunter eine französische und britische Politik versteht, die seit Hitlers Machtergreifung eine Politik der Akzeptierung des *fait accompli* schon vor seiner Vollendung war. Hitler wußte, was er wollte, und er hatte sich das Rüstzeug und die Taktik, die er zur Durchführung seiner Pläne brauchte, zurechtgelegt. Seine Gegner waren gespalten geblieben oder verharrten in ihren Gegensätzen, wie etwa die Polen, die wegen eines Gebietsanspruchs Feinde der Tschechoslowakei blieben und den nach Osten vordringenden Nazis zum Opfer fielen. Dabei war es ohne sonderliche Anstrengung möglich gewesen, Hitlers Spiel zu durchschauen. Seine Strategie war ehrgeizig und simpel zugleich. Es war die der großen, zynischen, skrupellosen, ihrer selbst sicheren Eroberer. Er hatte sich räumlich und zeitlich

Ziele gesteckt, und die französischen und britischen Staatsmänner als die zunächst Betroffenen hatten die Pflicht, sie zu erkennen und richtig einzuschätzen. Die Konferenz vom 29. September war nur eine, aber die bis dahin schwerwiegendste Etappe auf dem Weg einer Politik, die unausweichlich zum Krieg führen mußte. Nachträglich wäre es allzu leicht und sehr ungerecht, Edouard Daladier und Neville Chamberlain als die einzigen Verantwortlichen zu bezeichnen. Sie waren gemäß dem Willen ihrer beiden Völker nach München gefahren, sie fanden bei ihrer Rückkehr jubelnde Zustimmung. Schon vor ihnen hätten die verschiedenen Regierungen Frankreichs und Großbritanniens wissen müssen, daß ohne eine Reaktion von ihrer Seite der Nazismus zum bewaffneten Konflikt führen würde. Als es zum Handeln zu spät war, trat die Angst des Volkes vor dem Krieg auf den Plan und forderte die Erhaltung des Friedens um jeden Preis. So symbolisiert der Name München sowohl den Erfolg der Aggressions- und Eroberungspolitik eines totalitären Regimes als auch die Niederlage einer gespaltenen und zaghaften Politik zweier großer Demokratien, die unter der gleichen Bedrohung gleichermaßen unfähig waren, ihr mit gemeinsamen Maßnahmen wirksam entgegenzutreten.

Das Mittel gegen die Wiederholung einer solchen Situation steckt in der Demokratie selbst. Ein Land hat die Regierung, die es verdient. Wenn der französische Ministerpräsident und der britische Premierminister im September 1938 das Gefühl gehabt hätten, daß ein entschlossener Widerstand gegen die Ambitionen des deutschen Diktators die Billigung ihrer Völker fände, dann hätte München nicht stattgefunden. Aber nach München fahren, hieß bereits kapitulieren. Um nicht hinfahren zu müssen, hätte man auf den Widerstand vorbereitet sein, hätte man Streitkräfte haben müssen, die ein Ausdruck dieses Verteidigungswillens gewesen wären, hätte man ein den Fortschritten der Militärkunst intellektuell angemessenes Oberkommando haben müssen und somit schließlich auch die Regierung instandsetzen können, für das Wohl und die Zukunft des Volkes Entscheidungen zu treffen und zu handeln.

Der Krieg, den die französische und die britische Regierung umgangen zu haben glaubten, indem sie sich der arroganten Entschlossenheit Hitlers beugten, kam dessenungeachtet nur ein Jahr später. Aber schon vor dem Ausbruch des allgemeinen Konflikts war das Münchner Abkommen im Mülleimer der Geschichte gelandet. Am 15. März 1939 fiel die deutsche Wehrmacht ohne ein anderes Motiv als das der Eroberung in das Restgebiet der

Tschechoslowakei ein und eroberte es. Noch einmal stießen die vordringenden Truppen auf keinerlei Widerstand. Frankreich und Großbritannien riefen vorübergehend ihre Botschafter aus Berlin zurück. Das war alles, was sie unternahmen als Reaktion auf die erneute Aggression der Nazis. Einen Monat später war es an Polen, durch eine entsprechende, wilde Pressekampagne zu erfahren, daß es das nächste Opfer des Nationalsozialismus sein würde. Um sich jedoch gegen einen eventuellen Widerstand der Sowjetunion abzusichern, verständigte sich der Stratege Hitler mit ihr über eine erneute polnische Teilung, ehe er sich in die Eroberung Polens stürzte. Am 23. August 1939 wurde der deutsch-sowjetische Pakt in Moskau unterzeichnet. Acht Tage später, am 1. September, warf sich die deutsche Armee auf Polen. Rußland wartete noch zwei Wochen, dann tat es dasselbe.

Am 4. September schließlich stand Großbritannien um ein Uhr früh und Frankreich um fünf Uhr nachmittags – ohne es zu wollen und ohne recht zu wissen, wie und warum – mit Deutschland im Krieg.

Rita Thalmann
Das Protokoll der Wannseekonferenz: Vom Antisemitismus zur »Endlösung der Judenfrage«

Am 20. Januar 1942, drei Wochen nach dem Kriegseintritt der Vereinigten Staaten und gleichzeitig mit den ersten schweren Rückschlägen der Hitler-Armeen an der russischen Front, sind etwa fünfzehn hohe Nazibeamte in einer Villa in Wannsee, dem vornehmen Wohnviertel Berlins, um den Chef des Reichssicherheitshauptamtes, SS-Obergruppenführer Heydrich, versammelt.

Teilnehmer dieser »Arbeitssitzung«[1] sind namentlich: Gauleiter Meyer, der Staatssekretär im Reichsministerium für die besetzten Ostgebiete, die Staatssekretäre Stuckart (Innenministerium), Neumann (Vierjahresplan), Bühler (Generalgouvernement Polen), der Unterstaatssekretär im Auswärtigen Amt, Luther, der Kabinettchef der Reichskanzlei Friedrich W. Kritzinger, der blutrünstige Richter Roland Freisler im Namen des Justizministeriums sowie sechs hohe SS-Offiziere – darunter Adolf Eichmann – als Vertreter des Reichssicherheitshauptamtes, der Parteikanzlei und des Amtes für Rassen- und Siedlungsfragen.

Zu Beginn der Sitzung teilt SS-Obergruppenführer Heydrich den Versammelten mit, Marschall Göring habe in einem Brief vom 31. Juli 1941 den Auftrag zur »Lösung der Judenfrage«, den er ihm im Januar 1939 erteilt hatte, nunmehr erweitert. Sollte er, Heydrich, damals eine »den Zeitverhältnissen entsprechend möglichst günstige Lösung« finden, um eine »rassische Säuberung des deutschen Lebensraumes« durch forcierte Auswanderung oder Umsiedlung der Juden zu erreichen, so gehe es jetzt um »eine Endlösung der Judenfrage in ganz Europa«, angefangen bei den besetzten bzw. dem Einfluß Hitlerdeutschlands unterworfenen Gebieten. Der Plan, mit dessen Ausarbeitung er beauftragt sei, betreffe elf Millionen Juden in den verschiedenen Ländern Europas, zu denen nicht nur die verbündeten oder besetzten zählten, sondern auch feindliche Länder wie England und Irland oder neutrale Länder wie Schweden und die Schweiz.

Für einen ersten Zeitabschnitt sei vorgesehen, Europa von Westen nach Osten »durchzukämmen«, wobei die verschiedenen »Evakuierungsaktionen« weitgehend abhängig seien von der Entwicklung des Krieges und von der Reaktion der betroffenen Länder.

Juden über 65 Jahre, Kriegsversehrte oder Träger des Eisernen Kreuzes Erster Klasse sowie Kinder aus Mischehen und jüdische Partner in Mischehen, deren gerichtliche Scheidung zu erfolgen habe, seien in besondere Lager wie zum Beispiel Theresienstadt in der Tschechoslowakei zu verbringen.

Alle anderen Juden seien per Bahn in Durchgangslager zu bringen und von dort aus, sobald die technischen Voraussetzungen gegeben sind, in die Lager im Osten zu überführen, wo sie nach erfolgter Trennung von Männern und Frauen, beim Straßenbau arbeiten sollen, wodurch zweifellos, erklärt Heydrich, »ein Großteil durch natürliche Verminderung ausfallen« werde. »Der allfällig endlich verbleibende Restbestand« – d.h. die Widerstandsfähigsten, die eine Art natürliche Auslese bilden – »wird entsprechend behandelt werden müssen, da dieser ... als Keimzelle eines neuen jüdischen Aufbaus anzusprechen ist (siehe die Erfahrungen der Geschichte).«

Den fünfzehn hohen Beamten, die diesem Vortrag gefolgt sind, ist damit dreierlei klar geworden:

1. Die Judenfrage wird nicht durch »Zwangsauswanderung« oder Verschickung der Juden in außereuropäische Länder gelöst.
2. Die »punktuellen Aktionen«, die »wilden Judenexekutionen« durch »Einsatztrupps« der SS in den besetzten polnischen oder sowjetischen Gebieten, werden aufgegeben.
3. Es geht nunmehr um einen Gesamtplan zur physischen Liquidierung der Juden durch »natürliche Verminderung« per Zwangsarbeit und durch jedes andere Verfahren, das geeignet ist, das Wiederaufleben einer jüdischen Gemeinde in Europa zu verhindern.

Anschließend gibt Heydrich einen historischen Überblick über den Kampf gegen das Judentum, in dem er ausdrücklich die »neuen Möglichkeiten« betont, die der Krieg und die Besetzung weiter Gebiete durch Hitlers Armeen dem nationalsozialistischen Staat erschlössen – denn dieser habe bis 1939 nur über den legalen Rahmen der »Zwangsauswanderung« verfügt, was »Nachteile« mit sich gebracht habe, über die »sich alle Stellen im klaren« gewesen seien. »Sie mußten jedoch angesichts des Fehlens anderer Lösungsmöglichkeiten vorerst in Kauf genommen werden.«

Dieses »Fehlen anderer Möglichkeiten« verdient unsere Aufmerksamkeit, denn es entkräftet die heute weit verbreitete Meinung, die Judenvernichtung sei die unvermeidliche Folge der von den Nazis seit ihrer Machtübernahme konzipierten Rassenpolitik gewesen. Eine solche Hypothese mag zweifellos die Verfechter des Schicksalhaften in der Geschichte der Völker befriedigen, sie mag auch jenen moralischen und politischen Autoritäten der großen westlichen Nationen ein bequemes Alibi liefern, deren schwächliche, wenn nicht gar völlig ausgebliebene Reaktionen es Hitler ermöglichten, die Gewalt bis zur Verwüstung ganzer Weltregionen zu eskalieren, bis zur Ausrottung von Millionen von Juden, Slawen oder Zigeunern, die der »Rasse der Untermenschen« zugerechnet wurden. Doch einer Analyse der Tatsachen hält diese Hypothese nicht stand.

Was die Theorie betrifft, so stimmt es freilich, daß der Haß auf die »minderwertigen Rassen« und insbesondere auf die Juden für Hitler seit den 20er Jahren, als er *Mein Kampf* schrieb, die unantastbare Grundlage seiner manichäischen Weltsicht bildete. Für ihn standen auf der einen Seite die Arier, kulturschöpferische Menschen und als solche die einzigen rechtmäßigen Anwärter auf die Weltherrschaft, und auf der anderen Seite die Nichtarier – deren gefährlichste Verkörperungen die Juden waren –, die von den Ariern ohne Gnade bekämpft werden mußten, wollten diese nicht selbst durch Entartung ihres Blutes, ihrer Sitten und ihres Denkens unterworfen oder zerstört werden.

Nicht ohne Emphase und Naivität berichtet der künftige Kanzler in jenem Werk, das zur Bibel des Nationalsozialismus werden sollte, wie der Groll des gescheiterten, ziellos durch die Straßen Wiens wandernden Künstlers und die Verquickung pseudowissenschaftlicher Theorien, die er in antisemitischen Broschüren oder in Pamphleten wie *Die Protokolle der Weisen Zions* aufgelesen hatte, ihn zur Entdeckung des Rassenproblems geführt hatten – das heißt zu jenem Mythos vom Arier, den Generationen westlicher Ideologen des christlichen Abendlandes vor ihm entwickelt hatten.[2]

»Der Jude«, so liest man dort, »besitzt keine irgendwelche kulturbildende Kraft, da der Idealismus, ohne den es eine Höherentwicklung des Menschen nicht gibt, bei ihm nicht vorhanden ist . . . Er ist und bleibt der typische Parasit, ein Schmarotzer, der wie ein schädlicher Bazillus sich immer mehr ausbreitet, sowie nur ein günstiger Nährboden dazu einlädt. Wo er auftritt, stirbt das

Wirtsvolk nach kürzerer oder längerer Zeit ab ... Er vergiftet das Blut der anderen, wahrt aber sein eigenes ... Zur Maskierung des Treibens und zur Einschläferung seiner Opfer jedoch redet er immer mehr von der Gleichheit aller Menschen, ohne Rücksicht auf Rasse und Hautfarbe ... scheinbar darauf ausgehend, die Lage des Arbeiters zu verbessern, in Wahrheit aber die Versklavung und damit die Vernichtung aller nichtjüdischen Völker beabsichtigend.«

Durch diese extrem konfuse Vermengung von Argumenten biologischer, ökonomischer und sozialer Art (an anderen Stellen von *Mein Kampf* werden zusätzlich auch noch die Thesen des christlichen Antisemitismus bemüht: die Juden als Mörder Christi und Zerstörer des Christentums) zieht sich ein einziger Leitgedanke: die »Entartung der weißen Rasse«, die der künftige Herr des Dritten Reiches mit sozialdarwinistischen Klischees und Phantastereien, die aus mittelalterlichen Schreckbildern oder aus sexuellen Obsessionen herrühren, fast genüßlich heraufbeschwört, wenn er zum Beispiel schreibt:

»Der schwarzhaarige Judenjunge lauert stundenlang, satanische Freude in seinem Gesicht, auf das ahnungslose Mädchen, das er mit seinem Blut schändet und damit seinem, des Mädchens Volk raubt. Mit allen Mitteln versucht er die rassischen Grundlagen des zu unterjochenden Volks zu verderben. So wie er selbst planmäßig Frauen und Mädchen verdirbt, so schreckt er auch nicht davor zurück, selbst im größeren Umfange die Blutschranken für andere einzureißen. Juden waren es und sind es, die den Neger an den Rhein bringen, immer mit dem gleichen Hintergedanken und klaren Ziele, durch die dadurch zwangsläufig eintretende Bastardierung die ihnen verhaßte weiße Rasse zu zerstören, von ihrer kulturellen und politischen Höhe zu stürzen und selber zu ihren Herren aufzusteigen.«

Doch zwischen dieser Theorie, in der sich die Ressentiments des Gedemütigten kristallisieren, und der wirklichen Welt klafft ein Graben, den Hitler nicht zu überwinden vermag. Man braucht nur zu sehen, in welche Verlegenheit er gerät, wenn er in *Mein Kampf* zum Beispiel den Aufschwung des modernen Japan erklären will, das er zu diesem Zweck als »kulturtragendes«, aber nicht »kulturbildendes« Volk bezeichnet, wobei seine These dann lautet, ein solches Volk verfiele dem Chaos – in diesem Fall dem »asiatischen Chaos« –, sobald die allein »kulturschöpferischen« Arier Europas und Amerikas nicht mehr genügend Einfluß auf es ausübten.

Die Verlegenheit wird noch größer, als es nach der Eroberung der

Macht darum geht, zu beweisen, daß die Juden nicht eine Kulturgemeinschaft seien, sondern vielmehr eine Rasse.
Tatsächlich sind nämlich die Herren des Dritten Reiches und ihre Juristen bei allem fanatischen Haß auf das »jüdische Blut« und bei allen Anstrengungen auf dem Gebiet der »Rassenkunde« (etwa eines Hans F. K. Günther) unfähig, die Juden anders als durch ihre religiöse Abstammung zu definieren.
Nach dem Wortlaut der Nürnberger Rassengesetze vom 15. und 16. September 1935, die die antijüdische Politik des Dritten Reiches juristisch untermauern, wird als »Volljude« betrachtet, wer zumindest drei Großeltern hat, die »rassisch Juden« sind. Die Durchführungsbestimmungen präzisieren dann aber: »Ein Großvater ist Jude, wenn er der jüdischen Religionsgemeinschaft angehört.« Das einzige verifizierbare Element, auf welches das Hitlerregime seine ganze Rassendiskriminierungspolitik gegenüber den Juden stützt, ist das ihrer konfessionellen Herkunft.
Die Nazistatistiker befinden sich hier in derselben Verlegenheit wie die Juristen. Von 1933–1935 führt das statistische Jahrbuch des Reichs die »Israeliten« noch innerhalb der allgemeinen Statistiken über die deutsche Bevölkerung. Nach dem Erlaß der Rassengesetze werden die Angaben über Juden in besonderen Tabellen zusammengefaßt. Sogar der Begriff des »Glaubensjuden« wird eingeführt, womit man unterstellt, daß es auch »Rassejuden« gibt, ohne freilich so weit zu gehen, diese Bezeichnung offiziell einzuführen, da sie mangels präziser Kriterien nicht »wissenschaftlich« verwendbar ist.
In einem als »geheime Reichssache« eingestuften Dokument, das der Statistiker Korherr im April 1943 für den Reichsführer SS Himmler zur Führerberichterstattung verfaßt, wird die Unfähigkeit der Nazis in diesem Punkt klar formuliert: »Schließlich hat die Statistik teils als Notbehelf, teils wegen der weitgehenden Übereinstimmung zwischen jüdischer Rasse und jüdischem Glauben, teils im konfessionellen Denken des letzten Jahrhunderts befangen, bis zuletzt die Juden nicht nach ihrer Rasse, sondern nach ihrem religiösen Bekenntnis erfaßt. Die Erfassung der Juden nach der Rasse gestaltet sich auch vor allem durch die äußerliche Verkleinerung des Judentums infolge Austritt, Übertritt, weiter zurückliegender rassischer Vermischung und durch Tarnung sehr schwierig, wie die mißlungene Erfassung der Rassejuden in Österreich 1923 und die Erhebung der Voll-, Halb- und Vierteljuden bei der deutschen Volkszählung 1939 zeigen. Jüdische Bestandteile sind im allgemeinen nur als Mindestzahlen zu werten, wobei der

Fehler mit geringerem jüdischen Blutanteil immer größer wird.«[3]
Schon auf der am 12. November 1938 unter Vorsitz von Marschall Göring stattfindenden Beratung über eine endgültige Lösung des Judenproblems im Reich hatte Dr. Goebbels mit Bitterkeit feststellen müssen: »Es gibt Juden, die gar nicht so jüdisch aussehen.« Mithin gelingt es trotz der Bedeutung und trotz der Mittel, welche die Naziführer der »Erhaltung der Reinheit des arischen Blutes« zuweisen, keinem der Ideologen oder Experten des Dritten Reiches, über den anfänglichen Mythos von der »rassischen Entartung« hinauszugelangen. Das erklärt, warum die Rassenpolitik des Nationalsozialismus auf die in Hitlers *Mein Kampf* entwickelten rudimentären Thesen fixiert bleibt, warum die Schreiber und Propagandisten des Dr. Goebbels immer nur angestrengt je nach Publikum oder Umständen diese Primitivthesen variieren: Der Jude, die Inkarnation des Satans, nimmt von Fall zu Fall die Züge des Blutsaugers, des bolschewistischen Revolutionärs oder des Wallstreet-Bankiers an – doch stets nur, um das deutsche »Volkstum« zu zerstören.

Die Eskalation

Trotz der gewaltsamen Boykottierung jüdischer Läden, trotz der Brandmarkung jüdischer Menschen, trotz der Gesetze, die Juden den Zugang zu öffentlichen Ämtern und bestimmten freien Berufen (in Presse, Verlagswesen, Rundfunk, Film) versperren und bereits den Aufstieg zur Macht 1933 markieren, ist das Hitlerregime ab 1934 zu sehr mit anderen Dingen beschäftigt, als daß es seine antijüdische Politik in der Praxis vorantreiben könnte. So tritt zu diesem Zeitpunkt eine relative Beruhigung ein, und die Naziautoritäten bemühen sich sogar, den für die deutsche Wirtschaft noch unentbehrlichen jüdischen Geschäftskreisen entgegenzukommen.
Eine Verordnung des Innenministers vom 17. Januar 1937 stellt ausdrücklich fest, daß die Gesetze über den Ausschluß der Juden aus bestimmten Sektoren der nationalen Tätigkeit sich nicht auf den privaten Sektor erstrecken. Eine andere, vom Arbeitsminister erlassene Verordnung bestimmt, daß die Juden in den Genuß derselben Rechte wie die Arier gelangen müssen. Man richtet sogar ein besonderes Amt ein, das die Beschwerden von Juden, die

sich über unbegründete Diskriminierungen zu beklagen haben, entgegennimmt.
Tatsächlich beruhigen sich denn auch angesichts dieser Lage die Juden in Deutschland. Von den 500 000 »Volljuden«, die bei der Volkszählung von 1933 im Reich erfaßt worden waren, entschlossen sich lediglich 37 000, gleich nach Beginn der ersten Verfolgungen zu emigrieren. Die große Mehrheit der im Lande gebliebenen hoffte, es werde irgendwie möglich sein, sobald sich erst einmal der Taumel der »nationalen Revolution« gelegt haben würde, mit dem Hitlerregime einen Modus vivendi zu finden. Im Organ des »Zentralvereins der deutschen Juden« liest man am 4. Februar 1934, die jüdische Gemeinde in Deutschland könne und werde nicht auf die Werte der deutschen Kultur und Natur verzichten, aber sie anerkenne »den Anspruch der deutschen Nation, gemeinsam mit uns und allen anderen jüdischen Organisationen in Deutschland ... über Ausmaß und Grenzen unseres Tätigkeitsbereichs sowie über Form und Inhalt unserer Zusammenarbeit zu entscheiden«. Der Vorsitzende des Verbandes der jüdischen Kriegsteilnehmer Deutschlands geht noch ein Stück weiter und erklärt im *Schild* vom 13. April 1934: »Unsere Jugend ist aber auch mit uns der Anschauung, daß eine Befriedung der jüdischen Frage innerhalb des nationalsozialistischen Staates möglich ist: Wenigstens dann, wenn die rassische Scheidung nicht rassische Diffamierung bedeutet, die wir auf Grund unserer ebenbürtigen Leistung als ungerecht zurückweisen müßten.«[4]
In Wirklichkeit paßt sich die Rassenpolitik des Dritten Reiches, genau wie alle anderen Sparten der nationalsozialistischen Politik, nur den Erfordernissen des Augenblicks an. Trotz ihrer lautstark verkündeten Grundsätze stört es die Nazipolitiker wenig, wenn sie je nach Charakter und Härte der Widerstände, auf die sie stoßen, ihre einmal beschlossenen Maßnahmen aufgeben oder im Sinne einer Milderung oder Verhärtung abändern müssen, ehe sie zur nächsten Etappe fortschreiten können.
In einer ersten Periode, die von der Machtübernahme 1933 bis zum Ausbruch des Krieges reicht, also in der ganzen ersten Hälfte der nationalsozialistischen Herrschaftszeit, ist es das Ziel des NS-Führer, ein hinreichend antisemitisches Klima zu erzeugen, das die Juden dazu bewegen soll, aus eigenem Antrieb das Reichsgebiet zu verlassen. Diese Lösung bietet in ihren Augen den Vorteil, die Juden zu vertreiben, ohne die deutsche Wirtschaft allzusehr zu belasten. Doch sie führt nicht zu den gewünschten Ergebnissen.

Denn zwischen 1934 und 1937 pendelt sich die jüdische Auswanderungsrate bei 20–25 000 Emigranten jährlich ein.[5] Die Nürnberger Rassengesetze von 1935, die unbestreitbar zur Beschleunigung der jüdischen Emigration erlassen wurden, steigern die Zahl der Emigranten nicht wesentlich. Nur diejenigen Juden verlassen Deutschland, die sich aufgrund ihrer politischen Vergangenheit bedroht fühlen oder die infolge der Rassengesetzgebung ihre Stellung verloren haben; auch einige Familien, die ihr Vermögen in Sicherheit bringen wollen. Die meisten dieser Emigranten lassen sich übrigens – ganz in der Tradition der im 14. und 15. Jahrhundert verfolgten Juden – so nahe wie möglich bei ihren ursprünglichen Wohnorten nieder, stets in der Hoffnung auf baldige Rückkehr, wenn sich der Sturm gelegt haben würde. Fast die Hälfte von ihnen flieht in die westeuropäischen Länder (allein Frankreich nimmt ein Drittel auf). Nur 27% entscheiden sich für Palästina (eine Rate, die lediglich 22% der damaligen jüdischen Einwanderung in dieses Land ausmacht). Noch erstaunlicher ist der geringe Umfang der Emigration in die USA: Obwohl die US-Einwanderungsbehörde jährlich 130 000 Juden deutscher Herkunft in die Vereinigten Staaten eingelassen hätten, wird die Zahl derer, die sich in der gesamten Zeit von 1933 bis 1937 effektiv dorthin begaben, auf lediglich 27 000 geschätzt.
Bis zum Herbst 1936, als die Polizei im allgemeinen und die SS im besonderen größere Machtbefugnisse zum »Schutz des nationalsozialistischen Staates« erhalten, bleibt die Judenfrage im wesentlichen eine Sache des Propagandabüros der Partei, während sich der Sicherheitsdienst des Staates mit ihr nur im Rahmen seiner Abteilung »Freimaurertum« befaßt, wo ein alter russischer Emigrant, der »Professor« Schwarz-Bostumitsch, der auf diesem Gebiet als Experte gilt, seine lichteste Zeit mit der Abfassung eines Werkes über den »jüdischen Imperialismus« verbringt.
Erst im Herbst 1937 zeichnet sich eine neue Phase in der antijüdischen Politik des Regimes ab. Im Laufe einer geheimen Sitzung erklärt Hitler erstmals, das »Ziel der deutschen Politik« sei – auch wenn man dafür Risiken eingehen müsse – »die Sicherung und die Erhaltung der Volksmasse und deren Vermehrung«.[6] Zu diesem Zweck bildet er ein zentrales Sicherheitsbüro, das »Reichssicherheitshauptamt« (R.S.H.A.), das bei der Organisierung der Konzentrationslager und der »Endlösung der Judenfrage« eine entscheidende Rolle spielen wird.
Am 14. Oktober 1937 erklärt das SS-Organ *Das schwarze Korps*, das sich von nun an zum Sprachrohr der NS-Rassenpolitik macht

und ihre neuen Etappen verkündet, es sei nun an der Zeit, dem Widerspruch zwischen dem gesellschaftlichen Status der Juden, die aus dem politischen, kulturellen und biologischen Leben des deutschen Volkes entfernt worden seien, und der Macht, die sie noch immer in Industrie und Handel des Landes besäßen, ein Ende zu machen. Denn, wie es am Schluß heißt, »wir brauchen die jüdischen Unternehmer nicht mehr«. Von nun an verschärft sich der Druck, den die Partei und die staatliche Administration auf die jüdischen Unternehmer und Geschäftsleute ausüben, um sie zum Verkauf ihrer Betriebe an »Arier« zu nötigen – und zwar zu einem Verkauf unter Aufsicht des Staates, der von den »arischen« Käufern einen normalen Preis verlangt, aber den jüdischen Verkäufern nur einen geringen Teil davon abgibt.

Damit beginnt die systematische Ausplünderung der jüdischen Reichtümer, anfangs noch zum Nutzen gewisser Feudalherren des Regimes wie etwa des sinistren Julius Streicher, der als »Gauleiter von Nürnberg« seine Befugnisse dermaßen überzieht und mißbraucht, daß Göring eine Untersuchungskommission mit der Erstellung eines vertraulichen Berichts über die Lage in Franken beauftragt.[7]

Eine wahrhaft alarmierende Wende nimmt die allgemeine Lage der Juden im Reich jedoch erst im Jahr 1938, das in einem Rundschreiben des Außenministers an alle diplomatischen und konsularischen Dienststellen als »entscheidend für die Lösung des Judenproblems« bezeichnet wird.[8]

Das Ausbleiben von Reaktionen seitens der Großmächte angesichts der vorsätzlichen Verletzungen des Versailler Vertrages (angesichts der Wiederbewaffnung des Reichs, der militärischen Besetzung des Rheinlandes, der Annexion Österreichs) ermutigt das seiner Macht nun gewisse Hitlerregime, die Eskalation seiner Politik der Gewalt auf allen Gebieten – einschließlich dem der Judenfrage – fortzusetzen. Oder soll man es für einen bloßen Zufall halten, daß die Verschärfung der antijüdischen Politik mit Hitlers Erfolg bei jener Münchner Konferenz zusammenfällt, auf der Frankreich und Großbritannien ihre Beschwichtigungspolitik so weit treiben, daß sie die Tschechoslowakei den Nazis überliefern? Überdies kann Hitler feststellen, daß der Erlaß vom 26. April 1938, der die Juden zwingt, ihre gesamten Vermögensverhältnisse offenzulegen, so daß der Beauftragte für den Vierjahresplan (Göring) »entsprechend den Bedürfnissen der deutschen Wirtschaft« frei darüber verfügen kann, seitens der westlichen Demokratien Proteste nur im Hinblick auf den Schutz der Interessen ihrer

eigenen jüdischen Staatsangehörigen in Deutschland und Österreich hervorgerufen hat.
Zwar bewogen die heftige Boykottwelle, die in Österreich nach dem »Anschluß« ausgelöst und dann auf Deutschland ausgedehnt wurde, sowie die Zerstörung der Synagogen in München, Nürnberg und Dortmund durch Dynamitsprengungen (gleichzeitig wurde den übrigen jüdischen Gemeinden der Status als Körperschaft des öffentlichen Rechts aberkannt) den amerikanischen Präsidenten Roosevelt zur Einberufung einer internationalen Konferenz, auf der die Auswanderung und die Aufnahme der Verfolgten organisiert werden sollte. Aber das einzige Ergebnis dieser Konferenz, die vom 6. bis 15. Juli 1938 in Evian stattfindet, ist die Bildung eines aus Vertretern der verschiedenen Regierungen zusammengesetzten Flüchtlingshilfekomitees mit Sitz in London, dessen Generalsekretär, der Amerikaner George Rublee, mit einer »Erkundungsmission« bei den deutschen Behörden beauftragt wird.[9]
»650 000 jüdische Vertriebene in Evian von allen abgewiesen!« verkündet die *New York Herald Tribune* vom 8. Juli 1938. »Juden billig abzugeben – wer will nochmal? Niemand!« höhnt die deutsche Zeitung *Der Reichswart* vom 14. Juli. Und der *Danziger Vorposten* konstatiert befriedigt, daß offensichtlich kein Staat bereit sei, gegen das kulturelle Übergewicht Mitteleuropas zu kämpfen, indem er einige tausend Juden bei sich aufnimmt, und daß mithin die Konferenz von Evian eine Rechtfertigung der antijüdischen Politik des deutschen Reiches darstelle. Jedenfalls hat die deutsche Führung nun den Beweis, daß die 32 Staaten, die an der Konferenz in Evian teilgenommen haben (die UdSSR und die Tschechoslowakei waren nicht vertreten, Italien lehnte die Einladung ab, Ungarn, Rumänien und Polen schickten Beobachter, aber nur um zu bitten, man möge sie von ihren eigenen Juden befreien), nicht die Absicht haben, die Verfolgten aufzunehmen oder sich auch nur ernstlich um ihr Los zu kümmern. In dieser Meinung wird sie durch mehrere Tatsachen bestärkt:
1. Als der Gauleiter von Danzig, Forster, im Juli 1938 Churchill fragt, ob die antijüdischen Maßnahmen ein Hindernis für das deutsch-britische Einvernehmen darstellten, antwortet Churchill mit Nein.
2. Die Schweiz bemüht sich durch zahlreiche Erklärungen und Demarchen bei den Nazibehörden, die Einreise jüdischer Flüchtlinge in ihr Staatsgebiet zu unterbinden. Auf ihr Betreiben wird kurz darauf den Juden in Deutschland der Paß entzogen und durch

einen Sonderausweis ersetzt, der auf der ersten Seite links ein drei Zentimeter hohes rotes unaustilgbares J für »Jude« aufweist, das Kennzeichen, das es den Schweizer Grenzern ermöglicht, die Unerwünschten abzuweisen.

3. Die Länder Südamerikas, die sich bis dahin um die Aufnahme der Flüchtlinge bemüht hatten, erlassen ebenfalls drakonische Beschränkungen der jüdischen Einwanderung.

Was die Großmächte betrifft, so waren sie der Ansicht, ein Zustrom von Flüchtlingen sei eine schwere wirtschaftliche Belastung ihrer von der Krise betroffenen Länder und führe zu einer Erhöhung der internationalen Spannungen.

4. In einem im Oktober 1938 an das Auswärtige Amt des deutschen Reiches gerichteten Memorandum über das auf der Konferenz von Evian vereinbarte internationale Hilfskomitee insistiert die französische Regierung auf dem rein humanitären Charakter dieser neuen Organisation. »Keiner der Staaten«, heißt es in dem Dokument, »bestreitet der deutschen Regierung das uneingeschränkte Recht, gegen bestimmte Staatsangehörige Maßnahmen zu ergreifen, die allein unter die Ausübung ihrer Souveränität fallen.«[10]

Da das Memorandum *nach* dem Münchner Abkommen eintrifft, kann Hitler annehmen, daß es sich hier nicht bloß um eine Höflichkeitsfloskel handelt, sondern daß die im Komitee von Evian vertretenen Mächte ihm rundweg das Recht zubilligen, die Menschen innerhalb der Grenzen seines Landes – und insbesondere die Juden – so zu behandeln, wie er es für richtig hält.

Die Verhärtung von 1938 und die »Reichskristallnacht«

Von nun an mehren sich die Anzeichen, daß Hitler entschlossen ist, die Judenfrage nach derselben Faustschlagmethode zu lösen, die ihm bis jetzt gegenüber den westlichen Demokratien so gut geglückt ist. Der protestantische Schriftsteller Jochen Klepper notiert diesbezüglich in seinem Tagebuch, das er von 1933 bis zum Dezember 1942 geführt hat – das heißt bis er mit seiner Frau, einer konvertierten Jüdin, und deren jüngster Tochter Selbstmord beging:

»Seit die Konferenz von Evian erwiesen hat, daß das Ausland den deutschen Juden nicht hilft, ist alles noch viel tragischer.«[11]

Von Juli bis Oktober werden in immer rascherer Folge Verordnun-

gen und Erlasse verfügt, die die noch vorhandenen Existenzmöglichkeiten der Juden im Reich täglich mehr einschränken. Ärzte und Rechtsanwälte können nur noch Krankenpfleger und juristische Berater ihrer Glaubensgenossen sein. Handelsvertretern und ambulanten Händlern werden die Berufslizenzen entzogen, und vom 1. Januar 1939 an müssen die jüdischen Ladenbesitzer und Handwerker jede gewerbliche Tätigkeit einstellen.
Zum Schreckgespenst der Arbeitslosigkeit kommt bald auch die drohende Gefahr der Wohnungslosigkeit hinzu. Ausgerüstet mit einem diffamierenden Sonderausweis und seit Globkes Erlaß vom 17. August 1938 auch noch verpflichtet, je nach Geschlecht die Vornamen Israel oder Sarah zu tragen, können die Juden den Diskriminierungen nicht mehr entrinnen, die von allen Seiten und vor allem, wenn es um Wohnungen geht, über sie hereinbrechen. Jüdische Hausbesitzer, die gezwungen worden sind, ihre Häuser zu verkaufen, werden nun abgewiesen von arischen, die, von der Partei unter Druck gesetzt, sich weigern, sie als Mieter aufzunehmen, und sich vielmehr bemühen, etwa noch vorhandene jüdische Mieter schnellstens loszuwerden.
Bleibt nur die Flucht. Aber die ständig verschärften Gesetze über den Umtausch und die Ausfuhr von Devisen, die Blockierung jüdischer Vermögen, die unter die Kontrolle des Wirtschafts- und des Finanzministers gestellt werden, die fortwährende Erhöhung der Auswanderungsgebühren, all das gibt den Juden nun das Gefühl, Gefangene eines Staates zu sein, der sie zur Auswanderung drängt, während er ihnen gleichzeitig systematisch die Mittel dazu entzieht. Trotz der von den jüdischen Gemeinden gebildeten Solidaritätsfonds wird das Geld um so rarer, als die Finanzämter unter dem Vorwand von »Wirtschaftsinteressen des deutschen Volkes« allein in der Zeit von April bis November 1938 zwei der sieben Milliarden Mark des deklarierten jüdischen Vermögens einziehen.
Auch die Polizei und die Sicherheitsdienste bleiben nicht untätig. Immer häufiger werden die Leiter der jüdischen Gemeinden schon um sieben Uhr früh in die Büros der Gestapo gerufen, wo man sie stundenlang festhält und ihnen einschärft, die Ausreise ihrer Religionsgenossen zu beschleunigen. Unter den nichtigsten Vorwänden – Verstoß gegen die Straßenverkehrsordnung, Überqueren der Straßen außerhalb der vorgeschriebenen Übergänge, nicht auf den neuesten Stand gebrachte Ausweispapiere – werden Juden zu hohen Geldstrafen verurteilt, was automatisch ihre Eintragung in die Liste der »Asozialen« zur Folge hat – und dieser Eintrag

entscheidet bei »Rückfälligkeit« über die Verschickung in ein Konzentrationslager. Parallel dazu beginnen die Polizeidienststellen, Judenlisten nach Städten und Wohnvierteln anzulegen. Eine Aktion großen Ausmaßes bahnt sich offenbar an.
Die SS-Zeitung *Das schwarze Korps* macht kein Hehl daraus, daß sie mit Ungeduld die Stunde erwartet, da das Reich von der jüdischen Pest gereinigt sein wird. Die Gefangenen der KZs Buchenwald und Sachsenhausen müssen ihr Lager vergrößern, Vorräte an Lebensmitteln und Kleidung werden dort angelegt. In den Werkstätten von Dachau müssen die Strafgefangenen Davidsterne auf ihre gestreiften Kittel nähen.
Die Besorgnis unter den Juden im Reich ist groß: Das Gerücht kursiert, die SA und die SS hätten den Auftrag erhalten, im Fall eines Konflikts den Juden eine »Nacht der langen Messer« zu bereiten. Die Nachricht erscheint um so wahrscheinlicher, als in einigen kleinen bayerischen und hessischen Ortschaften, die den während der Münchner Krise ergangenen Befehl, jede Aktion einzustellen, nicht rechtzeitig erhalten hatten, bereits Pogrome von nie dagewesener Heftigkeit stattgefunden haben. Die Unruhe verwandelt sich in eine wahre Panik, als Mitte Oktober bekannt wird, daß die Nazibehörden, ohne den im Münchner Abkommen vorgesehenen Bevölkerungsaustausch abzuwarten, die Juden aus dem Sudetenland vertrieben haben, die nun auf Donaukähnen kampieren, weil kein Land sie aufnehmen will. Einige Wochen später, am 29. und 30. Oktober 1938, schreiten das Auswärtige Amt und die Gestapo zur Vertreibung von 15000 Juden, Männern, Frauen und Kindern, um dadurch der polnischen Regierung zuvorzukommen, die nämlich vorhat, um eine Rückkehr der Juden polnischer Herkunft in ihr Land zu verhindern, diesen den Paß zu entziehen, also die polnische Staatsbürgerschaft abzuerkennen. Frühmorgens verhaftet, werden diese Leute in allen Städten des Reichs auf die Polizeikommissariate gebracht, dann mit einem Koffer und 10 Mark Reisegeld in die Bahn gesetzt und in verschlossenen Waggons an die deutsch-polnische Grenze transportiert, die sie von Bajonetten bedroht überschreiten müssen. Zwar wird die Operation plötzlich abgebrochen, und es beginnen Verhandlungen, da die polnische Regierung droht, im Gegenzug die in Polen lebenden Deutschen auszuweisen. Aber sie bleibt gleichwohl für die Nazibehörden das erste Experiment einer »Massenevakuierung« von Juden in den Osten.
Die Episode ist noch kaum abgeschlossen, als in Paris ein siebzehnjähriger jüdischer Junge namens Herschel Grünspan den deut-

schen Legationssekretär vom Rath niederschießt. Er wollte mit dieser Tat seine Eltern rächen, die aus Hannover ausgewiesen und mit Tausenden anderer polnischer Juden im Niemandsland von Zbonszyn abgesetzt worden waren, wo ein solches Elend herrscht, daß manche verrückt werden, andere an Typhus erkranken oder an Erschöpfung sterben.

Das Attentat, das am 7. November 1938 geschieht und zwei Tage später den Tod des deutschen Diplomaten zur Folge hat, liefert den Herren des Dritten Reiches den idealen Vorwand für ein großangelegtes, monströses Pogrom in der Nacht vom 9. zum 10. November, der sie später den zynisch-poetischen Namen »Reichskristallnacht« geben – wegen der Tonnen von Glas, die innerhalb weniger Stunden in den Synagogen, Geschäften und Wohnungen der Juden des ganzen Reiches zerschlagen werden.

In einer einzigen Nacht werden 267 Synagogen und jüdische Gemeindehäuser in Brand gesteckt oder mit Dynamit gesprengt. Die 7500 jüdischen Läden, die im Reich noch existieren, und ebenso die Wohnungen der Juden werden vom Pöbel verwüstet und ausgeplündert. Kranke und alte Leute werden aus ihren Krankenhausbetten gezerrt und müssen am frühen Morgen im Nachthemd auf öffentlichen Plätzen antreten. Man jagt die Kinder aus den jüdischen Waisenhäusern. Die Polizei verhaftet fast 30000 Menschen zwischen 16 und 80 Jahren, die anschließend in die Lager Dachau, Sachsenhausen und Buchenwald deportiert werden, wo sie vor der Wahl stehen, entweder unter den Schlägen und der schlechten Behandlung umzukommen oder zu versuchen, koste es, was es wolle, ein Visum zu bekommen für ein Land irgendwo in der Welt, das bereit ist, sie aufzunehmen.

Im Lauf der Aktion sind überdies Dutzende von Männern und Frauen kaltblütig erschlagen worden, aus Fenstern geworfen, in einem Falle sogar mit Heugabeln erstochen. Tausende sterben an den Folgen der Inhaftierung. Viele ziehen es vor, wie jenes junge Paar in Stuttgart, sich selbst und ihren Kindern das Leben zu nehmen.

Aus der Sicht der Naziführer war diese »Kristallnacht« indessen nur eine ernste Verwarnung. »Wir haben nur einen Wunsch«, schreibt Doktor Goebbels drei Tage später im *Völkischen Beobachter,* »daß die Welt hinreichend philosemitisch sein möge, um uns sämtlicher Juden zu entledigen.«

Das Pogrom löst eine Welle von Mißbilligungen aus. Selbst ein Land wie Salazars Portugal, das dem Hitlerregime durchaus wohlgesonnen ist, vertritt die Ansicht, daß »die Kultur jedes moralischen Wertes entbehrt, wenn das Leben eines Juden auf der Waagschale der Gerechtigkeit und in den Augen der Arier nicht ebensoviel gilt wie das Leben jedes anderen Menschen«.

Doch trotz aller Hilferufe der jüdischen Gemeinden im Reich, trotz aller Proteste und Demonstrationen der öffentlichen Meinung, besonders in England und in den USA, trotz der leidenschaftlichen Aufrufe seitens bekannter Persönlichkeiten wie der amerikanischen Schriftsteller John Steinbeck, Pearl S. Buck und Thornton Wilder oder des britischen Abgeordneten und künftigen Nobelpreisträgers Philip-Noel Baker, der seine Kollegen im Unterhaus beschwörend auffordert, zu handeln, solange noch Zeit ist, trotz der alarmierenden Berichte von ausländischen Journalisten und Diplomaten im Reich denkt keine der Großmächte daran, ernsthafte Maßnahmen zu ergreifen, und noch weniger, die Verfolgten vor ihren Henkern in Sicherheit zu bringen.

Kleine Länder wie Schweden und mehr noch die Niederlande machen gewiß verdienstvolle Anstrengungen, um jüdische Kinder aufzunehmen und die Auswanderung einer Anzahl von Personen zu finanzieren, für die Großbritannien seine Grenzen einen Spalt breit zu öffnen bereit ist, während es gleichzeitig Hitler zu überreden versucht, den Juden die Niederlassung in einer ehemaligen deutschen Kolonie, Tanganjika zum Beispiel, zu ermöglichen. Hitler lehnt entrüstet ab. Wie könnte er den unversöhnlichsten Feinden des deutschen Volkes ein Land abtreten, für das so viele deutsche Helden ihr Blut vergossen haben?

Ribbentrop, der Außenminister des deutschen Reiches, der sich in Paris aufhält, um eine französisch-deutsche Freundschaftserklärung zu unterzeichnen, die – kaum vier Wochen nach der »Kristallnacht« – die Annäherung zwischen den beiden Ländern besiegeln soll, erfährt vom französischen Außenminister Georges Bonnet, daß Frankreich die Einwanderung weiterer Juden aus Deutschland nicht wünscht.

Die UdSSR, die nach dem Aufstieg des Nationalsozialismus, während des spanischen Bürgerkrieges und nach der Annexion Österreichs politische Flüchtlinge, meist Kommunisten, aufgenommen hatte, verhält sich ausweichend, wenn es um die Aufnahme jüdischer Flüchtlinge geht.

Und Präsident Roosevelt begnügt sich damit, seinen Botschafter aus Berlin »zur Berichterstattung« zurückzurufen und eine Pressekonferenz abzuhalten, um der Entrüstung seines Landes Ausdruck zu geben, ergreift jedoch nicht die geringste konkrete Maßnahme, um Abhilfe zu schaffen. Er weiß nur zu gut, daß die amerikanische Öffentlichkeit bei allen Protesten in ihrer überwiegenden Mehrheit gegen eine Erweiterung der Einwanderung in die Vereinigten Staaten ist. Eine um diese Zeit vom Gallup-Institut vorgenommene Umfrage ergibt, daß 87% der Befragten einen Gesetzesentwurf, der die Pforten der USA einer größeren Zahl europäischer Flüchtlinge öffnen würde, ablehnen würden. Von den 8,7% Befragten, die bereit wären, einem solchen Gesetzesentwurf zuzustimmen, sind 70% Juden.

Ausgehandelte Emigration oder Deportation nach Madagaskar?

Im Januar 1939 sieht es jedoch so aus, als sollte sich eine Hoffnung verwirklichen. Die von den Nazis so lange vermiedenen Verhandlungen mit dem Komitee von Evian, vertreten durch George Rublee, werden ganz plötzlich aufgenommen. Begonnen von Hjalmar Schacht, dem Präsidenten der Reichsbank, und nach dessen Entlassung im Februar weitergeführt von seinem Nachfolger Helmuth Wohltat, gelangen sie sogar zu einer Vereinbarung, die freilich vom amerikanischen State Department als eine nur für die Deutschen verpflichtende Absprache dargestellt wird.
Nach dieser Vereinbarung sollten die Deutschen insgesamt 400 000 Personen, die nach den Nürnberger Rassengesetzen als Juden galten, im Laufe der nächsten fünf Jahre auswandern lassen. Als erste sollten 150 000 Männer und Frauen, Unverheiratete und Familienväter zwischen 15 und 45 Jahren, das Reich verlassen und in den vom internationalen Hilfskomitee vorgesehenen Gastländern untergebracht werden. Nach Abschluß dieser ersten Phase sollte ein zweites Auswandererkontingent von 250 000 Frauen und Kindern nachfolgen. Durch diese Emigration von zwei Dritteln der in Deutschland lebenden Juden bliebe dann nur noch ein Drittel übrig, das heißt etwa 200 000 Juden über 45 Jahre, die als zu alt galten, um sich eine neue Existenz im Ausland aufbauen zu können, und die bis ans Ende ihrer Tage geduldet würden, ohne daß freilich der nationalsozialistische Staat irgendeine Verpflichtung hinsichtlich ihrer Behandlung einging.
Den Emigranten sollte gestattet werden, die zur Ausübung ihrer Berufe notwendigen Dinge, ihr Mobiliar und ihre persönliche Habe (ausgenommen Kunst- und Wertgegenstände) mitzunehmen; auch würden ihnen die Auswanderungsgebühren erlassen.

Die in den Lagern inhaftierten Juden würden freigelassen, Zentren zur beruflichen Umschulung der Emigrationsanwärter würden geschaffen. Die Organisation der Auswanderung würde den jüdischen Vereinigungen im Reich übertragen, die unter die Aufsicht eines deutschen Beamten gestellt würden; ausländische Experten dürften zu Rate gezogen werden.
Finanziert werden sollte die Operation aus einem Garantiefonds, der zu mindestens 25% durch jüdische Guthaben im Reich gespeist werden müßte sowie durch einen privaten Förderverein im Ausland, der »Beziehungen zu den deutschen Behörden unterhalten und sich um alle Probleme des Transfers jüdischer Vermögen ins Ausland kümmern« sollte. In der Praxis wäre dieser Transfer freilich nur in Gestalt von Material- und Geräteankäufen durchführbar, da Deutschland jede Devisenausfuhr untersagte.
Am 17. Februar 1939 teilte das Komitee den Deutschen mit, daß es die Vereinbarung ratifiziert habe und sich nun darum kümmern werde, Aufnahmeländer für die Emigranten zu finden und die nötigen finanziellen Mittel zu beschaffen. Zu dieser Zeit schien es noch, daß die Nazis – trotz ihrer lautstarken Willensbekundungen, einen Block von antisemitischen Ländern zu bilden und, wie Hitler selbst im Januar 1939 dem ungarischen Außenminister erklärte, jede Nation zu unterstützen, die sich dem antijüdischen Kampf anschließen wolle – sich gleichwohl damit begnügen würden, die Judenfrage nur innerhalb der Grenzen des Reichs zu lösen.
Es gebe durchaus keinen Grund, erklärt ein internes Rundschreiben des Auswärtigen Amts an alle deutschen Botschaften am 25. Januar, zu einer Zusammenarbeit bei der Lösung dieses Problems mit anderen Ländern wie Polen, Ungarn und Rumänien, die sich selbst um die Emigration der jüdischen Teile ihrer Bevölkerungen bemühen. Denn wie die Erfahrung gezeigt habe, stünden auch parallele Interessen in solch einem Verfahren im Widerstreit zueinander und verzögerten die Verwirklichung des dringenden deutschen Wunsches nach Aufnahme deutscher Juden in anderen Ländern.[12]
Als die Ungarn im April auf die Frage zurückkommen, antwortet ihnen Wohltat, der die Emigrationsvereinbarung von Evian auf deutscher Seite ausgehandelt hatte, es hätte die deutschen Interessen nur kompromittieren können, wenn man bei den Verhandlungen mit dem Komitee von Evian die ungarischen Wünsche in Sachen Judenemigration berücksichtigt hätte.[13]
Diese Einstellung hindert Hitler jedoch nicht, Anfang 1939 vor dem erregten Reichstag auszurufen: »Europa kann nicht mehr zur

Ruhe kommen, bevor nicht die jüdische Frage ausgeräumt ist. Es kann sehr wohl möglich sein, daß über diesem Problem früher oder später eine Einigung in Europa selbst zwischen solchen Nationen stattfindet, die sonst nicht so leicht den Weg zueinander finden würden. Die Welt hat Siedlungsraum genug.«

Freilich folgt diesen Erklärungen unmittelbar die seit der »Kristallnacht« zum Leitmotiv der Naziführer gewordene Drohung, sie würden die »jüdische Rasse« im Fall eines Krieges vernichten. Noch herrscht unter ihnen jedoch die Vorstellung, man könne die Juden Europas – oder wenigstens derjenigen Länder, die sich ihrer entledigen wollen – in einer Art Kolonialreservat zusammenfassen. Im Gegensatz zu Mussolini, der für die Gründung eines jüdischen Staates eintritt, sofern dieser nicht in Palästina liegt, und während Polen, Rumänien und Ungarn keine Einwände gegen die Wünsche der Zionisten haben, sind die Herren des Dritten Reiches sowohl gegen die Gründung dessen, was sie einen »jüdischen Vatikan in Palästina« nennen, als auch überhaupt gegen jede Gründung eines souveränen Judenstaates, – gebühre doch ihres Erachtens das Recht dazu nicht »einer Masse, die seit Jahrtausenden keinen Staat gehabt hat und sich zuerst einmal vor den Augen der Welt und der Geschichte bewähren muß«.

Schon im Februar 1939, nach Abschluß der Verhandlungen mit dem Komitee von Evian, entwickelte Alfred Rosenberg, einer der Theoretiker des Nationalsozialismus, vor ausländischen Diplomaten und Journalisten das deutsche Projekt eines Judenreservats in Britisch Guayana oder auf der französischen Kolonie Madagaskar.

Der Plan, die europäischen Juden auf Madagaskar anzusiedeln, der zu dieser Zeit von sämtlichen Naziführern, auch denen der SS, begeistert gebilligt wird, hatte schon Ende des letzten Jahrhunderts die Phantasie geschworener Judenfeinde wie etwa eines Paul de Lagarde beflügelt. 1927 hatte ihn Egon von Winghene in einer Broschüre mit dem Titel *Die arische Rasse, die christliche Kultur und das Judenproblem* wieder aufgegriffen, und seit 1937 interessierte sich auch die polnische Regierung für das Projekt: Sie hatte sogar schon bei der französischen Regierung vorgesprochen und eine Expertenkommission auf die Insel entsandt.

Die deutsche Regierung scheint um so mehr an dem Plan interessiert, als im Dezember 1938 der französische Außenminister in Gesprächen mit seinem deutschen Kollegen zu verstehen gegeben hat, Frankreich könnte ungefähr 100 000 Juden auf Madagaskar ansiedeln. Durch den Ausbruch des Krieges und den rasanten Vormarsch der deutschen Armeen erfährt das Projekt eine neue Wendung: Der Sieg über Frankreich gestattet es nun den deutschen AA-Experten, eine Übernahme der Kolonie Madagaskar durch Deutschland ins Auge zu fassen. Die Insel würde folglich ein deutsches Mandat, in dem man, nach Evakuierung der 25 000 französischen Siedler, ungefähr 4,5 Millionen Juden unterbringen könnte, die damit »Staatsbürger des deutschen Mandats Madagaskar« würden, mit eigener Verwaltung, aber unter Kontrolle der deutschen Wehrmacht und eines dem Reichssicherheitshauptamt unterstehenden Polizeigouverneurs. Eine Zusatznote zu diesem Projekt sieht sogar die Gründung einer besonderen Bank vor, die die Niederlassung der Juden in Madagaskar – mit den jüdischen Einlagen – finanzieren und als kommerzielles Bindeglied zwischen den Inseljuden und der Außenwelt dienen sollte.

Wann und warum das Projekt Madagaskar dann aufgegeben wurde, ist schwer zu sagen. Man weiß nur, daß die Idee, die an seine Stelle trat – nämlich die Juden in eigens dafür geschaffenen Konzentrationslagern zu sammeln – erstmals konkret am 12. November 1938 auftauchte – und zwar auf einer von Göring einberufenen Konferenz zum Thema »Endlösung der Judenfrage«. Die »Experten«, besonders Heydrich, zeigten sich damals nicht sehr begeistert und wandten ein, daß solche Lager zu Unruheherden werden könnten und schwer kontrollierbare Epidemien hervorrufen würden und überdies heikle Organisationsprobleme stellten.

Die ersten dieser Konzentrationslager wurden gleich nach der Besetzung Polens von dem »Generalgouverneur« Dr. Hans Frank geschaffen, während Heydrich und Adolf Eichmann noch während des ganzen Jahres 1940 und bis in den Sommer 1941 hinein die Evakuierung der Juden nach Madagaskar vorbereiteten.

Der Genozid

Die Radikalisierung der Lösung des Judenproblems erfolgte erst mit der Radikalisierung des Krieges, d.h. mit dem Einfall der Hitlerarmeen in die Sowjetunion. Der von Hitler erlassene Befehl, politische Kommissare und kommunistische Funktionäre der UdSSR ohne Gerichtsverfahren standrechtlich zu erschießen – ein Befehl, der bewußt gegen die Genfer Konvention verstieß –, wurde

sehr bald von Heydrich und Himmler auf die jüdische Bevölkerung in den besetzten Gebieten ausgedehnt.
Allein in den baltischen Ländern und in der Ukraine wurden 230 000 jüdische Männer, Frauen und Kinder von SS-Einsatztruppen erschossen, die den Spuren der vorrückenden Hitlerarmeen folgten. Aber noch wurden solche Massenhinrichtungen als »wilde Exekutionen« bezeichnet und selbst von hohen NS-Funktionären offen mißbilligt. So schrieb zum Beispiel der »Reichskommissar für das Ostland« in Riga am 15. November 1941 an den »Reichsminister für die besetzten Ostgebiete« in Berlin: »Ich habe die wilden Judenexekutionen in Libau untersagt, weil sie in der Art ihrer Durchführung nicht zu verantworten waren. Ich bitte, mich zu unterrichten, ob Ihre Anfrage vom 31. 10. als dahingehende Weisung aufzufassen ist, daß alle Juden im Ostland liquidiert werden sollen? Soll dieses ohne Rücksicht auf Alter und Geschlecht und wirtschaftliche Interessen (z. B. der Wehrmacht an Facharbeitern in Rüstungsbetrieben) geschehen? Selbstverständlich ist die Reinigung des Ostlandes von Juden eine vordringliche Aufgabe; ihre Lösung muß aber mit den Notwendigkeiten der Kriegswirtschaft in Einklang gebracht werden. Weder aus den Anordnungen zur Judenfrage in der ›braunen Mappe‹ noch aus anderen Erlassen konnte ich bisher eine solche Weisung entnehmen.«[14]
Die Antwort, die dieser allzu »gesetzestreue« Beamte einen Monat später erhält, ist ebenso lakonisch wie unwiderruflich: »Mündliche Erläuterungen«, schreibt ihm der Minister, »dürften den Stand der Judenfrage inzwischen geklärt haben. Erwägungen wirtschaftlicher Art dürfen bei der Lösung dieser Probleme keinesfalls berücksichtigt werden. Auftauchende Fragen sind direkt mit den Leitern der Polizei und der SS zu klären.«
Klar ist jedenfalls, obwohl nicht genau feststeht, zu welchem Zeitpunkt Hitler die Massenvernichtung der Juden beschlossen hat, daß die Gestapo und die SS bereits gegen Ende des Jahres 1941 mit der »Endlösung« beginnen. Im Herbst, also mehr als drei Monate vor der Konferenz in Wannsee, »evakuieren« Reinhard Heydrich und Adolf Eichmann Zehntausende von Juden aus Deutschland, Österreich, Böhmen und Mähren nach Minsk und Riga, das heißt in Gebiete, in denen der Erlaß über die standrechtliche Erschießung von politischen Kommissaren sämtliche illegalen »Experimente« zuläßt, einschließlich Mord.
Auf der Grundlage dieser »Experimente«, zu denen auch die von Eichmann und seinem Freund Odilo Globocnik[15] praktizierte

»Sonderbehandlung« gehört – sprich: der Massenmord an polnischen Juden –, und aufgrund von Sondierungen bei den verbündeten oder unter deutscher Vorherrschaft stehenden Regierungen arbeitet Heydrich dann jenen Gesamtplan zur »Endlösung der Judenfrage« aus, den er am 20. Januar 1942 den in Wannsee versammelten Experten unterbreitet. Die Mordmaschine ist nunmehr in Gang gesetzt. Alle Anwesenden billigen das Projekt in den Grundzügen, machen aber mit Rücksicht auf die Erfordernisse der allgemeinen Politik des Dritten Reiches Änderungswünsche geltend.
So lehnt beispielsweise der Verantwortliche für den Vierjahresplan einen Abzug jüdischer Arbeitskräfte aus der kriegswichtigen Industrie ab, solange sie nicht ersetzt werden – entgegen der Ansicht der SS, derzufolge Erwägungen wirtschaftlicher Art nicht berücksichtigt werden dürfen, eine Ansicht, die der Staatssekretär am Generalgouvernement Polen teilt, jener Dr. Bühler, der am liebsten möchte, daß man in seinem Bereich den Anfang macht, »wo es nicht einmal Transportprobleme gibt«.
Der Unterstaatssekretär im Auswärtigen Amt Luther weist darauf hin, daß es zwar bei der »Evakuierung« der Juden aus Mitteleuropa keine Schwierigkeiten geben werde, da die meisten Regierungen sich nur ausbedingen, daß das Vermögen der »Evakuierten« im Lande bleibt, und daß es auch in den besetzten Gebieten Westeuropas keine größeren Schwierigkeiten geben werde, da das Oberkommando der Wehrmacht in Verbindung mit der SS die nötigen Vorkehrungen treffen werde, daß aber bei den Italienern Widerstände aufgrund »wirtschaftlicher Interessen« zu erwarten seien. In den skandinavischen Ländern befürchtet das Auswärtige Amt sogar einen so heftigen Widerstand, daß es zu einem Aufschub der ganzen Operation rät.
Ein Problem, das ebenfalls auf die Widersprüche der Rassenpolitik des Dritten Reichs verweist, ist das der Kinder aus Mischehen und der Mischehen selbst, deren jüdische Partner nach gerichtlicher Scheidung von ihren »arischen« Partnern Heydrich gleichfalls zu »evakuieren« wünscht. Monatelang bleiben diese Probleme Gegenstand widersprüchlicher Studien, Versammlungen und Vorschläge, da die Experten nach Lösungen suchen müssen, die weder zu Empörungen der betroffenen Nichtjuden führen noch auch – und in diesem Punkt kommt der Einwand vom Propagandaministerium – zu offiziellen Protesten des Vatikans. Aber je weiter die Zeit voranschreitet, desto weniger kümmern sich die SS-Schergen Himmlers, der sich nach und nach aller

Kommandohebel bemächtigt hat, um Überlegungen, die noch bis zum Überfall auf die Sowjetunion vorherrschend gewesen waren.[16]

Vorbei ist die Zeit der Projekte und Theorien von Experten, deren Rolle sich nur noch darauf beschränkt, die »Arbeit« der professionellen Judenvernichter zu tarnen. »Entscheidend ist«, schreibt Himmler am 9. November 1943 an den neuen Chef der Gestapo, »daß man alles Menschenmögliche tut, um sämtliche Juden in den Osten zu deportieren.«

Nach Inbetriebnahme von »Versuchsstationen« zur Massenvernichtung in den Lagern Belsen, Treblinka, Sobibor und Maidanek, deren »Höchstleistung« nach dem Bericht von »Technikern« seit August 1942 15 000–25 000 Personen täglich beträgt, beginnt die Vernichtung nach industriellem Verfahren im Lager Auschwitz-Birkenau, wo nach Aussagen des Lagerkommandanten Rudolf Höß fast 3 Millionen Menschen umkamen.

So gelangte man nach einer langsamen Eskalation der Rassenverfolgung, der die große Mehrheit des deutschen Volkes, doch auch die meisten anderen sogenannten zivilisierten Nationen untätig zusahen, schließlich zur puren Massenvernichtung von Männern, Frauen und Kindern, die nur getötet wurden, weil sie angeblich einer »minderwertigen Rasse« angehörten.

Als der Krieg vorbei war, konnten die Historiker und Statistiker nur die Bilanz aus der Tragödie ziehen und den Völkern die Zahlen zur Besinnung vorlegen: Außer Slawen und Zigeunern sind von den 9,5 Millionen Juden, die in Europa lebten und auf die sich der Rassenhaß konzentrierte, 6 Millionen umgebracht worden – ein Drittel aller Juden in der ganzen Welt.

Die »Rassenkunde«, auf die einige kranke Geister sich bis zum heutigen Tage berufen, hat – aus gutem Grund – nichts bewiesen, es sei denn dies, daß Vorurteile und Haß auf andere zum Mord und zur Mittäterschaft am Mord führen können.

Anmerkungen

1 Vgl. *Trial War Crimes*, doc. NG 2586.
2 Vgl. Léon Poliakov, *Le Mythe arien*, Paris 1971.
3 Bericht Korherr an SS-Obersturmbannführer Dr. R. Brandt, 19. 4. 1943, doc. XVII/4 im *Centre de documentation juive contemporaine*, Paris.
4 Zu beiden Zitaten vgl. Mark Wischnitzer, *Jewish Emigration from Germany 1933–38*, in: *Jewish Social Studies.*

[5] Zu den Statistiken vgl. Werner Rosenstock, *Exodus 1933–39*, in: *Leo Baech Institute Year Book* I, London 1956, S. 373–390.

[6] Protokoll Hoßbach vom 10. 11. 1937.

[7] *Trial War Crimes*, doc. PS 1757, vol. XXVIII, S. 55–253.

[8] *Ebenda*, doc. PS 3358, vol. XXXII.

[9] *Actes du Comité intergouvernemental d'Evian*, 6. bis 15. 7. 1938.

[10] Memorandum vom 24. 10. 1938. Inland II A/B Judenauswanderung; Auswärtiges Amt, Bonn.

[11] Jochen Klepper, *Unter dem Schatten deiner Flügel*, Stuttgart 1955, Eintrag vom 23. 8. 1938.

[12] Rundschreiben Schumburg, Nr. 83–26, 19/1, *Documents on German Foreign Policy – D.V.*, S. 930.

[13] Brief Wohltat an Hinrichs, *Documents on Germ. For. Pol. – D.V.*

[14] *Trial War Crimes*, doc. PS 3663 und 3666.

[15] Odilo Globocnik, SS- und Polizeichef in der Region Lublin, experimentierte als erster mit der Vergasung durch Diesellastkraftwagen im Sommer 1942.

[16] *Centre de documentation juive contemporaine*, doc. XVII/4.

Alfred Grosser
Bedeutung einer Katastrophe

Als die deutsche Kapitulation unterzeichnet wird, ist Hitler tot. Gleichwohl hat er den Zusammenbruch des »tausendjährigen Reiches«, dessen Beginn er vor kaum zwölf Jahren verkündet hatte, bis zum Ende miterlebt. »Sie werden Deutschland nicht wiedererkennen«, hatte er seinen Gegnern hochmütig zugerufen. Und in der Tat, wer hätte das aufgewühlte, aber unversehrte Land, das er 1933 übernommen hatte, am 8. Mai 1945 wiedererkannt? Zum ersten Mal seit 1814 hat ein Krieg Deutschland selbst verwüstet. Und welch ein Krieg, was für Verwüstungen! Die Städte liegen in Schutt. Von 177 000 Häusern stehen in Frankfurt nur noch 44 000; kaum 10% der Nürnberger Häuser sind unversehrt; 43 Millionen Kubikmeter Schutt liegen dort, wo 53% der Hamburger Häuser standen. Keine Stadt ist von den unerbittlichen Bombardierungen verschont geblieben, deren erstes Beispiel die deutsche Luftwaffe über Coventry gegeben hatte. Eine halbe Million Deutsche sind dabei ums Leben gekommen. Die Panzerschlachten und Hitlers Politik der verbrannten Erde haben das Ausmaß der Zerstörungen noch vergrößert. Brücken aller Art bis hin zu Stegen über Dorfbäche sind gesprengt worden. Außer den bäuerlichen Familien in Mitteldeutschland leben kaum noch Deutsche in ihren ursprünglichen Wohnorten. Millionen Städter sind vor den Bomben aufs Land geflüchtet. Andere Millionen sind vor den anrückenden sowjetischen Truppen nach Westen geflohen. Eine Gegenbewegung begann mit dem Einzug der Westalliierten in Deutschland. Selbst fünfzehnjährigen Jungen wurde ein Gewehr in die Hand gedrückt. Über drei Millionen Soldaten wurden im Kampf getötet, mehrere Millionen gefangengenommen. Im Transportwesen und in der Versorgung herrscht das vollständigste Durcheinander. Es gibt keine Postverbindungen mehr, keine Zeitungen, keine Verwaltung. Es ist das Chaos. Und in dieses Chaos werden weitere Millionen Deutsche geworfen, Vertriebene aus den Ländern Mittel- und Osteuropas, Vertriebene aus den Gebieten östlich der Oder und Neiße, die zur Zeit des Versailler Vertrags fast ein Viertel Deutschlands ausmachten. Die restlichen drei Viertel verlieren ihre Souveränität und teilen sich in zwei immer schärfer getrennte Deutschländer.

1963, anläßlich des dreißigsten Jahrestages der nationalsozialistischen Machtergreifung, bringt eine große deutsche Tageszeitung eine sinnfällige Karikatur: Durch das Brandenburger Tor marschieren Hitlers SA-Truppen, wie sie es am Abend des 30. Januar 1933 taten; doch während die letzten Reihen das Tor verlassen, ziehen die ersten Reihen der Roten Armee hinter ihnen ein. Die Verkürzung macht einen logischen Zusammenhang deutlich: Der Krieg war nicht unvermeidlich gewesen, auch nicht der Zusammenbruch, aber niemand hatte dem Eroberungswillen Hitlers Einhalt zu bieten vermocht und ebensowenig seinem fanatischen Entschluß, die Niederlage nicht anzuerkennen, bevor das deutsche Walhall nicht ganz ausgebrannt war.

Die westlichen Demokratien hätten ihn 1935 oder 1936 aufhalten können, wohl auch noch 1938. Sie haben es vorgezogen, sich dem auftrumpfenden Diktator zu fügen, ja ihm weit mehr zu geben, als sie zuvor der – eben dadurch zusätzlich geschwächten – unsicheren Weimarer Demokratie verweigert hatten. Die Sowjetunion hatte geglaubt, sie könne aus den kriegerischen Absichten Hitlers Nutzen schlagen, den Gewinn aus seinem Krieg gegen Polen mit ihm teilen und im übrigen der Auseinandersetzung zwischen Faschismus und Kapitalismus unbeteiligt zusehen. Die Deutschen, zunächst durch kampflos errungene Erfolge, dann durch glänzende Siege ermutigt, zogen zwar ohne Begeisterung in den Krieg, nahmen aber die Leiden der anderen Völker und dann ihre eigenen hin, ohne Mittel zu finden und meistenteils auch nur zu suchen, den Marsch ins Verderben aufzuhalten. In ein Verderben, dem als erste die von den Nazitruppen besetzten Länder anheimfielen.

Besatzung und Kollaboration

Die Hitlerherrschaft erstreckte sich über den größten Teil Europas. Waren einige ihrer Kennzeichen für alle Länder die gleichen – die brutale Kontrolle, die wirtschaftliche Ausbeutung zu Nutzen Deutschlands usw. –, so bestanden doch erhebliche Unterschiede in ihren Strukturen, ja selbst in ihren jeweiligen Zwecken.

Unnötig, sich eingehend mit dem Fall Österreich und der 1938 »angeschlossenen« deutschsprachigen Gebiete der Tschechoslowakei zu befassen. Hier ging es Hitler einfach darum, Deutsche in die neuen Grenzen Deutschlands einzubeziehen. Und so sah es auch der größte Teil der Bevölkerung: Hitlers Einzug in Wien war nicht eben trübselig. Die Begeisterung der Österreicher (wie drei Jahre zuvor die der Saarländer, als das Plebiszit vom 13. Januar 1935 die durch den Versailler Vertrag erzwungene Separation beendete) erklärt sich aus der einfachen Tatsache, daß der »Anschluß« seit 1918 gefordert wurde, und zwar sowohl von weiten Kreisen der deutschen Öffentlichkeit (schon Friedrich Ebert hatte in seiner ersten Rede als Präsident davon gesprochen) wie auch in Österreich selbst von denen, die sich mit dem kleinen Rest des einstigen k. u. k.-Reichs nicht abfinden mochten.

Im Osten war die Behandlung des besetzten Teils der Sowjetunion tatsächlich grauenvoll. Noch schlimmer war das Los Polens – und sei's nur, weil auch die UdSSR ihren Teil zur Schwächung des polnischen Volkes beigetragen hatte (1938 durch Hinrichtung der nach Moskau zitierten polnischen Kommunisten, 1939 durch Annexion von Teilen des polnischen Territoriums und durch »Liquidierung« zahlreicher Offiziere). Zwar wurde das Prinzip der systematischen Ausrottung im »Generalgouvernement Polen« nur auf die Juden angewandt*, aber Massenhinrichtungen und Hunger waren auch dort das Los der slawischen »Untermenschen«, denen nicht einmal die Hoffnung auf einen annehmbaren Platz in einem künftigen nationalsozialistischen Europa vorgespiegelt wurde.

Anders im Westen, wo Beherrschung und Ausbeutung mit Versprechungen an die Bevölkerung oder lokale Honoratioren einhergingen. Doch die anfänglichen Unterschiede in der Lage der einzelnen Länder resultierten nicht einzig aus der Politik Hitlers, sondern hingen auch davon ab, wie sich zum Zeitpunkt der Niederlage und der Besetzung jeweils das Legitimitätsproblem stellte.

In Norwegen und in den Niederlanden gingen die Souveräne (König Haakon VII. und Königin Juliana) mit ihrer Regierung nach England. In Dänemark blieb König Christian an seinem Platz und bemühte sich, den Schutz der Bevölkerung, namentlich auch der Juden, sicherzustellen. In Belgien kapitulierte König Leopold und wurde als Oberbefehlshaber der belgischen Streitkräfte gefangengenommen, während die legale Regierung nach England ging.

Frankreich war ein besonderer Fall. Noch ehe sich nach dem Votum der Nationalversammlung eine neue Regierung in Vichy etablierte, unterschrieb die Regierung des Marschalls Pétain, die

* Siehe dazu das Kapitel von Rita Thalmann.

zu diesem Zweck die Regierung Paul Reynaud abgelöst hatte, einen Waffenstillstand. Das war ein politischer Akt, der sich von dem rein militärischen Akt der belgischen Kapitulation durchaus unterschied, da er die Feindseligkeiten theoretisch beendete und den Weg zu Friedensverhandlungen öffnete. Praktisch freilich hielt Deutschland zwei Millionen französische Kriegsgefangene zurück und annektierte das von ihm als Elsaß-Lothringen bezeichnete Gebiet, nachdem es die Teilung des restlichen Frankreichs in zwei ungleiche Stücke zur Waffenstillstandsbedingung gemacht hatte: Die eine Hälfte nördlich der Loire und der atlantische Küstenstreifen bis zu den Pyrenäen wurde besetzt, der Süden wurde zur »nicht-besetzten Zone«, die Regierung des neuen französischen Staates nahm ihren Sitz in Vichy. Außerdem wurde der äußerste Norden Frankreichs mit dem Steinkohle-Becken und den Häfen nach Großbritannien zur »besonderen«, d. h. verbotenen Zone erklärt.

Die »nicht-besetzte Zone« ist noch heute, nach dreißig Jahren, ein Gegenstand zahlloser Kontroversen unter Franzosen, auch unter Historikern. Inwieweit war das Frankreich des Marschalls Pétain besser vor dem siegreichen Deutschland geschützt als beispielsweise die ungeteilt und direkt beherrschten Länder Belgien und die Niederlande? Inwieweit haben die Kontakte zwischen dem Sieger und einem Besiegten, dessen Regierungsmacht zunächst vom weitaus größten Teil der Bevölkerung als rechtmäßig angesehen wurde, diese Bevölkerung selbst und vor allem ihre Führung dazu bewogen, den Deutschen mehr oder minder umfangreiche Kriegshilfe zu leisten? Auf jeden Fall ändert sich die Lage grundlegend im November 1942, als Deutschland nach der Landung der Alliierten in Nordafrika die südliche Zone überfällt und besetzt: Von nun an stehen der französische Staatschef, seine Minister und seine Verwaltung unmittelbar unter deutscher Kontrolle, und die Präsenz der Sieger vermindert die noch verbliebenen Unterschiede zu Ländern ohne eigene Regierung beträchtlich.

Von Anfang an bestreitet de Gaulle die Legitimität des Marschalls Pétain im Namen der Fortsetzung des Krieges. Für ihn ist es vor allem der Waffenstillstand, dessen Unterzeichnung dem Wohle Frankreichs und seiner obersten Pflicht zuwiderläuft. Für andere ist es die Abstimmung von Vichy, die sie als illegitim ansehen, sei es aufgrund der Bedingungen ihres Zustandekommens, sei es wegen ihres Inhalts, nämlich der Vereinigung aller Macht – einschließlich der, die pluralistisch-liberale Republik abzuschaffen – in den Händen eines einzigen, nun allmächtigen Mannes. Andere Motive globaler Ablehnung treten nach und nach hervor, vor allem der Gedanke, daß Vichy vor den Deutschen immer bereitwilliger zurückweicht und am Ende Hitler tatsächlich Hilfe leistet, sei es, um in einem künftigen nationalsozialistischen Europa einen guten Platz zu erringen, sei es, um den deutschen Sieg zu fördern aus Furcht vor Strafmaßnahmen nach einer Niederlage des Kollaborationspartners.

Das Problem der Kollaboration stellte sich nicht nur in Frankreich, aber nur in Frankreich verband sich die Vorstellung vom »Schild«, den eine nicht von Deutschland eingesetzte Autorität mehr oder minder schützend über die Franzosen gehalten habe, mit der Wirklichkeit einer Rechtfertigung der Unterwerfung und des Wunsches nach Unterwerfung. Während der General Otto von Stülpnagel seine Abberufung als Militärkommandant verlangt und erhält, weil ihm sein Gewissen die fortgesetzte Hinrichtung von Geiseln verbietet, während der deutsche Generalstab Hitler darauf hinweist, daß die den Bürgern eines besetzten Landes auferlegte Zwangsarbeit gegen die Menschenrechte verstößt, bleiben die Männer von Vichy auf ihrem Posten, erfinden die »relève« – die »Auslöung« französischer Kriegsgefangener, die in Deutschland Zwangsarbeit leisten müssen, durch französische Arbeiter, die sich freiwillig nach Deutschland melden – und geben ihre Polizeikräfte (ganz zu schweigen von den Milizen) für Massenverhaftungen und zur »Aufrechterhaltung der Ordnung« her. Marschall v. Rundstedt stellt am 12. November 1942 mit Befriedigung fest: »Die französische Armee ist loyal und unterstützt unsere Truppen«, und »die französische Polizei ist entgegenkommend und bereitwillig«. Das sind die Auswirkungen des Händedrucks, den Hitler und Pétain im Oktober 1940 in Montoire miteinander wechselten. Mehr noch: die antisemitischen Gesetze von Vichy wurden verabschiedet, ohne daß die Deutschen die geringste Forderung danach erhoben hätten. Die Kollaboration mit der französischen Polizei in der nicht-besetzten Zone war für die deutschen Behörden leichter als die Kooperation mit den italienischen Besatzungsbehörden; ohne die Hilfe der französischen Polizei wäre es nahezu unmöglich gewesen, die Juden aufzustöbern und zu verhaften.

Im ganzen besetzten Europa standen jedoch unzählige Beamte, hohe und weniger hohe, die ihren Landsleuten das Schlimmste ersparen wollten, vor dem gleichen Problem: »Jeder, der seinen Beruf unter der effektiven Kontrolle des Feindes und seines erpresserischen Regimes weiter ausüben will«, schrieb Jean Schlumberger, »kommt nicht umhin, dafür einen Tribut zu entrichten. Er kann sich mit Defätismus oder mit schlauer Standhaftigkeit, mit Angst oder Würde, mit persönlichen Opfern oder mit schamloser Bereicherung aus der Affäre ziehen, aber Tribute, Zugeständnisse, Kompromisse sind unumgänglich.«

Keinen Tribut entrichten mußten freilich diejenigen Europäer, die sich dem nationalsozialistischen Deutschland deshalb anboten, weil es nationalsozialistisch war. Gewiß machte eins seiner Grundprinzipien, nämlich der allezeit (außer zwischen 1939 und 1941) laut proklamierte Antikommunismus, der sich mit dem Gedanken der Verteidigung gegen die »Barbarei« verband, den Nazismus wenn schon nicht attraktiv, so doch zumindest nicht ganz unannehmbar für Männer, die für die Hitler-Mythen sonst wenig zugänglich waren, angefangen bei Papst Pius XII. Doch es war dies, nach allem, was die Bewunderer des Hitlerfaschismus dazu gesagt und geschrieben haben, wohl nur ein sekundäres Prinzip. Manche stellten sich direkt in Hitlers Dienst und beanspruchten, ihre Landsleute zu regieren – so Vidkun Quisling, dessen Name Symbol wurde. Andere versuchten, sie für den Nazismus zu mobilisieren, hatten jedoch nicht die Mittel, sich nachhaltig durchzusetzen – so Anton Mussert in den Niederlanden.

»Deutschland hat die kulturelle Sendung, den Stolz auf die Kultur und die Fackel, die ihn erleuchtet, wieder aufgenommen; durch das Beispiel seiner herrlichen, vielfachen Kraft und Gesundheit gibt es uns neuen Grund zur Hoffnung. Der Nationalsozialismus hat die Person gerettet ... Er ist vor allem ein Geisteszustand, ein Zusammenspiel von Reflexen, eine heroische Lebensauffassung: eine große Härte, ein hoher Anspruch, ein unermüdlicher Wille zu Größe und Reinheit. Der Keim des Faschismus ist jenseits der italienischen Grenzen aufgegangen, und die Saat ist heute unabhängig von dem, der sie gesät hat. Alle erneuerten Völker verdanken diesem universalen Faschismus, der in Rom entstanden ist, die Kraft ihrer Wiedergeburt und ihre Revolution.«

Diese Themen wurden in Paris von einer ganzen Reihe von Tageszeitungen, Wochenzeitschriften, Gruppen und Grüppchen entwickelt. Vor allem der für Hitler (nicht für Mussolini) spezifische Antisemitismus wird aufgegriffen. So etwa schreibt Lucien Rebatet 1942 in *Je suis partout*:

»Vergangenen Winter habe ich in dieser Zeitung meine Freude darüber geäußert, daß ich in Deutschland die ersten Juden mit gelbem Stern gesehen habe. Wieviel größer wird nun die Freude sein, wenn wir diesen Stern auch in unseren Straßen sehen, wo

diese verruchte Rasse uns vor noch nicht drei Jahren mit Füßen trat ... Die Juden tragen den Hauptteil der Verantwortung am Ausbruch und an der Ausweitung des Krieges. Sie waren die wichtigsten Agenten der französischen und englischen Kriegshetze, sie hörten nicht auf, die Debatten der europäischen Nationen über ihre Interessen zu vergiften, sie haben alle friedlichen Lösungen, die bequem zu erreichen gewesen wären, torpediert. Sie haben die grauenhafte Allianz ihrer Kreaturen, Roosevelt, Churchill und Stalin, besiegelt. Alle christlichen Soldaten, aus welchem Lager auch immer, die seit einem Jahr in den russischen Steppen sterben, sind hauptsächlich Opfer der Juden; sie fügen sich zu den Hunderttausenden von Leichen, die der jüdische Marxismus auf unserem Planeten aufgetürmt hat.« Und als die französische Freiwilligenlegion entsteht, die *Légion des Volontaires Français* (L.V.F.), die Seite an Seite mit den deutschen Truppen und den Einheiten aus anderen besetzten Ländern an der Ostfront kämpft, schreibt Robert Brasillach:
»Sie sind wahrhaft aufgebrochen wie jene, die, entflammt durch den Ruf der Predigermönche und der vom Glauben erleuchteten Krieger, zum ersten Kreuzzug aufbrachen. Sie haben geglaubt, und sie haben ihre Lanzen so weit wie möglich geschleudert im vollen Vertrauen auf die Sache, der sie dienen, ja in jener schwungvollen Freude am Glücksspiel jenseits der Hoffnung, in jener sportlichen Lust am Sichtummeln, die in Zeiten, da es manchen Ländern an Luft zum Atmen gebricht, den männlichen Charme der großen Abenteurerzüge ausmachen.«
Die Slogans, die sich im Frühjahr 1944 in den Pariser Tageszeitungen breitmachen, führen eine Thematik auf ihren Höhepunkt, die um so absurder ist, als seit mindestens einem Jahr, seit der Katastrophe von Stalingrad, die Niederlage des Hitlerfaschismus so gut wie gewiß scheint:

Für ein befriedetes und blühendes Europa?
L.V.F.!
Für ein sauberes, von Juden und Freimaurern gereinigtes Frankreich?
L.V.F.!
Kampf gegen den Bolschewismus?
L.V.F.!
Für den Sieg des nationalsozialistischen Ideals?
L.V.F.!
Für die Niederlage der jüdischen Demokratie?
L.V.F.!

Auf alle französischen und europäischen Probleme – eine Antwort:
L.V.F.!*

Hitlers Europa und die Widerstandsbewegungen

Das Tragikomische an dieser Vision von Europa ist, daß Hitler keineswegs die Absicht hatte, ein auch nur im mindesten egalitäres europäisches System zu schaffen. Auch die Vichy-Regierung hat sich darin getäuscht. Alle später gefundenen Dokumente beweisen, daß der »Führer« ganz einfach ein Großreich errichten und zu dessen Versorgung und Unterhaltung über Sklavennationen verfügen wollte: »In Europa entscheidet nur Deutschland.« Schon am 7. Juli 1940 lassen die Weisungen der Regierung an die deutsche Presse erkennen, daß nichts akzeptiert werden wird, was die Kräfte Frankreichs wiederherstellen könnte. Frankreich ist dazu bestimmt, ein Land des Tourismus und der Mode zu werden. Auf die Rolle des »Partners« für Deutschland darf außer Italien niemand Anspruch erheben. Dieser Gedanke kehrt ständig wieder.
Im April 1942 erinnert Hitler daran, daß Frankreich ein »Lieferant«, und kein »Partner« ist. Nie hat er an eine »Kollaboration« geglaubt. Stets hat er Frankreich in der Perspektive einer Globalstrategie gesehen, sowohl vor wie nach dem November 1942. Der einzige in Dokumenten erkennbare Unterschied zwischen den beiden Vichy-Perioden liegt, was Hitler betrifft, in einer Zunahme seines Zynismus und seiner Brutalität. Für Hitler galt die französische Souveränität nur insoweit, als sie den deutschen Interessen diente; aus seiner Sicht war die Regierung Pétain eine bloße Fiktion und der Marschall selbst ein Phantom, das man durch Laval von Zeit zu Zeit aufblasen ließ. Kein Mißverständnis war möglich, weder über seine Gefühle noch seine Ziele.
Als Hitler auf der Höhe seiner Macht stand, sah das nationalsozialistische Deutschland folgendermaßen aus:
»Kern des Gesamtsystems war der deutsche Staat, also Deutschland in den Grenzen, die der Versailler Vertrag gezogen hatte, aber vergrößert durch Österreich, das Sudetenland, Posen, Oberschlesien, den Danziger Korridor, Luxemburg, die drei seit 1870 als

* Alle Zitate entstammen dem Buch von Michèle Cotta, *La Collaboration, 1940–1944*, Paris (A. Colin) 1964.

Elsaß-Lothringen bezeichneten französischen Departements und einen Teil Sloweniens.
Alle diese Gebiete standen unter deutschen Gesetzen und deutscher Verwaltung; sie waren sowohl germanisiert wie auch nazifiziert worden. Die unreinen Elemente waren vertrieben worden: die Polen in das ›Generalgouvernement‹, die Lothringer in die sogenannte ›freie Zone‹ Frankreichs. Die Neudeutschen in den annektierten Gebieten waren jedoch ihren Mitbürgern nicht vollkommen gleichgestellt; sie wurden noch etwas überwacht, befanden sich gleichsam im Purgatorium; manchmal wurden ganze Gemeinden umgesiedelt (z. B. elsässische Dörfer nach Baden), damit sie leichter assimiliert werden konnten.
Norwegen, Holland und Dänemark standen dem Reich relativ nahe und verdankten ihrem ›arischen Ursprung‹ das Privileg, sich selbst verwalten zu dürfen – die beiden ersten allerdings nur unter der Kontrolle eines deutschen Verwesers. Sie sollten auch an der ›Kolonisierung der Ostgebiete‹ beteiligt werden; so jedenfalls war es seit 1942 in dem umfassenden Programm des ›Generalostplans‹ vorgesehen. Den Flamen wurde dasselbe versprochen.
Außer dem ›Protektorat‹ Böhmen und dem ›Generalgouvernement‹ Polen umgab ein Ring von Satellitenstaaten das Großreich; im Krieg gegen die Sowjetunion wurden sie nolens volens zu seinen Verbündeten. Ihnen war ein Gebietszuwachs in Aussicht gestellt worden; erwiesen sich ihre Interessen als widersprüchlich, wie im Falle Rumäniens und Ungarns in Siebenbürgen, so wurden ihnen andere Expansionsmöglichkeiten gewiesen, z. B. den Rumänen die Ukraine mit Odessa. Die Slowakei und Kroatien, die sich von den Tschechen bzw. den Serben trennen wollten, bekamen faschistische Regime. Rumänien, Ungarn und Bulgarien hatten sich ihre Institutionen durch Akzentuierung ihres autoritären Charakters recht und schlecht erhalten können, aber der Botschafter des Reichs war nicht länger mehr Diplomat, sondern spielte den Protektor, und an strategisch wichtigen Punkten wurden Einheiten der Wehrmacht stationiert. Gebiete von großer militärischer Bedeutung wurden nach wie vor von der Wehrmacht verwaltet. So etwa die besetzte Zone Frankreichs, Belgien, Griechenland und ein Großteil der in der Sowjetunion eroberten Gebiete. Über ihrer Zukunft schwebte die größte Ungewißheit.«*

* Henri Michel, *La Guerre de l'ombre*, Paris (Grasset) 1970.

Innerhalb dieses Systems stieß das nationalsozialistische Deutschland auf das Hindernis der Widerstandsbewegungen. Der Umfang dieser Bewegungen war je nach Zeit und Land sehr verschieden. Auch die Motivationen waren es. Natürlich bekämpfte man Nazideutschland, aber die einen legten den Hauptakzent auf den nationalen, andere auf den moralischen Charakter dieses Kampfes: Deutschfeindlichkeit spielte dabei, wenn überhaupt, nur eine untergeordnete Rolle. Der eigentliche Grund für das bisweilen fast selbstmörderische Engagement war der barbarische Charakter jenes Regimes und seiner Ideologie.
Zusammensetzung, Vorgehen und Orientierung all jener Widerstandsbewegungen zu beschreiben, die von Land zu Land, ja sogar innerhalb jedes Landes höchst unterschiedlich waren, ist hier schon allein wegen der Verschiedenartigkeit der historischen Gegebenheiten und Umstände nicht möglich. Der siegreiche Kampf der jugoslawischen Partisanen, der einmütige Kampf im Warschauer Getto vor seiner Vernichtung, das wechselhafte Schicksal der italienischen Antifaschisten vor und nach dem Sturz Mussolinis, die Untergrundarbeit in Dänemark bis zum August 1943 und danach, als sich die Besatzungsmacht der Exekutive bemächtigt hatte, die zahlreichen Solidaritätsstreiks, die der niederländische Widerstand organisierte, die geglückten Sabotageakte der norwegischen Organisationen, die Wirkung der französischen Untergrundpresse auf die Bevölkerung oder die Rolle des *Maquis*: Es ist in wenigen Zeilen nicht einmal möglich, auch nur den Beitrag, den die Widerstandsbewegungen zur Niederlage Hitler-Deutschlands geleistet haben, zu bestimmen.
Ein durchaus besonderes Problem muß jedoch eingehender betrachtet werden, wenn man Deutschland begreifen will: Wie stand es mit dem innerdeutschen Widerstand, mit der deutschen Opposition gegen Hitler?
Zunächst ist daran zu erinnern, daß diese Opposition 1933 zum großen Teil liquidiert worden war. Die meisten Führer der SPD, der KPD und des Zentrums waren verhaftet worden oder geflohen. Zahlreiche Intellektuelle emigrierten. Die Opposition im Innern verschwand jedoch nicht. Das Ausmaß der Repression beweist es zur Genüge. 1933 wurden 40 000 Menschen wegen politischer Verbrechen oder Vergehen verurteilt, 1934 siebzigtausend, 1935 fünfundachtzigtausend, 1936 neunzigtausend. Von 1933 bis 1938 wurden 435 000 Deutsche wegen Opposition bestraft. Davon waren 1938 vierzigtausend in Konzentrationslagern, 170 000 in Gefängnissen und Zwangsarbeitslagern, 30 000 in Vorbeugehaft.

Nie darf man vergessen, wenn man von Konzentrationslagern spricht, daß sie geschaffen wurden, um Deutsche einzusperren und zu quälen. Von den 20 000 Inhaftierten, die das KZ Sachsenhausen im November 1938 enthielt, starben 5000 bis zum Frühjahr 1939. Bis 1943 gab es in Buchenwald fast nur Deutsche, davon etwa ein Viertel Juden und drei Viertel »Arier«.
Unter der von Heinrich Himmler zunehmend perfektionierten Polizeiherrschaft eine wirksame Opposition zu organisieren, war fast unmöglich. Zu Recht konnte jeder Deutsche sich ständig bespitzelt, überwacht und bedroht fühlen. Jedes unvorsichtige Wort, jede verdächtige Geste einzelner und erst recht jedes Treffen zu mehreren, jede Versammlung konnten sofort denunziert werden, entweder von einem Polizisten oder von einem bezahlten Spitzel oder von einem Regime-Fanatiker – und sei es der eigene Sohn. Brachte man nicht den Kindern bei, den Führer als Inkarnation des Vaterlandes mehr als die eigenen Eltern zu lieben und abweichende Äußerungen der Eltern oder der Lehrer treulich zu hinterbringen? Viele Deutsche zogen sich resigniert ins Schweigen zurück und warteten, ohne so recht zu wissen, worauf.
Sie resignierten um so mehr, als das deutsche Wiedererstarken im Ausland anscheinend mehr Neid und Furcht als Feindseligkeit gegen den Nationalsozialismus hervorrief. Die Hitlerpropaganda konnte durchaus die Olympischen Spiele von 1936 als eine Art Huldigung der ganzen Welt vor der Kraft und dem Glanz des jungen Deutschland hinstellen. Schwäche und mangelnder Weitblick, vermischt mit einer Art stillschweigendem Einverständnis, verhinderten jede Aktion gegen die sukzessiven Gewaltstreiche Hitlers, dessen Regime sich mit jedem Erfolg mehr konsolidierte.
Dann kam der Krieg. Er wurde in Deutschland mit Resignation und ohne Begeisterung aufgenommen. Der Ausbruch der Feindseligkeiten veränderte die moralischen Voraussetzungen, unter denen die deutsche Opposition agierte. Es war klar, daß eine Niederlage zu einem Regimewechsel führen würde, aber die Niederlage betraf dann ganz Deutschland und nicht nur die Nazipartei.
Während der Widerstand in den angegriffenen Ländern zugleich ideologisch und national motiviert war, erschien er in Deutschland schlicht als Verrat. Jeder Deutsche stand mehr oder weniger unter dem Einfluß der alten, von Goebbels erneut propagierten Dolchstoßlegende, nach der die Niederlage von 1918 zu Lasten der Revolutionäre ging, die einer angeblich »im Felde unbesiegten«

Armee in den Rücken gefallen seien. Jeder deutsche Soldat hatte gelernt, die Ehre über alles zu stellen, und Ehre war gleichbedeutend mit Disziplin. Nach dem Gesetz vom 20. August 1934 hatte er dem Führer unbedingten Gehorsam zu schwören und sich mit seinem Leben dafür zu verbürgen. Viele Offiziere und Soldaten befanden sich in einem wahrhaft tragischen Gewissenskonflikt. Viele andere glaubten, man müsse zuerst den Sieg erringen und dann erst den Nationalsozialismus bekämpfen. Es war gewiß nicht leicht einzusehen, daß gerade das Wohl des deutschen Volkes die Niederlage verlangte.

Durch ihre Forderung nach bedingungsloser Kapitulation machten die Alliierten die Arbeit des inneren Widerstandes nahezu unmöglich, weil sie die Deutschen dadurch zwangen, zwischen Hitler und der nationalen Katastrophe zu wählen.

In den Jahren 1940 und 1941 war die Opposition am schwächsten. Alle Zeugnisse stimmen darin überein, daß es den Widerständlern in dieser Zeit ungeahnt großer Siege nicht möglich war, ihren Einfluß auszudehnen. Erst nach der Niederlage von Stalingrad schlug die Stimmung um. Von diesem Zeitpunkt an wurde der Widerstand von zwei sehr verschiedenen und doch eng ineinandergreifenden Strömungen getragen. Die eine bestand aus denen, die Hitler niederwerfen wollten, um die nationalsozialistische Barbarei zu beenden. Sie verkörperte sich in den wunderbaren Gestalten der Studenten Hans und Sophie Scholl, die nach einem Scheinprozeß im Frühjahr 1943 in München hingerichtet wurden. Der Gerichtspräsident hatte ihnen bedeutet, die Zeiten wären glücklicherweise vorbei, wo jeder herumgehen und seine angebliche politische Überzeugung verkünden konnte! Man muß annehmen, daß diese wenig konformistische Überzeugung in den Köpfen ziemlich vieler junger Leute lebendig war, denn mehrere Polizeiberichte verzeichneten schon 1941 die Existenz kleiner »asozialer« oder »oppositioneller« Gruppen. Männer wie der gemäßigte Goerdeler, ehemaliger Oberbürgermeister von Leipzig, oder die Gewerkschaftler Wilhelm Leuschner und Jakob Kaiser oder die Mitglieder der Gruppe »Antifa« (Antifaschisten), die in Bremen, in Lübeck und auch in zahlreichen Städten des Ruhrgebietes tätig wurden, gehörten ebenfalls zu dieser Strömung.

Die andere Richtung wünschte ebenfalls, Deutschland von Hitler zu befreien, aber nur, weil Hitler im Begriff stand, Deutschland ins Unglück zu stürzen. Die Zerstörung von Rotterdam oder von Warschau hatte ihr Gewissen nicht weiter beunruhigt; erst die der deutschen Städte ging ihnen nahe. Nicht das Nazi-Regime, son-

dern Hitlers Unfähigkeit als Stratege trieb sie zur Rebellion. Diese Strömung fand ihre Anhänger vorwiegend unter den hohen Militärs und in gewissen Regierungskreisen.
Das Attentat vom 20. Juli 1944 ist mit Recht zum Symbol geworden. Alle Spielarten der Opposition – von altem preußischen Adel bis zu Gewerkschaftlern – waren an seiner Vorbereitung beteiligt. Die Repression nach seinem Scheitern war furchtbar: Siebentausend Personen wurden verhaftet, davon viertausendneunhundertachtzig erschossen, gehenkt oder zu Tode gefoltert. Beweis für die Breite des inneren Widerstandes, war das Komplott zugleich Ausdruck seiner Schwäche: Die überwältigende Mehrheit der Deutschen war bereit, bis zum Schluß zu gehorchen – das heißt bis die deutschen Städte in Trümmern lagen, bis die Amerikaner und Russen sich an der Elbe trafen, bis sogar die Halbwüchsigen als Rekruten verheizt wurden und schließlich Deutschland, das den Fluch aller überfallenen, ausgeraubten und gemarterten Länder auf sich gezogen hatte, in Schutt und Asche lag.

Bilanz des Nazismus

Der Selbstmord Adolf Hitlers am 30. April 1945 besiegelt das Ende des institutionalisierten Nationalsozialismus, noch ehe Deutschland als Nationalstaat am 8. Mai kapituliert, seine Souveränität verliert und zum Spielball in den Händen der Sieger wird.
Was also war der Nazismus wirklich? Die Antwort ist sehr viel schwieriger als es scheint, denn definieren heißt ja bereits bestimmte Erklärungsmomente privilegieren. Dabei weiß man doch gar nicht immer genau, was man erklären will. Zum Beispiel läßt sich der Nationalsozialismus keineswegs nur auf jene Momente zurückführen, die erklären, wie Hitler am 30. Januar 1933 an die Macht gelangen konnte. Die von Henri Burgelin analysierte Krise des Mittelstandes, die Bereitschaft eines zunehmend größer werdenden Teils der Industriellen und Bankiers, eine populäre extreme Rechte als Gegengewicht gegen die vermeintliche Drohung der extremen Linken zu favorisieren, der erbitterte Nationalismus, entstanden aus den Bedingungen der Niederlage von 1918, genährt von einer ideologischen Tradition und verstärkt durch die Demütigungen von seiten der Sieger, die Intrigen um den alten Hindenburg, die Spaltung zwischen der Linken und der extremen Linken: gewiß hätte Hitler ohne dies alles nicht Kanzler werden

können. Aber das alles genügt noch nicht, um das Wie und Warum der Macht des Nationalsozialismus zu erklären.

Hitler habe die Großindustrie in den Händen der Großindustriellen gelassen? Eine schöne Erklärung! Was ist kennzeichnend für den Nationalsozialismus in seiner historischen Wirklichkeit? Die Tatsache, daß ein Gustav Krupp nach wie vor sehr viel Geld verdiente, oder die Verwüstung Europas und Auschwitz? Das Krupp-Geld erklärt weder Hitlers Kriegslüsternheit noch die Gaskammern.

Was also ist das Besondere am Nationalsozialismus? Gewöhnlich wird er in die Kategorie der Faschismen eingeordnet, aber das läuft letzten Endes nur auf einen Vergleich zwischen Hitlers und Mussolinis Faschismus hinaus. Die Ähnlichkeiten springen ins Auge: der Nationalismus aus Frustration, der Führer als Volkstribun, die korporative Organisation der Gesellschaft, die Uniformierung der Jugend, die Unterstützung durch das verarmte Kleinbürgertum, die revolutionäre Sprache bei gleichzeitiger Bewahrung der gesellschaftlichen Hierarchie. Doch auch die Unterschiede sind eklatant: hier Volk und Rasse, dort der Kult des aus dem Römischen Recht hergeleiteten Staates; hier der Krieg als bewußt eingesetztes und akzeptiertes Mittel, dort die Integration Italiens in die internationale Gesellschaft – jedenfalls bis zu Mussolinis Einfall in Äthiopien, der, wenn man ihn als charakteristisch für den Faschismus bezeichnen wollte, diesen zum direkten Erben der dritten französischen Republik und ihrer Kolonialkriege machen würde.

Der Rassismus war ein Hauptbestandteil des Nationalsozialismus. Im italienischen Faschismus war er das nicht, jedenfalls nicht in seiner antisemitischen oder antislawischen Form. Er steckte in der Verachtung für die Äthiopier, die man nach Belieben umbringen konnte. Aber ist diese Art von Rassismus ein Kennzeichen des Faschismus? Am 8. Mai 1945, am Tage der deutschen Kapitulation, hat die französische Armee bei der Niederwerfung eines Aufstandes im algerischen Sétif Zehntausende von Mohammedanern umgebracht. Die Koinzidenz der Daten verweist auf eine vielleicht schockierende, aber kaum zu bestreitende Feststellung: Gewisse Formen von Brutalität und Unmenschlichkeit, darunter – wie in Indochina und in Algerien und später in der amerikanischen Version des Vietnamkriegs – die Umsiedlung ganzer Populationen, die Folter, die Zerstörung von Dörfern oder Städten usw. gehören durchaus zur Praxis pluralistisch verfaßter Regime, die sich grundsätzlich auf einen humanistischen Egalitarismus berufen. Und Chruschtschows Bericht vor dem Parteitag der KPdSU 1956 enthüllte den einen und bestätigte den anderen, daß die Abschlachtung ganzer Bevölkerungsschichten, daß Polizeiwillkür, daß Lager, in denen Hunger und Demütigungen eingeplant wurden, daß die blutrünstigen Launen eines Despoten durchaus vereinbar waren mit einem Ideal der Brüderlichkeit und allseitigen Befreiung.

Was also ist das Kennzeichnende? Es ist jedenfalls etwas Mehrschichtiges, das den besonderen Abscheu, den der Nationalsozialismus hervorruft, rechtfertigt. Nicht jeder umjubelte Diktator ist ein Hitler – zum einen, weil wenige Führerpersönlichkeiten so ausgeprägte Züge von pathologischem Fanatismus aufweisen, zum anderen, weil auch die Volksbegeisterung ausgehend von jubelndem Beifall für Wahnideen nur selten zu solch einer Inbrunst für aggressiv Irrationales und menschenverachtende Selbstverherrlichung gelangt. Der Begeisterung fehlte, namentlich bei den Jungen, sicher nicht ein Moment von Noblesse. Doch für Millionen von Hitleranhängern im Braun- oder Schwarzhemd war der Nationalsozialismus einfach das, was der junge SPD-Abgeordnete Kurt Schumacher 1932 vor dem Reichstag in eine Formel gebracht hatte, die ihm zwölf Jahre Martyrium eintragen sollte: *»Ein Appell an den inneren Schweinehund im Menschen.«* Das nationalsozialistische Regime war grauenhaft durch seinen totalitären Charakter, obgleich es Hitler niemals vermochte, wie Joseph Rovan und andere gezeigt haben, seiner durchaus nicht so »totalen« Herrschaft eine zusammenhängende Struktur zu geben. Aber es hat auch andere totalitäre Regime gegeben. Dieses fiel aus dem Rahmen durch sein systematisches Postulieren von Werten, die sich in schärfsten Gegensatz stellen zu Idealen, die allen anderen sich befehdenden Ideologien letztlich gemeinsam sind: Idealen einer bestimmten Auffassung vom Menschen, wie sie sowohl vom Christentum als auch vom – atheistischen oder nicht atheistischen – Humanismus als schließlich auch von einem zur Inspirationsquelle gewordenen Marxismus vertreten wird.

Daß der Nationalsozialismus sich in Deutschland und *nur* in Deutschland hat durchsetzen können, wirft schwierige Probleme auf. Welcher Anteil entfällt dabei auf die geschichtliche Konjunktur? Welche besondere Prädisposition gab es im deutschen Volk und, gesetzt, daß es sie gab, war sie stark genug, um die grausame Erfahrung des Zusammenbruchs zu überleben?

Auf die zweite Frage gaben die Sieger im Jahr 1945 recht unterschiedliche Antworten, auch wenn alle darin übereinstimmten,

daß es notwendig war, die Führer zu bestrafen und das deutsche Volk zu »entnazifizieren«. Die dritte Frage hat ein Vierteljahrhundert deutscher Entwicklung inzwischen ziemlich eindeutig beantwortet. Der Schock von 1945 hat praktisch nicht nur den Wahn beendet, sondern auch die Träume, aus denen der Wahn entstanden war und die er gefördert hatte. Die Indoktrinierung der Jugend hat sich auf die Dauer als unwirksam erwiesen. Beiden deutschen Staatsgründungen von 1949 liegt die systematische Ablehnung der Hitlerschen Werte zugrunde. Im Westen erlaubt es das Spiel des Pluralismus gelegentlich ein paar Nostalgikern, sich zusammenzuschließen, aber die wirklich gefährlichen Giftstoffe, die der deutsche Gesellschaftskörper noch nicht ganz ausgeschieden hat, sind nicht in ihren Programmen zu suchen: Sie zeigen sich vielmehr da und dort bald in einer intoleranten Haltung, bald in einer aggressiven und haßerfüllten Exkommunikation abweichender sozialer Gruppen, bald in einer Ablehnung anderer Länder, Regime oder Völker, die man im Namen liberaler Prinzipien verurteilt, ohne sich klarzumachen, daß solche Verurteilung sich zum Teil aus den eigenen uneingestandenen oder schwer einzugestehenden Gründen erklärt.
Vor allem jedoch erlebte das Nachkriegsdeutschland eine Befriedung, die am 8. Mai 1945 nahezu unvorstellbar war. Sie verdankte sich einer Prosperität, die man für diesmal einem demokratischen Regime zuschreiben konnte. Sie wurde begünstigt durch das Verhalten all derer in Deutschland und außerhalb Deutschlands, die nicht an nationale Determiniertheiten glaubten. So gab es schon bei Kriegsende Franzosen, die der Ansicht waren, daß sich die Zukunft nicht auf der Basis von Aversion und Angst aufbauen läßt. Die meisten von ihnen kamen aus dem Widerstand, oft aus Gefängnissen und Konzentrationslagern. Und gerade weil sie ihr Ideal, den antifaschistischen Widerstand, nicht verleugnen wollten, fühlten sie sich verantwortlich für Erfolg oder Scheitern derjenigen Deutschen, die ein gänzlich und restlos von allem Nazismus befreites Deutschland errichten wollten.
Schließlich ist diese Befriedung sogar noch durch das begünstigt worden, was kennzeichnend ist für das bleibende Unglück Deutschlands als *einer* Nation. Seit 1946 hatte der Kalte Krieg die zunehmend einander verfeindeten Sieger dazu veranlaßt, um die Gunst jeweils »ihrer« Deutschen zu werben und folglich immer mehr auf eine Politik der Bestrafung und Ausgrenzung zu verzichten – auf eine Politik also, die leicht ähnliche Folgen wie in der Weimarer Republik hätte zeitigen können. Freilich hat dieser

Konflikt auch den Graben zwischen dem von Amerikanern, Engländern und Franzosen besetzten Teil Deutschlands und dem von den Sowjets besetzten Tag für Tag weiter vertieft. Zwanzig Jahre nach der Kapitulation werden die Verträge von Moskau und Warschau ebenso wie 1972 der Vertrag zwischen den beiden deutschen Staaten das Paradox des nachfaschistischen Deutschland zementieren.
Die zwei deutschen Staaten sind beide große Wirtschaftsmächte geworden und haben jeweils beträchtliches politisches Gewicht. Aber sie akzeptieren es nach wie vor, sich für die deutsche Gegenwart und Zukunft auf die kollektive Verantwortung der vier Großmächte zu berufen. Außerdem repräsentieren sie geographisch nur zwei Drittel des Gebiets, das Deutschland zur Zeit des Versailler Vertrages umfaßt hatte.
Ganz ohne Zweifel, der Nationalsozialismus ist auf allen Ebenen gescheitert. Sein ideologisches Fortleben ist alles andere als gesichert. Das Deutschland, dessen Einheit und Größe er garantieren sollte, ist endgültig verstümmelt und bleibt in voraussehbarer Zukunft geteilt. Nicht einmal die Erinnerung an ein großes Abenteuer ist von ihm geblieben – es sei denn, man wollte entgegen den heute allenthalben vertretenen Grundsätzen annehmen, daß ungeachtet der Entfesselung von Gewalt und Schrecken, ungeachtet der Niederwerfung und in manchen Fällen auch Ausrottung ganzer Völker, die Verherrlichung der Manneskraft und die auf dem Schlachtfeld errungenen Siege von »Größe« zeugten.

Die Autoren

HENRI BURGELIN, geb. 1931 in Paris. Rat an der Versammlung der Westeuropäischen Union und Dozent an dem Institut für Politische Wissenschaften in Paris. *Agrégé* in Geschichte. Wichtigste Veröffentlichung: *La société allemande* 1871–1968 (1969).

MAX GALLO, geb. 1932 in Nizza, Schriftsteller und Journalist. *Agrégé* in Geschichtswissenschaft, Dr. phil. (Zeitgeschichte), Dr. phil. (Literatur). Wichtigste Veröffentlichungen: *Der schwarze Freitag der SA. Die Vernichtung des revolutionären Flügels der NSDAP durch Hitlers SS im Juni 1934* (franz. 1971; dtsch. 1972), *Engelsbucht. Roman* (franz. 1975/6; dtsch. 1977 im S. Fischer Verlag). Herausgeber der Reihe *Ce jour là et l'Histoire que nous vivons* in den *Editions Robert Laffont*, Paris.

ALFRED GROSSER siehe S. 2.

JACQUES NOBÉCOURT, geb. 1923 in Rouen, Journalist, *Licencié* der philosophischen Fakultät in Paris, *Diplômé d'etudes supérieures* in Geschichte. Spezialgebiete: Deutsche, österreichische und italienische Fragen.
Wichtigste Veröffentlichungen: *Le Dernier Coup de dés de Hitler* (preisgekrönt 1963), *L'Allemagne fédérale* (1968). Herausgeber von Dokumenten zur Geschichte der französischen Armee im Zweiten Weltkrieg.

JOSEPH ROVAN, geb. 1918 in München, Historiker und Germanist. *Licencié* der philosophischen Fakultät von Paris, *Diplôme* der *Ecole libre des sciences politiques.*
Wichtigste Veröffentlichungen: *Allemagne* (1955), *Histoire politique du catholicisme allemand* (1957), *Historie de la Social-Démocratie Allemande* (1978); dtsch. demnächst im Fischer Taschenbuch Verlag unter dem Titel: *Die Geschichte der deutschen Sozialdemokratie*).

PAUL STEHLIN, geb. 1907 in Hochfelden/Elsaß, verstorben an den Folgen eines mysteriösen Verkehrsunfalles im Jahre 1975. *Bachelier, Diplôme* am *Institut des hautes études germaniques* der Universität Straßburg, General der französischen Luftwaffe, Abgeordneter.
Wichtigste Veröffentlichungen: *Témoignages pour l'Histoire* (preisgekrönt 1964), *Alsace. La Route du vin.*

RITA THALMANN, geb. 1926 in Nürnberg. Heute Professorin für Germanistik an der Universität Tours, Dr. phil.
Wichtigste Veröffentlichungen: *La Nuit de Cristal* (1972), *Protestantisme et nationalisme en Allemagne de 1900 à 1945* (1976), *Jochen Klepper. Ein Leben zwischen Idyllen und Katastrophen. 1903–1942* (1977). Teilnehmerin an der Fernsehdiskussion um den Film *Holocaust* (vgl. *Im Kreuzfeuer: Der Fernsehfilm ›Holocaust‹. Eine Nation ist betroffen,* hg. v. Peter Märthesheimer/Ivo Frenzel, Fischer Taschenbuch Bd. 4213).

Namenregister

Sachregister